企业技术创新动态能力形成与提升路径研究
——基于创新网络演化的视角

王昌林 著

企业管理出版社
ENTERPRISE MANAGEMENT PUBLISHING HOUSE

图书在版编目（CIP）数据

企业技术创新动态能力形成与提升路径研究：基于创新网络演化的视角 / 王昌林著.
—北京：企业管理出版社，2019.11
ISBN 978-7-5164-2052-2

Ⅰ.①企… Ⅱ.①王… Ⅲ.①企业创新—研究 Ⅳ.①F273.1

中国版本图书馆CIP数据核字（2019）第239492号

书　　名：	企业技术创新动态能力形成与提升路径研究——基于创新网络演化的视角
作　　者：	王昌林
责任编辑：	赵喜勤
书　　号：	ISBN 978-7-5164-2052-2
出版发行：	企业管理出版社
地　　址：	北京市海淀区紫竹院南路17号　　邮编：100048
网　　址：	http://www.emph.cn
电　　话：	发行部（010）68701816　　编辑部（010）68420309
电子信箱：	zhaoxq13@163.com
印　　刷：	北京虎彩文化传播有限公司
经　　销：	新华书店
规　　格：	185毫米×260毫米　　16开本　　15.5印张　　287千字
版　　次：	2020年6月第1版　2020年6月第1次印刷
定　　价：	62.00元

版权所有　翻印必究　印装有误　负责调换

前　言

我国经济正处在从以要素驱动、投资规模驱动发展为主向以创新驱动发展为主转变的关键时期，因而技术创新是当前以及未来经济学界和管理学界研究的焦点问题。当前我国企业技术创新已经进入厚积薄发的新阶段，并取得了可喜的成绩。2016年，我国规模以上工业企业研发投入10944.7亿元，2017年投入12013亿元，企业研发投入经费占主营收入的比例、研发人员数量、新产品开发费用、具有研发活动的企业比重都比2004年及2009年有了长足的进步。从数量上看，我国企业已经成为技术研发投入、执行的主体，而且在研发投入、研发人员、专利数等总体数量方面位居世界前列，但我国企业在平均研发投入、研发投入强度和结构、高水平技术创新成果创造、吸引高层次人才、开展基础研究和应用研究等质量指标上与发达国家和地区还存在较大差距，一定程度上反映出我国企业技术创新能力较为薄弱。例如，我国研发投入强度与发达国家相比存在较大差距，2017年我国研发经费投入强度（与国内生产总值之比）从2015年的2.067%提升到2.13%，但仍远低于发达国家2.5%~4.0%的水平。

20世纪90年代以来，企业越来越明显地嵌入一个巨大的社会网络中，不同企业在业务上高度渗透和互补，网络化成为企业创新和成长的重要方式。因此，当前企业技术创新具有复杂化和网络化的特征：一方面，知识经济时代的新产品创造或工艺改进要求跨领域的知识和技能，很多创新往往出现在知识交叉、综合的领域，同时知识分工越来越细，参与创新的企业不可能具备全部必要知识，因此需要寻求外部合适的知识；另一方面，随着技术的不断发展，技术本身也趋于复杂化，企业等创新个体吸收、消化、运用知识的水平无法跟上知识更新的速度，作为一种适应性主体，企业技术创新范式逐渐向网络化、开放式演变。但是当前企业技术创新能力不足是制约我国企业发展升级的关键性因素，探究其深层次的原因可能有两点：一是认知层面对技术创新能力缺乏全面、准确、动态的界定；二是企业技术创新能力的结构现状和环境需求不匹配。

前言

20世纪90年代以来，由于企业技术创新越来越复杂化和网络化，企业的稳定创新绩效依赖于对外部创新网络的学习或对创新机会的识别与利用，因此企业需要利用现有结构、资源和能力，重构技术创新能力，以适应当前的动态创新网络环境。我国企业在当前经济全球化、网络化、知识化的趋势下，该如何发展提升自身的技术创新能力，走出粗放发展模式，通过形成技术创新动态能力嵌入全球创新网络中，以实现产品创新、服务创新和快速响应市场个性化需求进而赢得竞争，是一个值得研究的重要课题。

首先，在当前动态环境下，企业技术创新能力与当前环境适应性重构的发展趋势，要求我们对技术创新能力进行重新界定，而企业技术创新动态能力正是为适应这一变化趋势而提出的，是对传统企业技术创新能力内涵和构成基础的继承与发展。在综合已有技术创新能力观、知识观、企业能力观、资源观、知识基础观、吸收能力观和动态能力观等的基础上，结合当前技术创新过程模式的特征以及已有技术创新动态能力的研究成果，本书认为企业技术创新动态能力是一种多维度的综合能力，是企业对内外知识和资源进行有效整合和利用，在创新内外环境的交互作用下进行适应性重构、不断演进的能力。有明确的流程或者管理支持其演进，发挥作用的过程是改变组织现有知识资源结构的过程。这一技术创新动态能力的内涵界定从单一维度到复合维度，从静态到动态演变，体现出技术创新能力概念内涵的发展是同技术创新内外环境的变化协同演进的。在当前复杂化和网络化的创新环境下，技术创新能力向技术创新动态能力发展和演化。技术创新动态能力是在企业创新内外环境的交互作用下进行适应性重构和不断演进的能力，是一种多维度的综合能力。在广泛的文献研究、理论研究和调查研究的基础上，本书提出了相关理论假设：企业技术创新动态能力由网络能力、动态能力和原创能力三要素构成，三要素之间的逻辑驱动关系促进了环境适应重构及不断演进。本书在研究大量文献和访谈资料的基础上提出了企业技术创新动态能力有关构念，以此构建企业技术创新动态能力的测量模型。根据技术创新动态能力调查问卷的相关数据，利用 SPSS 23.0 和 AMOS 22.0 进行小样本探索性因子分析（EFA）和大样本验证性因子分析（CFA），探究了技术创新动态能力构成维度及与各维度的关系，实证分析验证了企业技术创新动态能力是由网络能力、动态能力和原创能力三个要素构成，其体系构建正确合理。

其次，本书从创新网络结构视角和关系视角分析了创新网络对技术创新动态能力的影响作用和路径。网络结构视角主要通过考察网络中心性、网络规模、网络异质性来探讨创新网络结构的变动是否会对企业技术创新知识和资源的搜寻整合以及创新投入产出等产生影响。网络关系视角主要通过考察网络关系强度和网络关系质量来探讨创新网络关系的变动是否会对企业技术创新知识和资源的搜寻整合以及创新投入产出等产生影响。本书以412家企业以及分组（行业板块）企业为样本，在对技术创新动态能力进行理论构建，及创新网络对技术创新动态能力三维度的影响作用进行理论分析基础上，通过建立创新网络——技术创新动态能力——创新绩效的影响作用路径结构方程模型，并利用AMOS 22.0绘制创新网络对技术创新动态能力影响作用的模型路径图，实证分析验证了技术创新动态能力构成三维度之间的路径关系及其演化路径，证明了创新投入、网络构建利用、内外资源整合的顺序依赖关系。

再次，本书通过理论分析认为，企业技术创新过程是内外知识交互作用的过程，而在知识创造和外部知识内化过程中起关键作用的是技术创新动态能力三要素，通过三大要素的逻辑驱动以及内部知识和创新网络的交互作用，才能实现技术创新动态能力的重构与不断演进。因此，本书通过建立基于知识流动的企业技术创新动态能力与创新网络交互作用系统动力学模型，对企业技术创新动态能力、创新网络以及创新绩效之间的动态演化规律进行仿真分析。模型分析深入刻画了创新网络与技术创新动态能力协同演进的动态过程，揭示了企业技术创新动态能力的时空演变规律和特征，对企业技术创新动态能力提升路径做出了系统、科学、动态的全面阐释。模型仿真分析的结果表明，企业技术创新动态能力和企业创新绩效的提升，很大程度上取决于技术创新动态能力与创新网络协同演进的过程，其具体作用路径为：技术创新动态能力→创新网络构建与协调（创新投入）→创新网络→外部知识内化→内外知识整合与创造→创新绩效→技术创新动态能力，这也表现出企业技术创新动态能力与创新网络相互驱动的逻辑关系。

最后，本书在理论和实证研究结论的基础上，提出了基于企业与创新网络全面协同的企业技术创新动态能力提升的策略设计，策略内容分为创新网络协同策略、企业内部协同策略以及企业与创新网络协同策略三部分。企业技术创新动态能力提升，是企业内部协同和外部协同以及内外部因素相互协同等全面协同的结果，基于企业创新网络与企业技术创新动态能力协同演进提出的企业技术创新动态能力提升策略具有系统性。

本书的主要创新点体现在以下三个方面：第一是将停留在概念探讨阶段的企业技术创新动态能力研究，深化为具有理论架构、构成要素和测度体系的构念，为未来的研究奠定了基础；第二是构建了创新网络—技术创新动态能力—创新绩效的影响作用路径结构方程模型，从静态视角系统分析了创新网络对企业技术创新动态能力的影响作用与影响路径；第三是从动态演化视角深入刻画了企业技术创新动态能力提升路径。通过基于知识流动的企业技术创新动态能力与创新网络交互作用系统动力学模型分析，深入刻画了创新网络与技术创新

前言

动态能力协同演进的过程，揭示了企业技术创新动态能力的时空演变规律和特征，对企业技术创新动态能力提升路径做出了系统科学动态的全面阐释。

本书根据国家社会科学基金西部项目"基于创新网络演化的企业技术创新动态能力形成与提升路径研究"（项目编号：15XGL003）的研究成果修订而来。研究过程中我们对重庆、深圳、成都、武汉和南京等经济较发达城市的相关企业、政府主管部门和行业协会负责人进行了实地访谈，感谢中兴通讯股份有限公司无线研发中心技术总监向际鹰、中兴通讯股份有限公司无线研发中心院长助理华国红、长安汽车股份有限公司科技管理处李俊处长、重庆科学技术委员会高新技术发展及产业化处龚睿新、深圳软件行业协会郑艺、重庆科技学院科研处和工商管理学院相关领导和老师，以及重庆软件行业协会、深圳电子行业协会、成都电子行业协会、深圳科学技术协会、湖北省汽车行业协会、中国光谷激光行业协会（武汉）、重庆市半导体行业协会等个人和机构为本书提供的支持和帮助，感谢中兴通讯股份有限公司、长安汽车股份公司、重庆声光电有限公司、西麦克科技有限公司、慈溪德森机械有限公司、重庆克诺尔卡福商用车系统有限公司等企业的接待和帮助。这些专业人士、机构和企业提供了大量的资料和信息，使我对我国企业技术创新的发展大开眼界。

王昌林

2019 年 9 月

目 录

1 绪 论 ……………………………………………………………… 1
   1.1 研究背景 …………………………………………………… 1
   1.2 研究问题的提出及研究的意义和目的 …………………… 6
   1.3 研究的内容和方法 ………………………………………… 8

2 概念界定与文献综述 …………………………………………… 13
   2.1 技术创新及技术创新能力 ………………………………… 13
   2.2 企业技术创新动态能力及其构成 ………………………… 18
   2.3 创新网络 …………………………………………………… 24

3 企业技术创新动态能力现状及其构成验证分析 ……………… 29
   3.1 基于投入与产出统计数据的我国企业技术创新能力分析 …… 29
   3.2 基于调研访谈的我国企业技术创新动态能力分析 ……… 37
   3.3 企业技术创新动态能力内涵构成的验证性分析 ………… 50

4 创新网络对企业技术创新动态能力的影响路径分析 ………… 61
   4.1 创新网络、技术创新动态能力、创新绩效相关研究概述 …… 61
   4.2 创新网络—技术创新动态能力—创新绩效研究假设及其模型构建 … 69
   4.3 变量测量 …………………………………………………… 81
   4.4 数据收集 …………………………………………………… 85
   4.5 量表信度与效度分析 ……………………………………… 86
   4.6 创新网络—技术创新动态能力—创新绩效的影响路径实证分析 … 93
   4.7 假设支持情况讨论 ………………………………………… 98

目录

  4.8 高新技术行业与传统制造行业的实证分析 …………………… 101
  4.9 模型分析小结 …………………………………………………… 111

5 创新网络与企业技术创新动态能力协同演进分析 ………………… 119
  5.1 创新网络与技术创新能力协同演进研究概述 ………………… 119
  5.2 系统动力学分析方法及其在创新能力相关领域的运用 ……… 124
  5.3 创新网络与技术创新动态能力协同演进的因果关系分析 …… 126
  5.4 系统动力学模型构建 …………………………………………… 134
  5.5 模型仿真结果及分析 …………………………………………… 142
  5.6 创新网络演化与企业技术创新动态能力提升路径分析 ……… 163
  5.7 研究小结 ………………………………………………………… 166

6 基于创新网络协同的企业技术创新动态能力提升策略 …………… 169
  6.1 协同创新理论与企业技术创新动态能力提升策略思路 ……… 169
  6.2 企业技术创新动态能力提升的创新网络协同策略 …………… 174
  6.3 企业技术创新动态能力提升的企业内部协同策略 …………… 184
  6.4 企业技术创新动态能力提升的企业与创新网络协同策略 …… 195
  6.5 企业技术创新动态能力提升策略的协同实施 ………………… 204
  6.6 研究小结 ………………………………………………………… 206

7 本书的结论及建议 ………………………………………………………… 207
  7.1 本书的主要结论 ………………………………………………… 207
  7.2 本书的特色与创新之处 ………………………………………… 212
  7.3 本书的局限与进一步研究展望 ………………………………… 213

附录 ……………………………………………………………………………… 215
  附录1：调查问卷 ……………………………………………………… 215
  附录2：企业、行业协会和政府主管部门的访谈提纲 ……………… 221

参考文献 ………………………………………………………………………… 225

1 绪 论

▶ 1.1 研究背景

创新驱动发展是国际国内形势发展的必然要求，而我国经济正处在从以要素驱动、投资规模驱动发展为主向以创新驱动发展为主转变的关键时期，创新是当前和未来经济社会发展的一个重要理念。企业是创新的微观主体，企业自身竞争力的提升，产业结构的优化升级，甚至经济发展模式的转变，都需要依靠持续创新。我国企业近年来在技术创新方面取得了很好的成绩，但仍存在一些不足[①]，特别是我国企业在当前经济全球化、网络化、知识化的趋势下，如何发展提升自身技术创新能力进而走出粗放发展模式，如何通过形成技术创新动态能力进而嵌入全球创新网络中，以实现产品创新、服务创新和快速响应市场个性化需求来赢得竞争是一个值得研究的重要课题。

1.1.1 加快创新驱动发展是中国经济新常态的必然要求

中国经济发展进入新常态后，在经济结构不断优化的同时，经济增长也面临着严峻的下行压力。新工业革命方兴未艾，美国、德国等发达国家抓紧推行"再工业化"、工业4.0战略。在这种背景下，创新比以往任何时候都更加重要和紧迫[②]。因此，实施创新驱动发展战略，以全球视野谋划和推动企业技术创新，努力建设成创新型国家，既是我国中长期发展的动力与目标，也是在当前复杂的国内外形势下保持稳定发展的必然选择。习近平总书记在中共十九大报告中指出，中国特色社会主义进入了新时代，我国社会主要矛盾已经转化为人民日益增长的美好生活需要和不平衡不充分的发展之间的矛盾，确立了新发展理念，

---

① 中国企业评价协会.中国企业自主创新评价报告（2014）[M].北京：中国发展出版社，2015.
② 李政，薛营.新常态下中央企业自主创新及其生态环境建设[J].学习与探索，2015（6）.

创新、协调、绿色、开放、共享五大发展理念为经济社会发展提供了战略指引。我国企业是经济发展的主要力量，也是完成供给侧结构性改革的具体落实者，企业需要通过实施创新驱动战略提高供给质量，满足人民的美好生活需求。

放眼全球，创新驱动发展是当前国内国际形势发展的必然要求。正如习近平总书记所指出的那样："从全球范围看，科学技术越来越成为推动经济社会发展的主要力量，创新驱动是大势所趋。新一轮科技革命和产业变革正在孕育兴起……，为我们实施创新驱动发展战略提供了难得的重大机遇。"[①] 在当前中国经济新常态以及全面深化改革、保持平稳发展的关键时期，习近平总书记强调："实施创新驱动战略是一项系统工程……，要着力加快制定创新驱动发展战略的顶层设计，改革国家科技创新战略规划和资源配置体制机制，深化产学研合作，加强科技创新统筹协调，加快建立健全各主体、各方面、各环节有机互动、协同高效的国家创新体系。"[②]

当前实施创新驱动战略的关键是要发挥好企业作用。通过着力优化创新环境，充分发挥企业在创新驱动中的主体作用，推动我国创新驱动发展。创新驱动战略需要企业转变发展模式，由粗放式发展转变为创新驱动发展，还要大力提升技术创新能力，努力推进自主创新。同时，创新驱动战略也需要构建差异化的区域优势创新网络平台，运用好产学研和创新网络的创新力量，以努力推进自主创新，建设创新型国家。

1.1.2　当前企业技术创新具有显著的网络化特征

20世纪90年代以来，企业逐渐嵌入一个巨大的社会网络中，网络化成为企业创新和成长的重要方式。因此，当前企业技术创新具有复杂化和网络化的特征：一方面，知识经济时代的新产品创造或工艺改进要求跨领域的知识和技能，很多创新往往出现在知识交叉、综合的领域，分工也越来越细，参与创新的企业不可能具备全部必要知识，因此需要寻求外部支持；另一方面，随着技术的不断发展，技术本身也趋于复杂化，单个企业的知识吸收、消化、利用水平无法跟上知识更新的速度，企业作为一种适应性主体，其技术创新的范式逐渐向网络化、开放式演变。

在经济全球化背景下，企业技术创新越来越趋于网络化，高效的创新网络有助于创新要素的快速流动和创新主体的协同合作，也有助于创新成果的转化共享，能够促使网络中的一些节点区域成长为创新能级高、对外辐射功能强的全球创新节点。为顺应全球创新体系和创新模式的一系列变革，发达国家不约

---

①② 中共中央宣传部. 习近平总书记系列重要讲话读本 [M]. 北京：学习出版社、人民出版社，2014.

而同地掀起了以抢占竞争制高点为核心的新一轮技术创新浪潮，纷纷加大对产业创新能力和创新网络建设的投入和扶持。例如，美国提出国家制造业创新网络计划，以促进制造业复兴；法国政府提出重构国家创新治理体系，从强化战略引领和顶层设计、重新梳理国家科研计划、加强公共科研机构管理、优化政策环境等方面开展改革和实践；俄罗斯政府出台《2020年前科技发展》国家计划，拟投入巨资建设斯科尔科沃创新中心及配套的斯科尔科沃科技大学；韩国发布《第三次科学技术基本计划》，致力于构建"创造经济"生态系统，把大田市发展成世界基础科学研究枢纽，培养人才挑战诺贝尔奖；以色列着力推动建设30个国家集优科研中心，并作为唯一非欧盟国家加入"地平线2020"计划。我国也于2016年发布了《国家创新驱动发展战略纲要》，各先进省市已纷纷加紧重构技术创新网络的步伐，如北京市相继颁布了《加快推进高等学校科技成果转化和科技协同创新若干意见（试行）》和《加快推进科研机构科技成果转化和产业化的若干意见（试行）》，致力于打通科研与产业转化的通道。上海市颁布了《关于进一步深化上海国资改革促进企业发展的意见》，致力于优化国有企业技术创新体系。山东出台《县域经济科学发展试点方案》，致力于构建基层科研创新体系等。

1.1.3 我国企业技术创新能力仍然存在较大不足

改革开放40年的经济高速发展为我国企业技术创新奠定了良好的基础。中国经济步入新常态以后，企业技术创新活动有了大幅增加，创新成果越来越丰富，企业家也越来越重视企业技术创新，尤其体现在技术密集型的行业领域。2016年，我国科技研发费用支出占GDP的比例为2.11%，全年科技研发费用支出为15676.7亿元；我国研发人员数量居世界第一位，达到387.8万人。2016年，我国企业研发投入10944.7亿元，比2015年增长9.295%，企业研发投入经费占主营收入的比例、研发人员、新产品开发费用、具有研发活动的企业比重都比2004年及2009年有了长足的进步（见表1-1）。可见，我国企业技术创新已经进入厚积薄发的新阶段，我国企业近年来在技术创新方面已经取得了相当的成绩。

表1-1 我国规模以上工业企业的技术创新活动基本情况[①]

指标	2004年	2009年	2015年	2016年
有R&D活动企业数（个）	17075	36387	73570	86891
有R&D活动企业比重（%）	6.2	8.5	19.2	23.0

① 数据来源：中华人民共和国国家统计局.中国统计年鉴2017[M].北京：中国统计出版社，2017.

续表

指标	2004年	2009年	2015年	2016年
R&D人员全时当量（万人年）	54.2	144.7	263.8	270.2
R&D经费支出（亿元）	1104.5	3775.7	10013.9	10944.7
R&D经费占主营收入的比例（%）	0.56	0.69	0.90	0.94
新产品开发经费支出（亿元）	965.7	4482.0	10270.8	11766.3
新产品销售收入（亿元）	22808.6	65838.2	150856.5	174604.2
技术改造经费支出（亿元）	2935.5	4344.7	3147.6	3016.6
有效发明专利数（件）	30315	118245	573765	769847

注：从2011年起，规模以上工业企业的统计范围从年主营业务收入为500万元及以上的法人工业企业调整为年主营业务收入为2000万元及以上的工业企业。

尽管从数量来看我国企业已经成为技术研发投入、执行的主体，而且在研发投入、研发人员、专利数量等总体数量方面位居世界前列，但我国企业在平均研发投入、研发投入结构、高水平技术创新成果创造、吸引高层次人才、开展基础研究和应用研究等质量指标上与发达国家和地区还存在较大差距，一定程度上反映出我国企业技术创新能力较为薄弱。如表1-2所示，对比中国与世界典型国家的创新投入强度，从纵向看，中国在过去十多年中创新投入强度有了很大提高，研发经费支出占GDP的比重从2000年的0.893%提高到2015年的2.067%；但从横向看，2005年前几乎所有发达国家的创新投入强度都高于中国，到了2015年，虽然我国研发支出占GDP的比重与韩国、日本等国差距较大，但已经接近发达国家创新投入强度平均水平，超过俄罗斯和欧盟28国平均水平。由表1-3可见，中国的上市公司企业研发投入与美国、英国和德国等发达国家相比，不论是平均研发投入经费还是投入强度都存在较明显的差距，但高于印度，这也反映出我国企业在创新投入上与发达国家企业相比还存在较大不足。

表1-2 中国与世界典型国家研发支出占国民生产总值的百分比

单位：%

国家 年份	中国	美国	韩国	日本	俄罗斯	欧盟	OECD国家
2000	0.893	2.621	2.18	2.9.6	0.985	1.671	2.124
2005	1.308	2.506	2.626	3.181	1.001	1.662	2.141
2010	1.71	2.74	3.466	3.137	1.06	1.837	2.288
2014	2.021	2.756	4.289	3.401	1.07	1.951	2.377
2015	2.067	2.788	4.232	3.286	1.099	1.958	2.38

数据来源：OECD数据库。

表1-3 2014年上市公司企业研发投入的总体情况跨国比较

国家	企业数量（个）	平均研发投入（百万美元）	创新投入强度（%）
美国	3225	114.40	12.6
英国	639	65.69	8.65
日本	2488	68.24	2.65
德国	360	216.50	5.87
中国	3146	13.56	4.5
印度	799	5.29	1.72

资料来源：BvD全球上市公司分析库。
注：创新投入强度为研发投入与主营业务收入的比值。

单以研发投入较高的大中型企业相比，情况也不乐观。根据2015年国家统计局数局，我国500强企业中只有华为技术有限公司（以下简称华为）、中国航天科工集团有限公司（以下简称中国航天科工）和中兴通讯股份有限公司（以下简称中兴通讯）的研发强度超过10%，分别为14.17%、11.55%和11.06%；而有13家企业研发强度超过5%，有63家企业研发强度超过3%[1]。在汤森路透发布的"2014年全球百强创新机构"榜单中，只有华为1家中国内地企业，中国台湾有2家，韩国和德国各有4家，瑞士有5家，法国有7家，美国有35家，日本有39家[2]。中国人民大学发布的《中国企业创新能力评价报告2017》及《中国企业创新能力百千万排行榜（2017）》中对企业创新能力的评价主要对象是中国高新技术企业，从创新成果呈现、创新前端投入等方面展开评价，得出的主要结论有以下几点：首先，企业申报或者授权专利数量极不平衡，大部分专利是由极少数优秀企业申报或者获得授权的，而只有较少部分的专利属于大部分一般企业。其次，我国企业的专利质量较差，相比发达国家而言，我国企业发明专利或者授权数量的占比明显较低。再次，我国企业的创新成果主要集中于传统制造业，与目前初步达成共识的第四次工业革命的重点行业有较大差异。最后，我国中西部地区高新技术企业偏少，高新技术企业主要集中于东部沿海如北京、上海、广东、江苏等发达地区[3]。通过以上分析可以看出，从技术创新投入产出的角度来看，当前我国企业技术创新能力存在较大不足。

---

[1] 国家统计局社会科技和文化产业统计司，科学技术部创新发展司.中国科技统计年鉴2016 [M].北京：中国统计出版社，2016.
[2] "2014年全球百强创新机构"由全球领先的专业信息服务提供商汤森路透旗下知识产权与科技事业部发布。
[3] 《中国企业创新能力评价报告2017》及《中国企业创新能力百千万排行榜（2017）》是由"大宏观创新课题组"历时近两年的数据采集与统计测算打造而成的一系列企业创新榜单，由中国人民大学中国经济改革与发展研究院和经济学院联合发布。陈彦斌教授为课题组组长，夏晓华副教授为副组长。

1.2 研究问题的提出及研究的意义和目的

1.2.1 研究问题的提出

立足于上述研究背景，结合已有研究结论来看，当前企业技术创新能力不足是制约我国企业发展升级的关键因素，其深层次原因可能有两点：一是认知层面，对技术创新能力缺乏全面、准确、动态的界定；二是企业技术创新能力结构现状和环境需求不匹配[1]。20世纪90年代以来，企业技术创新越来越趋于复杂化和网络化，企业的稳定创新绩效依赖于对外部网络的学习或对创新机会的识别与利用。因此，企业需要利用现有结构、资源和能力，重构技术创新能力，以适应当前的动态创新网络环境。基于上述现实和理论背景，本研究在系统阐释企业技术创新动态能力的内涵和构成的基础上，以创新网络对企业技术创新动态能力影响路径的静态分析和创新网络与企业技术创新动态能力协同演进路径的动态分析为出发点，对企业技术创新动态能力形成与提升路径进行相关研究，提出并尝试解答如下问题。

第一，如何从创新网络的视角重新界定技术创新动态能力？为什么技术创新动态能力是企业技术创新能力发展的必然趋势？技术创新动态能力的内涵、构成要素是什么，如何度量？

第二，本书提出的技术创新动态能力的内涵与构成是否准确，能不能经得起实践的检验？

第三，创新网络是如何作用于企业技术创新动态能力的？创新网络对技术创新动态能力的不同维度是否具有不同的影响效应？

第四，从纵向时间演化角度看，创新网络演化与企业技术创新动态能力提升是否存在相互驱动与协同演进规律？如果存在，又是如何协同演进的？这种协同演进如何推动企业创新绩效？

第五，企业如何形成与提升技术创新动态能力，可以采取的具体措施有哪些？从创新网络演化的视角看，企业该如何提升企业技术创新动态能力？

本书通过文献研究与理论推导，在实地考察调研的基础上，归纳总结企业技术创新能力的构成要素与演化趋势，明确提出基于创新网络的技术创新动态能力的概念与构成要素，构建创新网络对企业技术创新动态能力作用路

---

[1] 王昌林. 创新网络与企业技术创新动态能力的协同演进——基于系统动力学的分析 [J]. 科技管理研究，2018（21）.

径的概念模型，并通过问卷调查、统计数据分析以及系统动力学分析加以检验和修正。

1.2.2 研究意义

本研究的理论价值及其独到的学术价值在于：①将企业技术创新动态能力研究进行深化，使该领域的研究不再停留于概念探索阶段，建立了技术创新动态能力的理论架构、构成要素和测度体系，为未来的研究奠定了基础。②从静态视角对创新网络—技术创新动态能力—创新绩效的影响作用路径进行深入分析，揭示了创新网络结构特征和关系特征对企业技术创新动态能力不同维度的影响效应。③从动态视角分析了创新网络演化与企业技术创新动态能力提升之间的内在逻辑和相互驱动关系，动态分析了两者协同推进的规律和路径，以此来科学阐释企业技术创新动态能力提升路径。④对于创新网络与企业技术创新动态能力的协同演进路径的研究能为后续相关研究提供理论和实证方面的参考。

本研究的实际应用价值在于：在理论研究和实证研究基础上提出的企业技术创新动态能力提升策略，有助于企业嵌入与其他组织组成的创新关系网络中，指导企业有效治理创新网络，有效提升技术创新动态能力以获得更好的创新绩效，同时可以为政府主管部门出台技术创新政策提供相应的理论支撑。

1.2.3 研究目的

第一，通过对企业技术创新能力的内涵和构成及发展演进的分析，全面系统地界定适应当前网络化、复杂化的技术创新环境的企业技术创新动态能力内涵，并对企业技术创新动态能力构成要素进行实证检验。

第二，通过分析创新网络对企业技术创新能力的影响促进作用，验证技术创新动态能力构成维度（要素）之间的路径关系及其演化路径，以及创新网络—技术创新动态能力—创新绩效的影响作用路径。

第三，通过建立技术创新动态能力、创新网络以及创新绩效之间动态演化的系统动力学模型，深入刻画创新网络与技术创新动态能力协同演进的动态过程，以揭示企业技术创新动态能力发展的时空演变规律，并对企业技术创新动态能力提升路径进行系统、科学、动态的全面阐释。

第四，基于理论分析和实证分析，归纳总结出企业技术创新动态能力的形成与提升路径，提出基于企业与创新网络全面协同的企业技术创新动态能力提升策略。

1.3 研究的内容和方法

1.3.1 研究内容

本书的研究重心是"技术创新动态能力形成与提升",所以研究对象应是已经或正在实现从模仿能力走向集成、原创能力的企业。本书的主要研究内容分为7个部分。

第1章是绪论,主要内容包括研究背景与问题的提出和研究的意义与目的、研究的主要内容、研究思路、技术路线以及研究方法等。本章着重对当前企业技术创新的外部环境进行深入分析,明确创新驱动发展和企业技术创新网络化、复杂化的趋势以及当前企业技术能力不足的研究背景,在此基础上提出本书的研究问题。

第2章是概念界定与文献综述。本章通过梳理大量有关技术创新能力与创新网络研究的文献,对企业技术创新能力的内涵和构成发展进行了回顾,归纳总结出企业技术创新能力的内涵和构成及发展演进路线,提出了企业技术创新动态能力的概念界定,并做出了有关技术创新动态能力构成要素的理论假设。

第3章是企业技术创新动态能力现状及其构成验证分析。本章研究内容分为两部分:一是在上一章所提出的技术创新动态能力概念的基础上,通过分析企业技术创新投入产出的统计数据以及针对企业的实地调研访谈和问卷调查,对我国企业技术创新动态能力现状及存在的不足进行深入分析;二是在调查研究和大量文献研究基础上,设计企业技术创新动态能力的测量模型,采用验证性因子分析方法对问卷调查数据进行分析,对技术创新动态能力的内涵构成进行实证检验分析。

第4章是创新网络对企业技术创新动态能力的影响路径分析。本章通过对创新网络、企业技术创新能力与创新绩效相关研究背景进行归纳分析,引出本章的研究问题。然后在文献回顾和实地调查访谈以及技术创新动态能力理论构建的基础上,对影响企业技术创新动态能力的创新网络特征进行系统剖析,并对影响因素之间的逻辑关系进行理论探索,进一步提出相关研究假设和理论研究模型。然后以412家企业为样本,通过建立创新网络—技术创新动态能力—创新绩效的影响作用路径结构方程模型,对创新网络与技术创新动态能力构成三维度之间的路径关系及其演化路径进行实证检验和分析,并对其结果进行探讨。

第5章是创新网络与企业技术创新动态能力协同演进分析。本章在第4章的研究结论和大量文献研究的基础上，通过建立基于知识流动的企业技术创新动态能力与创新网络交互作用系统动力学模型，从创新网络动态演化的角度分析了企业技术创新动态能力的提升演进，以及创新网络与技术创新动态能力协同演进对企业创新绩效的影响。对企业技术创新动态能力、创新网络以及创新绩效之间的动态演化进行仿真分析，深入刻画了创新网络与技术创新动态能力协同演进的动态过程，揭示了企业技术创新动态能力的时空演变规律和特征，对企业技术创新动态能力提升路径做出了系统、科学、动态的全面阐释。

第6章是基于创新网络协同的企业技术创新动态能力提升策略分析。在理论分析和实证研究基础上，本书认为企业技术创新动态能力的提升不能仅局限于企业内部，而是企业内外部因素协同的结果，是企业技术创新动态能力与创新网络之间的协同演进驱动着企业技术创新动态能力不断提升演化。因此提出了企业技术创新动态能力的提升基于企业与创新网络全面协同的策略设计，其内容分为创新网络协同策略、企业内部协同策略以及企业与创新网络协同策略三部分。

第7章是研究的结论及建议。本章对全书进行了概括与总结，指出研究的结论与创新点，对研究中存在不足进行了分析，并对后续研究进行了展望。

1.3.2 研究框架与技术路线

全书的研究框架与技术路线如图1-1所示，图见下页。

1.3.3 研究方法

第一，文献研究与实地调查相结合。

本书首先应用了文献研究方法，文献研究和理论研究奠定了本研究的基础。笔者通过对技术创新理论、创新网络理论、动态能力理论、企业核心能力理论和社会网络理论等相关文献的收集和研读，对理论研究的整体现状以及前沿问题进行归纳总结，发现问题，提出创新网络—技术创新动态能力—创新绩效影响作用的概念模型，由此展开深入研究。同时本书又与实践紧密结合，笔者深入企业和相关单位（政府主管部门、行业协会等）进行实地调查研究，与企业不同层次的研发人员和管理人员进行深度的沟通，从实践中总结研究问题、形成理论观点。

第二，规范研究与实证研究相结合。

本书运用规范研究的方法，从明确界定概念入手，对企业技术创新能力的内涵和构成及其发展演进、创新网络内涵特征及构成进行规范研究，然后在分

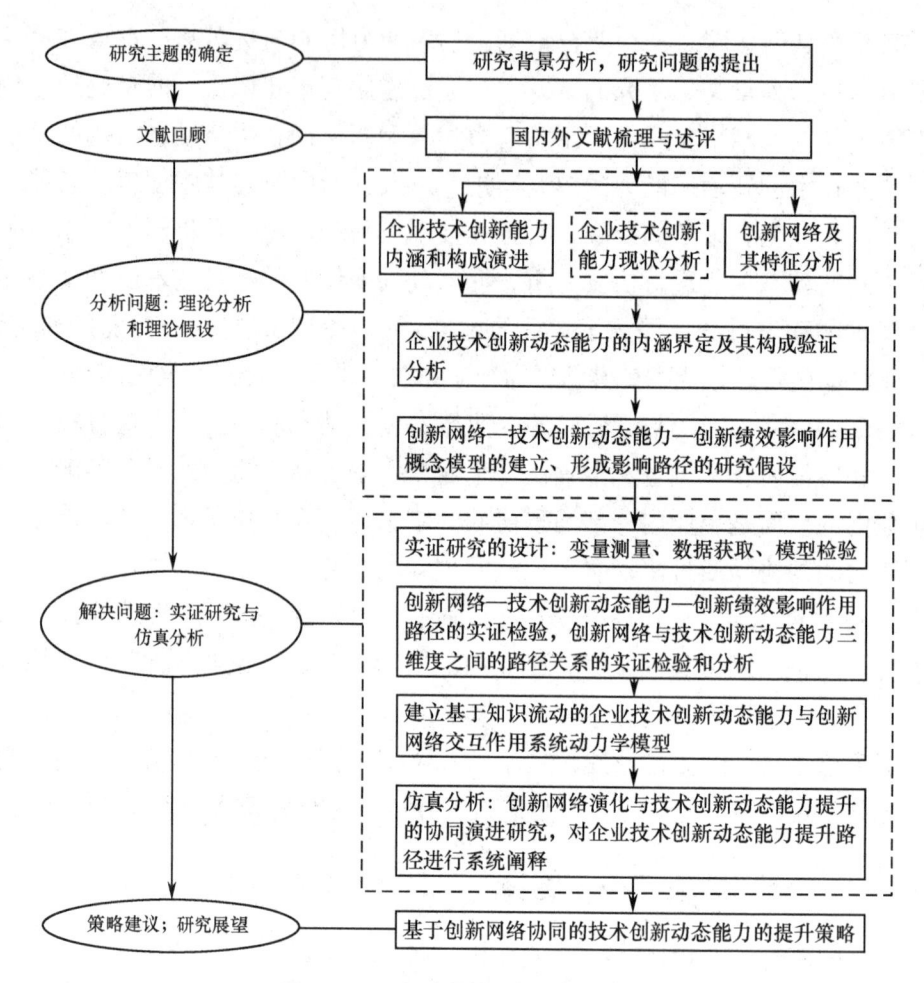

图 1-1 研究总体框架与技术路线图

析中建立理论假设，再进行实证研究。在实证研究中通过建立创新网络—技术创新动态能力—创新绩效的影响作用路径结构方程模型，设计企业技术创新动态能力、创新网络特征和创新绩效的测量量表，又通过问卷调查收集样本企业数据，利用 SPSS 23.0 和 AMOS 23.0 对问卷结果进行分析并对假设命题进行验证，验证了技术创新动态能力构成三维度之间的路径关系及其演化路径。同时本研究在实证研究中也广泛结合实地访谈和典型企业案例进行分析。

第三，定性研究与定量研究相结合。

本书提炼形成企业技术创新动态能力内涵的理论观点，形成创新网络—技术创新动态能力—创新绩效影响作用概念模型，提出相关理论假设，并建立企业技术创新动态能力与创新网络交互作用系统动力学模型。在这些分析过程中主要应用的是定性分析方法，而在实证研究环节和系统动力学模型仿真分析环节则偏重于定量分析方法。在实证分析环节以企业问卷调查数据为基础，利用

SPSS 23.0 和 AMOS 23.0 进行验证性因子分析和结构方程建模验证分析；在系统动力学模型仿真分析过程中，以问卷调查数据为基础，模拟企业创新网络演化和企业技术创新动态能力演变的协同过程，模型数据仿真揭示技术创新动态能力与创新网络协同演进的动态过程。

2 概念界定与文献综述

2.1 技术创新及技术创新能力

国际学界研究技术创新的历史较早,但有关创新能力的研究却起源于20世纪80年代。创新领域的研究具有复杂性和分割性。学者们从不同理论角度出发对企业技术创新能力进行研究,导致对技术创新能力的内涵和形成机理的认识不一致。但总体来说,有关技术创新能力的界定从单一维度到复合维度,从静态到动态,企业技术创新能力内涵的演变同企业技术创新内外环境的变化密切相关[①]。

2.1.1 技术创新

经济学家熊彼特(J.A. Schumpeter)提出的创新理论是国际上有关创新研究的起源,熊彼特对创新内容的界定为:制造新的产品、开辟新的市场、采用新的生产方法、获得新的供应商以及采用新的组织形式。从这一界定来看,熊彼特主要是从技术创新角度提出创新的概念,其概念强调把技术和经济相结合,将技术要素引入经济,强调只有在经济活动中应用新的技术发明才能成为"创新",因此熊彼特的创新概念更多地体现为一个经济学的概念,但也涉及管理创新、组织创新和市场创新等内容。

熊彼特之后,创新理论发展形成了两个分支:第一个分支是新古典经济学家们将技术进步纳入新古典经济学的理论框架,主要成果就是新古典经济增长理论和内生经济增长理论。第二个分支侧重研究技术创新的扩散、技术创新的"轨道"和"范式"等理论问题。由于有关技术创新的研究是一个涉及面广且非常复

---

① 王昌林.创新网络对技术创新动态能力的影响路径分析——基于技术创新动态能力三维度理论构建[J].技术经济与管理研究,2018(6).

杂的问题，研究的角度和前提不同对技术创新的理解就有所差异，因此到目前为止，技术创新概念的内涵存在较大差异。表2-1是有关技术创新的典型定义。

表 2-1 有关技术创新的典型定义

机构或学者	技术创新定义
熊彼特	建立一种新的生产函数或供应函数，即企业家对生产要素进行新的组合
曼斯菲尔德	一种新产品或工艺首次引进市场或被社会使用
OECD（世界经济合作与发展组织）	包括产品创新、工艺创新以及在产品和工艺方面显著的技术变化
NSF（美国科学基金会）	将新的产品或改进的产品、过程或服务引进市场

资料来源：范柏乃.城市技术创新透视：区域技术创新研究的一个新视角[M].北京：机械工业出版社，2004.

本书参照已有学者对技术创新的定义，认为技术创新通常是指新的技术（包括新产品和新的生产方法）在生产等领域的成功应用，包括对现有技术要素进行重新组合而形成生产能力的活动。技术创新是一个全过程的概念，技术创新的范围包括产品和工艺（过程）；从创新强度上看，技术创新既包括根本性创新，也包括渐进性创新；从新颖程度上看，技术创新既包括首次创新，也包括创新的扩散性应用。

2.1.2 企业技术创新过程模式及其特点

2.1.2.1 技术创新过程模式理论的发展

从企业管理的角度看，技术创新就是一种新的思想从产生到研究、发展、试制、生产制造，再到首次商业化的过程。罗斯韦尔系统归纳了自20世纪50年代以来企业技术创新过程模式的演变，指出过程模式先后经历了技术推动过程模式、市场拉动过程模式、技术与市场交互作用过程模式和整合平行过程模式四个阶段，并于20世纪90年代初开始迈向第五代技术创新过程模式。20世纪50~60年代主要以线性技术创新模式为主，即技术推动技术创新模式和市场拉动技术创新模式，技术创新过程体现为线性模式：基础研究是起点，科学推动技术，技术创造了需求，生产制造及商业化满足需求，从而对经济产生影响。

20世纪70年代，随着两次石油危机的爆发，大量产品供过于求，企业更多关注的是如何提高产量、降低成本。技术推动和市场拉动的线性技术创新模式无法适应企业技术创新环境的变化，且过程模型与模型比较显得过于极端和简单化[①]。在1979年，Mowery等学者认为市场需求和技术发展之间的平衡是产

---

① 陈曦，缪小明.开放式创新、企业技术能力和创新绩效的关系研究[J].科技管理研究，2012（14）.

生技术创新的基础，强调要将市场需求和技术推动结合起来，并称之为技术创新的交互（或耦合）作用模式。到了20世纪80年代，企业开始关注核心业务和战略问题。这一时期的一个显著特征是，西方国家开始意识到日本企业在全球市场上的优势，日本企业的新产品开发过程使它们能比西方国家更快、更有效地不断推出新产品。学者们根据对日本汽车产业的研究，总结出职能并行性和活动同步的职能集成特点，并称之为技术创新并行模式。

2.1.2.2 当代技术创新过程模式

当代技术创新模式被罗斯韦尔称为第五代技术创新过程模式，是在第四代创新模式并行模式基础上发展而来的。第五代技术创新模式不再是简单的职能集成，而是系统集成，并具有网络化特点，而当前的技术创新就具有网络化和系统整合的特点。第五代技术创新过程模式是一个多机构集成和缔结网络关系的过程，具有组织柔性化、网络化和协同创新的特点，供应商、客户、高校及科研机构、政府部门和中介机构等企业外部组织在企业技术创新过程中具有非常重要的作用。同时，现代技术创新也表现出一种专业知识积累/学习的模式，关注系统集成和网络模式中的学习和知识交换过程，如图2-1所示。

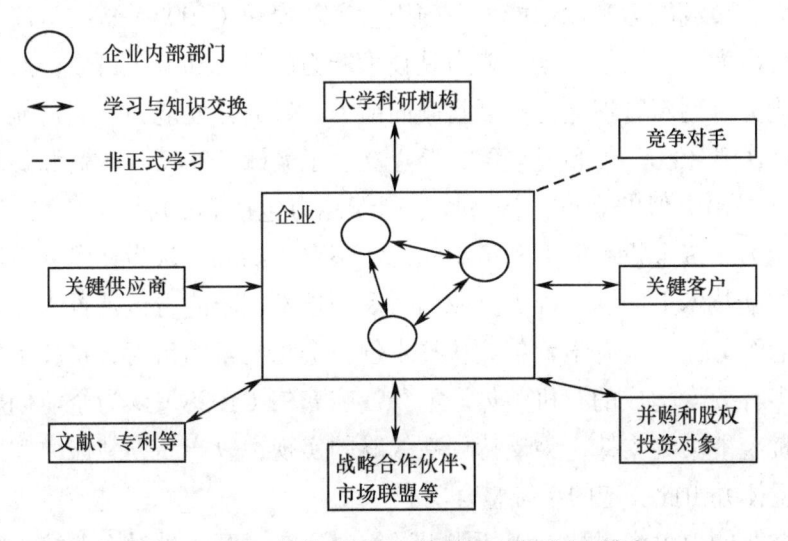

图2-1 第五代技术创新知识积累/学习过程模式

2.1.2.3 开放式创新模式

进入20世纪90年代后，经济全球化以及技术的飞速发展使得传统创新模式受到越来越多的挑战，2003年，开放式创新的概念正式由哈佛商学院教授Henry W. Chesbrough提出来，我国著名学者陈劲、郑刚和许庆瑞（2008）也指出开放式创新是当前创新研究的热点和发展方向之一。以Henry W. Chesbrough教授为代表的国外学者，在企业中做了大量的案例研究和理论探索，但是对于开放式创新体系，学者们并没有提出能够达成共识的模式。实际上，第五代技术创新系统集成网络模式与开放式创新在内容本质上是一致的，都是对当前企业技术创新动态环境的反映。因此，在当前知识经济时代，企业要发展自主创新能力并赢得竞争优势，必须从传统的封闭式创新模式向开放式创新模式转变，而这也正是创新发展的趋势之一。

2.1.3 企业技术创新能力内涵及其演进

2.1.3.1 技术创新能力内涵演变

从笔者收集到的文献资料来看，有关技术创新能力的研究主要是基于企业能力观、知识观、吸收能力观、动态能力观和创新过程角度、技术能力角度等理论角度展开的。从技术能力的角度出发，Lall（1992）认为技术创新能力是指有效地吸收、掌握和改进现有技术并创造新技术所需要的技能和知识。Westphal、Rhee、Pursell（1984）把技术创新能力看成是组织能力、适应能力、创新能力和技术与信息获取能力的综合。从知识观出发，技术创新能力是嵌入创新过程中的处理（吸收、集成、创造）一般知识的高级知识，包括三种子能力：吸收能力、集成能力和原创能力。国内学者傅家骥（1998）从技术能力和创新过程角度出发，认为技术创新能力是技术能力的组成部分，可以分解为创新资源投入能力、创新管理能力、创新倾向能力、研究开发能力、制造能力和营销能力。许庆瑞（2000）和温瑞珺、龚建立、王黎娜（2005）从资源要素和创新过程角度提出类似的观点，认为技术创新能力包括R&D能力、生产能力、市场营销能力、资金投入能力和组织能力。银路（2004）认为技术创新能力是指企业依靠新技术上的创新推动企业的发展，技术创新能力包括投入能力、R&D能力等七个方面。也有学者单纯从技术创新资源要素的角度，将技术创新能力看作由多种要素构成的有机整体。如魏江、寒午（1998）认为企业创新能力是企业以资金能力为支撑，为支持创新战略的实现，以产品创新能力和工艺创新能力为主体并由此决定的系统整合功能。

从企业能力角度对技术创新能力进行的研究主要通过对企业核心能力的内涵和构成及其演化机理进行研究，进而提出企业（技术）创新能力的内涵和构成，剖析企业创新能力的形成过程。（技术）创新能力与核心能力一样是企业未来长期竞争优势的反映，具有专有性关键特征。基于吸收能力观的企业创新能力研究在分析企业核心能力的基础上，进一步将企业技术创新能力与吸收能力联系在一起进行分析。也有部分学者认为企业创新能力表现为企业的吸收能力，企业吸收能力与创新能力之间密不可分，影响企业创新绩效的最重要因素是企业吸收知识的能力。

实际上，对技术创新能力进行单一维度的分析和界定，忽视了技术创新能力的其他影响维度，同时也忽视了技术创新环境及其动态性对技术创新能力的影响作用。而系统观把环境要素考虑在内，认为企业技术创新是一个系统的过程，受系统各要素的影响和制约。企业成功的技术创新源于企业在内外环境中搜寻新创意来更新自己的过程，企业技术创新绩效提升的前提是技术创新能力与环境相适应。我国学者王敏和陈继祥（2008）提出"二元性创新研究框架"，并指出"动态能力是二元性创新的核心"，其核心是技术创新与环境的动态适应性。陈力田（2015）也认为创新绩效提升的前提是技术创新能力与环境相适应。杨菲、安立仁、史贝贝等（2017）研究认为知识积累和环境动荡性在双元创新能力中产生不同影响，环境动荡性在知识积累与渐进性创新能力之间起到负面调节作用，同时知识积累会抑制突破性创新能力。部分国外学者也持这样的观点。从企业技术创新能力内涵的发展演化来看，技术创新能力的界定从单一维度到复合维度，从静态到动态演变，企业技术创新能力内涵的演变同企业创新内外环境的变化密切相关。

2.1.3.2 企业技术创新能力内涵的发展新趋势

在当前的高度动态环境下，部分学者认为应该摒弃以前的静态观点，从动态的视角诠释技术创新能力，也即构建"技术创新动态能力"。徐宁、徐向艺（2012）和徐宁、徐鹏、吴创（2014）将"技术创新动态能力"界定为"企业以价值创造为主旨，积极应对外部环境的变化，持续地进行一定的技术创新投入，带来相应的技术创新产出，并能进行有效技术创新转化的能力"。技术创新动态能力由技术创新投入、技术创新产出与技术创新转化构成。金晓丽、仇武超（2013）认为创新动态能力表现为企业在内外部环境不断变动的情况下合理组织、协调和利用内外部创新资源以使企业自身在综合效益上达到最优，从而弱化外部环境波动带来的不利冲击，最终实现综合效益提升的能力。并从"位势、路径、过程"三维度创建了创新动态能力模型。但从已有技术创新动态能力的分析框架来看，学者们仍然是从企业内部静态的角度来对其进行界定。

从技术创新能力到技术创新动态能力，概念的界定从单一维度到复合维度，从静态到动态演变，企业技术创新能力内涵的演变同企业创新内外环境的变化密切相关。可见环境适应性是企业技术创新能力内涵演变的关键决定因素，也是企业技术创新绩效的决定性因素。本书在上述研究分析的基础上归纳总结出技术创新过程模式、技术创新能力与创新环境协同演进的过程，如表2-2所示。其中，创新环境特征是从动态化程度、网络化程度和复杂化程度三个方面进行的定性评估。

表 2-2 技术创新过程模式、技术创新能力与创新环境的协同演进

技术创新过程模式	技术推动过程模式	市场拉动过程模式	技术与市场交互作用过程模式	整合平行过程模式	系统整合和网络化的过程模式
时间跨度	20世纪50年代至20世纪60年代中期	20世纪60年代中期至20世纪70年代早期	20世纪70年代早期至20世纪80年代中期	20世纪80年代中期至20世纪90年代早期	20世纪90年代早期至今
技术创新过程模式特征	线性模式，继承熊彼特创新思想，突出技术的重要性	线性模式，过程模式关注市场需求	耦合模式，创新过程被分为若干相互关联且功能独立的环节	整合平行模型，创新过程显示了集成与并行发展并重的特征	借助信息技术，显示出集成化、弹性化、网络化和信息化的特征
创新环境特征 动态化	低 →				高
网络化	低 →				高
复杂化	低 →				高
技术创新能力内涵	从技术能力观、知识观、过程观、企业能力观等进行单一维度的分析和界定		系统观和二元创新能力：技术创新是系统的过程，受系统各要素的影响和制约		技术创新动态能力：多维度的综合能力，对动态环境的适应性重构

资料来源：根据相关资料自行整理。

随着时代的发展和创新环境的变化，企业技术创新能力的内涵界定从单一维度到复合维度，从静态到动态演变。当代技术创新是一个系统整合和网络化的创新过程，具有整合、柔性、网络化和平行信息处理的特点，但在新的创新模式和环境下该如何界定技术创新能力的内涵？目前为止还没有统一的认识。部分学者认为技术创新能力应该向技术创新动态能力发展和演化，但对于技术创新动态能力的研究还处于初级阶段，其概念的界定及其构成内涵还有很多模糊之处，这也是本研究需要厘清的概念之一。

▶ 2.2 企业技术创新动态能力及其构成

本节将在总结已有研究成果的基础上，对技术创新动态能力的内涵进行系统全面的界定，并形成其构成要素的理论假设。

2.2.1 企业技术创新动态能力的概念

20世纪90年代以来，企业技术创新具有整合、柔性、网络化和平行信息处理的特点，企业对外部创新网络的知识以及创新机会的识别和利用学习是企业稳定创新绩效的源泉，而这也需要企业利用现有结构、资源和动态能力来更新能力、结构和资源配置，最终实现企业创新[①]。

较早期的研究主要从动态能力理论角度出发研究企业技术创新能力，动态能力观认为资源（竞争）能力是企业的常规能力，可以帮助企业获得操作上的匹配，动态能力是超越常规能力的元能力，控制常规能力的变化速度。但动态能力理论应用于创新领域的研究具有分割性，并没有形成影响较大且统一的研究成果，如有学者对企业（技术）创新能力与动态能力之间的关联性进行研究，认为企业动态能力与企业技术创新能力之间存在着较强联系，从技术创新能力发展历程来看存在着显著正相关关系。还有部分学者对动态能力对创新能力的影响作用进行了实证量化研究，认为企业必须拥有不断更新和重构资源的能力，才能获得动态和持续的创新。还有学者从技术创新能力与动态能力之间的互动关系对企业创新绩效的影响方面展开研究，从实证角度探讨创新能力和动态能力互动与创新绩效的关系，认为动态能力对于企业创新绩效的取得至关重要。部分学者也从辨析动态能力与创新能力的关系入手，界定了基于动态能力的企业（技术）创新能力，认为（技术）创新能力应该在常规能力内涵和构成要素基础上从能力更新与环境适应性方面进行拓展。

现有关于技术创新动态能力的界定主要是综合以往技术创新能力概念从动态能力视角进行重新诠释，如国外学者Carmen、Beatriz、Ramon（2005）认为应该借鉴动态能力理论的基本思想，从动态视角对技术创新能力予以诠释。国内部分学者也持有类似观点，如徐宁、徐向艺（2012）和徐宁、徐鹏、吴创（2014）以及金晓丽、仇武超（2013）都有类似观点。杨冬冬（2015）认为动态能力提供了一种有效的战略框架，这种战略通过提高企业研发学习能力，加大知识资源和创新资金的投入，从而使企业自身能力适应于全球化市场竞争的需要。熊胜绪、崔海龙、杜俊义（2016）基于动态能力观将技术创新动态能力定义为：企业为了应对当前和未来的环境变化，通过吸收或整合内外部创新资源，完善企业技术创新的资源基础，重构企业技术创新的流程和惯例，进而推动企业技术创新能力不断提升的能力。刘涛和程广华（2017）通过分析企业动态创新环境，认为技术创新动态能力由创新成本的投放能力、创新成果

[①] 王昌林.创新网络对技术创新动态能力的影响路径分析——基于技术创新动态能力三维度理论构建[J].技术经济与管理研究，2018（6）.

的转变能力和创新效应的变化能力三个方面构成。

从动态能力理论出发，资源（竞争）能力被认为是企业的常规能力，可以帮助企业获得操作上的匹配，（创新）动态能力是超越常规能力的元能力，控制常规（创新）能力的变化速度。本书在综合已有技术创新动态能力概念的基础上，结合当前技术创新过程模式的特征以及已有技术创新动态能力的研究成果认为：企业技术创新动态能力是一种多维度的综合能力，是企业对内外知识和资源进行有效整合和利用，以及在创新内外环境交互作用下进行适应性重构、不断演进的能力，具有明确的流程或管理支持其演进，发挥作用的过程是改变组织现有知识资源结构的过程。

2.2.2 企业技术创新动态能力构成的理论假设

在当前技术创新模式下，企业在技术创新过程中强调企业外部组织（供应商、客户、大学科研机构等）参与企业技术创新过程的重要性，重视获取创新所需外部知识和资源，企业的创意也可能来自企业外部组织。这就需要企业充分对外部创新网络环境中的知识和资源进行有效整合，利用并影响外部创新网络环境中的知识和资源使其有利于企业技术创新，因此，当前企业技术创新需要具备基于外部创新网络的网络能力，可以称之为技术创新的网络能力，本书简称为网络能力。外部知识和创意需要与企业内部创新知识和资源进行有效整合，这个过程是建立在对外部知识吸收、消化基础上的。因此，企业需要吸收、消化外部知识并将其与内部知识进行有效整合，对企业已有知识和能力进行环境适应性更新，即有效的企业技术创新活动还需要构建动态能力，可以称之为技术创新的动态能力，本书简称为动态能力。同时，技术创新活动的绩效最终反映为企业获得技术创新产出并将技术创新成果转化为企业价值创造，这是构建在企业创新投入基础上的一种能力，可以称之为技术创新的原创能力，本书简称为原创能力。因此本书做出如下假设。

假设 A 技术创新动态能力由三要素构成：网络能力、动态能力和原创能力。三者之间由外到内实现企业新知识创造的逻辑驱动关系如图 2-2 所示，三大要素的逻辑驱动关系推动着环境适应重构以及不断演进。

假设 A1 网络能力是企业技术创新动态能力的构成要素之一。

早在 1987 年，Hakansson 就提出网络能力的概念，早期的研究认为网络能力是提升企业在网络中的地位以及处理与其他网络成员关系的能力。对于网络能力的构成，Möller 和 Svahn（2006）认为网络协调管理能力、关系管理能力、网络愿景能力和关系组合管理能力构成了网络能力，这是从处理网络合作关系和网络管理角度展开的研究。我国学者何建洪（2012）也提出网络能力既包括

2.2 企业技术创新动态能力及其构成

网络能力：利用并影响创新网络环境、资源与知识，获取创新网络知识和资源

动态能力：搜寻整合内外创新知识、对内部创新知识和能力进行环境适应性更新

技术创新动态环境：能力的适应性重构

原创能力：构建在创新投入基础上，获得创新产出，创新成果转化为企业价值

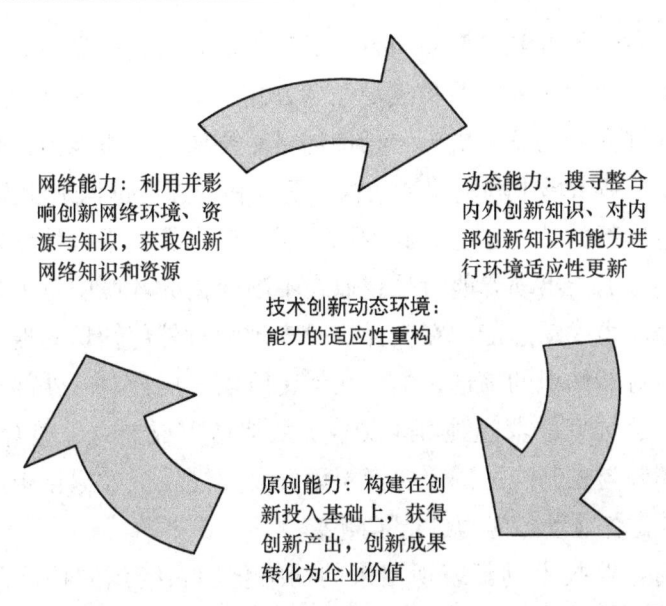

图 2-2 技术创新动态能力构成要素的逻辑驱动关系及能力的适应性重构

战略层面的网络愿景能力，又包含操作层面的关系构建能力和关系管理能力，其对创新型企业的影响是通过这些维度分别完成的。从结构洞理论出发，王海花和谢富纪（2012）将企业外部知识网络划分为网络构想能力、网络构建能力、网络利用能力、网络结构能力和网络重构能力五个维度。宋晶、陈菊红、孙永磊（2015）将网络能力划分为利用能力与开拓能力两种，论证了两者之间存在着较强的正相关关系。可见，技术创新网络能力是识别创新网络中的价值和机会，协调和利用网络关系并塑造和改善企业的网络位置，进而获取创新网络资源和促进创新网络演变的一种动态能力。因此，我们将技术创新动态能力要素的创新网络能力划分为三个维度：创新网络构建能力、网络关系管理能力、网络利用能力[1]。

假设 A2　动态能力是企业技术创新动态能力的构成要素之一。

动态能力理论的代表人 Teece 等在巴顿提出的核心能力刚性基础上于 1994 年提出了改变能力的能力，即动态能力的概念，并在 1997 年将动态能力定义为企业整合、构建、重新配置内部和外部能力以应对快速变化的环境的能力。Teece（2007）把动态能力划分为感知机会和威胁的能力，捕捉机会的能力，增强、整合、保护和重构企业显性或隐性资产以维持竞争力的能力。O'Reilly 和 Tushman（2008）继承并发展了 Teece 的动态能力三分法，明确了企业感知能力、机会捕捉能力、整合和重构能力的具体内涵。有别于从行为维度扩展到组织认知维度和态度维度，部分学者从战略和组织过程的能力角度对动态能力进

---

[1] 王昌林. 企业技术创新动态能力三要素 [J]. 企业管理，2017（5）.

行了分析,如 Drnevich 和 Kriauciunas(2011)从开发新产品或服务、实施新的业务流程、创建新的顾客关系和改变经商方式四个方面来测量动态能力。国内学者王敏和陈继祥(2008)指出二元性创新需要构建动态能力,企业需要在相对成熟的市场与新市场中利用现有结构、能力和资源通过识别能力、吸收能力、重构能力创造出新的结构、能力和资源配置,最终实现维持性创新和破坏性创新。辛晴(2011)指出动态能力是企业在不断变化的环境中对内外部知识进行处理的过程性能力,动态能力在变异阶段表现为对外部知识的搜寻识别,在选择阶段表现为对新知识的筛选评估,在保留阶段表现为对内外部知识的转化和整合。赵艳萍、周密、罗建强等(2014)从战略形成能力、整合与重构能力、合作能力、协调与控制能力四个要素层面开发和设计了虚拟化企业动态能力的量表,对虚拟化企业动态能力进行了测度。

基于当前企业技术创新表现出来的网络化和系统化的特征,以及 Teece、Pisano、Shuen(1997)界定的动态能力概念,技术创新动态能力要素之一的动态能力是对内外创新环境的适应性调整能力,企业在已有创新资源(位势)的基础上,扫描创新网络环境,并通过不断整合技术创新内外部资源,以及持续的学习能力,及时更新现有知识,实现技术创新各方面的协同,以适应创新动态环境和提升技术创新绩效的能力。综合行为维度、组织认知维度以及战略和组织过程能力角度可见,技术创新动态能力要素之一的动态能力分析维度包括创新感知能力、学习吸收能力、整合重构能力、开发流程更新能力等方面[①]。

假设 A3 原创能力是企业技术创新动态能力的构成要素之一。

原创能力即创造内生性新知识的能力。传统从创新过程、创新要素以及技术能力角度对技术创新能力进行的研究,其关注点是企业如何实现创新成果,从这点上说传统对技术创新能力的研究主要是对原创能力各种相关因素的研究。Rogers(1996)以技术传递、技术交换、知识管理和知识创新来评价企业创新能力。Burgelman、Maidique、Whelwright(2004)把企业技术创新能力看成是可利用的资源、对竞争对手的理解、公司的组织结构和文化、开拓性战略等能力的组合,注重内部环境与外部环境的共同作用。国内学者柳卸林(1997)认为"技术创新能力是企业实施创新战略、组织创新活动的能力,具体来说,包括创新资源投入能力、创新研发能力、生产制造能力、产品营销能力、管理决策能力、创新产出能力"。魏江、寒午(1998)认为"企业技术创新能力是实现企业战略的产品创新能力和工艺创新能力的耦合及由此决定的系统整体功能"。孙晓峰、陈泽聪(2005)认为"技术创新能力是由投入能力、R&D 能力、组织

---

① 王昌林.企业技术创新动态能力三要素[J].企业管理,2017(5).

2.2 企业技术创新动态能力及其构成

管理能力、生产能力、营销能力、财务能力、产出能力七种能力构成的综合性系统"。综合已有研究成果可见,原创能力体现为技术创新投入和整合利用各种内外资源,获得技术创新产出,并将技术创新成果转化为企业价值创造的能力。因此,我们将技术创新动态能力要素的原创能力划分为这样几个维度进行分析:技术创新投入能力、技术创新产出能力、技术创新生产能力和技术创新转化能力[①]。

综上所述,技术创新动态能力是在企业创新内外环境交互作用下进行适应性重构和不断演进的能力,是一种多维度的综合能力。本书在理论假设的基础上进一步分析了技术创新动态能力构成要素的具体内容,认为技术创新动态能力由网络能力、动态能力和原创能力三大要素能力构成,三个构成要素之间存在相互关联、相互驱动的逻辑关系(如图2-3所示)。企业技术创新过程中的网络能力能够通过构建组织间创新网络,整合和利用外部创新网络知识和资源为企业技术创新过程服务;技术创新过程中的动态能力通过有效感知机会和威胁并捕捉机会,学习吸收外部知识,能够对企业内外知识和资源进行有效整合和重构,对相应的技术创新开发流程和知识进行适应性更新;技术创新过程中的原创能力构建在企业技术创新投入基础上,企业利用和整合内外部知识创造新知识,获得创新产出,并将技术创新成果转化为企业价值创造的能力。同时,技术创新动态能力是在企业创新内外环境交互作用下进行适应性重构和不断演进的能力。

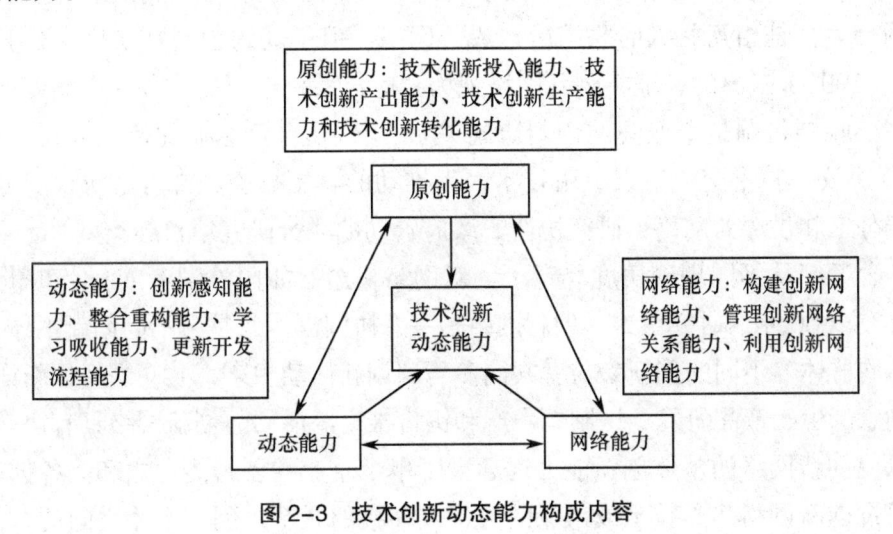

图2-3 技术创新动态能力构成内容

---

① 王昌林.企业技术创新动态能力三要素[J].企业管理,2017(5).

2.3 创新网络

2.3.1 创新网络的概念

网络这一概念最早于20世纪60年代被提出，Hakansson（1987）认为网络通常由网络行为主体、网络活动和网络资源三个要素组成。行为主体便是网络中的"节点"，网络活动便是节点间的"连接"，资源是指信息流、知识流、物流、资金流等。借鉴社会网络的概念，通过用企业间关系代替社会关系，用企业代替结点中的个人，经济学家们建立起了企业网络的概念。20世纪80年代以来，在经济全球化、信息化背景下企业网络现象越来越受到关注，经济学家借鉴网络分析方法并将其应用于经济学领域的研究，逐步形成了企业网络理论。企业网络是全球化、信息化背景下研究网络经济条件下市场的自组织和企业组织的新形式，是指由一组自主独立而且相互联系的企业或机构，依据专业化分工和协作形成的契约关系或制度安排。

最早将创新和网络联系在一起研究的是美国社会网络学家Burt。Lundwall（1988）也指出创新参与者之间形形色色的联系形成了一个个网络，影响着技术创新网络的形成和创新活动，技术创新网络就是创新参与者在创新过程中的联网行为，是相互关联的联结所构成的网络。但正式的创新网络概念是Freeman（1991）提出的，他将创新网络视为"应付系统创新的一种基本制度安排，其主要联结机制是企业间的创新协同关系"，包括合资企业和研究公司、合作R&D协议、技术交流协议、由技术因素推动的直接投资、许可证协议、分包、生产分工和供应商网络、研究协会、政府资助的联合研究项目等类型。

学者们从不同理论角度界定了创新网络概念，如国外学者Arndt和Stermberg在2000年的研究认为，创新网络是一个协同群体，是由不同创新主体参与的协同群体。不同的创新参与者共同参与到创新活动中来，共同进行创新活动，如创意产生、产品研发、试制、生产和销售推广等活动。创新网络具有协同性，可以使创新网络的整体创新能力远远大于单个企业的创新能力之和。各创新主体通过创新网络建立技术或市场的直接或间接的联系，创新主体之间的合作可以通过正式的合约或非正式的协议形成。Jones、Conway、Steward（2001）认为创新网络是公司间或组织间网络，这些公司间网络可能包括合资企业、联合体、战略联盟、技术合作等，这是从创新网络组成主体出发给出的定义。Koschatzky、Kulicke、Zenker（2001）认为创新网络是一个相对松散的、非正式的、可以重新整合的内部联系系统，该系统有利于组织间进行学习和交流。Pyka（2002）分析了创新网络形成的动机，认为各创新主体参与创新网络的内在驱动力来自对技术学习、获取互补性资源等的需求，创新网络是产业创新过程中最重要的一种组织形式。Robyn、Keith（2007）认为创新网络是能够确保创新扩散的一种网络，这是因为创新网络能够将产业创新中的关键利益相关者集聚起来，且能提升他们之间的信任感，加速信息及资源在各参与创新主体间的流动。

国内学者王大洲（2006）认为企业创新网络是企业创新活动中已经产生的网络的综合，即围绕企业在技术创新过程中形成的各种正式和非正式的合作关系的总和。清华大学吴贵生、李纪珍、孙议政（2000）认为创新网络是包括企业、高校和科研院所、中介机构和政府部门等在内的不同创新参加者的协同群体，他们共同参与新产品的形成、开发、生产和销售过程，共同参与创新的开发与扩散。可见创新网络是各种关系的集成，包括各个创新网络主体、创新网络活动和创新网络资源的集成。

沈必扬和池仁勇（2005）从经济学角度出发，认为所谓的企业创新网络是一定区域内的企业与各行为主体（大学、科研院所、地方政府、中介机构、金融机构等）在交互式的作用中建立的相对稳定、能够激发或促进创新、具有本地根植性、正式或非正式的关系总和，企业创新网络既可以规避高额的市场交易费用，又可以避免较高的组织成本，是解决快速变化市场环境下技术创新问题的一个最佳模式。程铭和李纪珍（2001）从管理过程角度出发给出定义，认为创新网络被看作不同的创新参与者共同参加新产品的形成、开发、生产和销售过程，他们共同参与创新的开发与扩散，通过交互作用建立科学研究、技术、市场之间的直接或间接的、互惠灵活的关系，参与者之间的这种联系可以通过正式合约或非正式安排形成，而且网络形成的整体创新能力大于个体创新能力的和，即网络具有协同特征。

综合已有创新网络的内涵定义，本书参照刘兰剑和司春林（2009）的观点认为：创新网络是由多个企业及相关组织（大学、科研院所、地方政府、中介机构、金融机构等）在交互式的作用中建立起相对稳定、能够激发或促进创新的正式或非正式的关系，并以产品或工艺创新及其产业化为目标，以知识共享为基础，以现代信息技术为支撑，松散耦合的动态开放新型技术创新合作组织。参与者在新产品的开发、生产和商业化过程中，共同参与创新活动，实现创新的开发与扩散。从创新网络的定义和发展历程来看，创新网络通常会经历"企业群落→产业集群→创新网络"的发展过程，可以说创新网络是产业集群发展到高级阶段的产物。但并非所有的产业集群都能发展成为创新网络，只有那些具有较强持续竞争力并能够有效激发或促进创新的产业集群才能涌现出创新网络。

2.3.2 创新网络的构成

对创新网络的研究目前已经形成了两个基本方向：一是专注于企业发展的创新网络方向；二是依托区域发展的创新网络方向。于是也就有了不同的研究视角和不同的称谓，如企业创新网络、区域创新网络和产业创新网络等，但它们之间存在混同，研究对象和内容对象都相差不大。在这里主要对企业创新网络进行研究，以企业个体为中心进行研究，而区域创新网络和产业创新网络研究考察的是整体网络的演变与发展，是与国家和区域创新体系思想密切相关的内容。

从已有文献资料来看，创新网络构成要素分为三类：主体要素、平台要素和环境要素。主体要素指的是创新网络中参与创新活动的主体，包括企业、大学、中介机构、科研机构、政府、金融机构等。平台要素指的是联结各创新主体、基础设施、信息资源的网络节点，包括科技成果转化和孵化平台、知识创新协同联盟与研究资源共享平台、产学研合作平台等。环境要素是指影响企业创新并对创新能力培育提供保障和支撑的要素，包括硬环境和软环境：硬环境主要指由先天条件构成的自然环境、资源环境等；软环境主要指制度、政策、法律法规、市场和文化等。

如图 2-4 所示，创新网络构成三大要素可以细分为三大层次和四个子网络。核心是企业，还包括相关高校与科研院所，它们构成了创新网络的第一大层核心层；用户、金融机构、政府和中介机构构成了创新网络的第二大层次，即辅助层。市场环境、教育环境、政策环境、法律环境、经济与产业环境、科技资源环境和社会文化环境等，构成了创新网络的第三大层次，即保障层。这三大层次又由四个子网络构成。第一个子网络是企业（生产）网络，是由专业化企业与其他企业联结形成的系统，企业网络有两种关系，即垂直关系和水平关系。垂直关系是供应商、生产商与客商组成的网络关系，水平关系是企业与竞争者及相关企业之间的互动网络关系。由高校院所、科研院所和核心研发企业等各类创新生产者组成了第二个子网络，称为核心创新网络。创新基础和知识供应是这一子网络的主要功能。创新网络还需要为创新主体的创新活动提供相关的基础和条件，而由用户群体、政府、金融机构和中介机构等构成了创新网络的第三个子网络，即创新支持网络。这一子网络能够提供创新所需的信息、人才资本和知识等资源。创新网络还需要构建有利于技术创新的环境，包括自然环境、资源环境等硬环境，以及市场、制度、文化、政策和法律法规等软环境，这些构成了创新网络的第四个子网络，即创新环境网络。

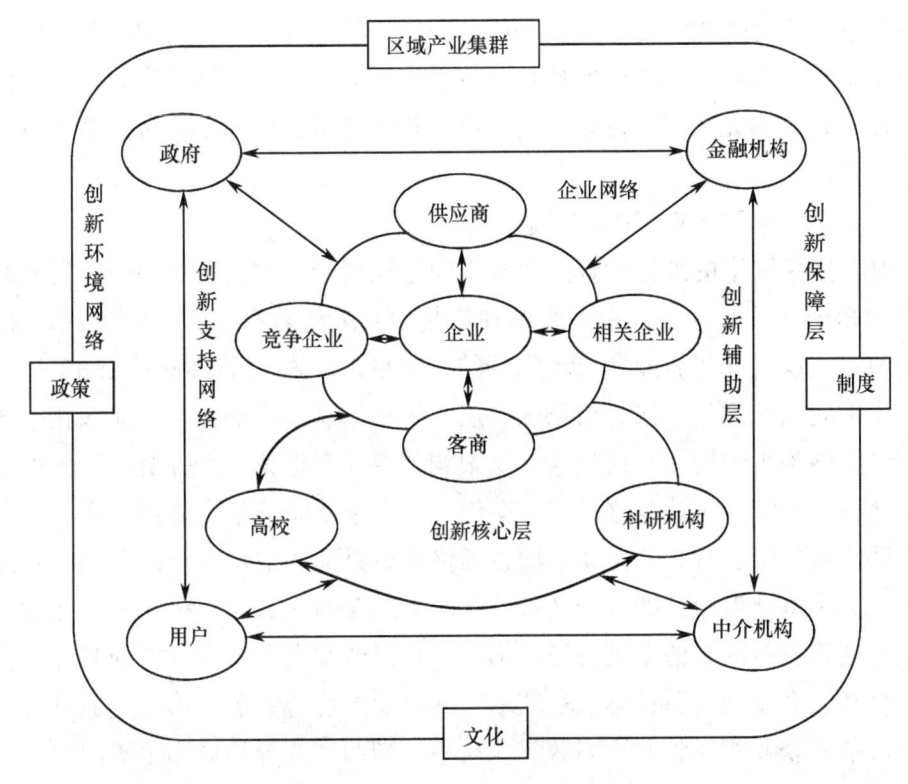

图 2-4 创新网络构成

资料来源：张玉赋，汪长柳.区域网络化产业技术创新系统研究［M］.南京：东南大学出版社，2017.

2.3.3 创新网络的特点与理论基础

2.3.3.1 创新网络的特点

通过对国内外相关理论和实践的总结，我们发现创新网络具有网络性、共享性、开放性、合作化和网络关系联结的多元性等特征。①网络性。创新网络中某项新产品或新技术的创新，不仅使创新主体企业受益，还会通过企业间正式或非正式的交流在创新网络中扩散，从而促进创新网络整体积累知识和技术，提高创新能力。创新主体通过创新平台实现合作与交流，企业间信息传递的阻碍较少，知识在创新网络内部的传递速度较快。②共享性。创新网络的主要节点都是创新网络内的行为主体，各主体共享创新网络的信息与资源。在创新平台内，资源是共享的，信息传递是畅通无阻的。各主体都能够通过网络平台有效地配置其资源，实现其创新目标，从而推动企业创新发展。③开放性。创新网络不是一个封闭的创新系统，而是具有开放性，网络中行为主体间的知识流动并不局限于网络内部，各主体尤其是企业通过与外部企业的战略合作、人才交流、资金往来等获得互补性资源，而外部企业也能在合作过程中获得外溢知识与技术。④合作化。合作创新是创新网络的核心内容，创新网络各主体只有进行稳定长期的合作，才能实现长期收益的最大化。⑤联结的多元性。创新网络联结方式是多元化的，可以以社会或文化为纽带，也可以通过经济与技术方式进行联结[1]。

2.3.3.2 创新网络的理论基础

对于创新网络的理论阐释主要有中间组织理论、交易费用理论、资源基础理论和知识基础理论等。中间组织理论是由威廉姆森在1975年提出的，他认为中间性组织是介于企业和市场两端的一种组织形式。Larsson（1993）进一步深化了中间组织理论，认为市场和科层两极传统制度不够完善，应该在市场和科层之间增加组织协调，通过这三层架构代替原有框架。今井贤一、伊丹敬之和小池和男（2004）认为这种"中间组织"关系是既非组织外部关系，又非组织内部关系的第三种企业关系，而创新网络就是典型的中间组织关系。有部分学者从资源基础理论角度解释创新网络产生的动因，如Das和Teng（1996）认为企业创建创新网络的动因有三：第一是在保留和发展自身资源的基础上合并或联合其他企业的资源；第二是获取其他企业的优势资源；第三是通过合作创新解决单一企业所面临的资源数量、质量的制约和资源构成不足等问题。实际上，交易费用理论的出现也在一定程度上解释了企业合作创新的动因，由于现代技术创新研发活动的复杂性、技术创新成本上升的压力以及高度的不确定性，企业进行技术创新的风险非常高，企业在技术创新过程中必须寻求外部的技术资源，因此创新网络与合作创新是企业在当前技术和市场环境下进行技术创新的合理选择，已经成为企业创新发展最重要的特征之一。企业合作创新一方面实现了企业和大学、科研机构之间研发资源的共享，另一方面又最大限度地降低了交易费用。创新网络的建立，是企业与外部前沿技术之间保持紧密联系的重要方式和手段。从知识基础理论的观点来看，创新网络是组织进行合作创新的一种有效的制度安排，相对于其他知识生产与利用的治理结构而言，它在处理和获取交易复杂程度高、专门程度高的知识资源及其应用上具有较高的效率。创新网络有效发挥功用的重要途径之一，就是发挥好核心企业在网络内部的知识协调和管理作用，设计并运作符合知识创新活动性质和规律的多种机制，从而促进技术创新的步伐。此外，创新网络的建立也是有效创新整合知识的一种方式，当知识不能完全体现在被交换的产品中时，网络合作安排是转移并整合显性知识以支持垂直供应关系的有效机制。

---

[1] 崔晓露.高新技术产业开发区创新网络及其对区域创新能力的影响研究[D].上海：上海财经大学博士学位论文，2013.

3 企业技术创新动态能力现状及其构成验证分析

3.1 基于投入与产出统计数据的我国企业技术创新能力分析

对企业技术创新（能力）进行评价的方法主要有两种：产出法和投入法。创新产出主要包括核心技术、知识产权、自主品牌、商业模式和盈利水平等，创新产出能较好地反映企业创新能力，但产出数据较难获取，部分指标甚至很难量化。创新投入主要包括企业资金、技术、人力、管理等生产要素的投入。投入与创新能力之间并不存在必然联系，但它表明了企业在推动技术创新方面的努力程度。一般而言，投入越多，创新成功的可能性越大，创新绩效也越好。实践中对企业技术创新能力的评价多采用投入法和产出法相结合的办法。

3.1.1 我国技术创新投入和产出的总体情况

从我国技术创新投入基本情况的统计数据来看（见表3-1），2012—2016年我国的R&D经费支出增长了52.2%，年平均增速超过10%，从费用支出类别来看，基础研究经费支出增长幅度最大，达到65%；而应用研究的支出费用增长幅度最小，仅为38.6%，基础研究支出费用在R&D总体经费中的占比由4.84%上升到5.24%；应用研究支出费用在R&D总体经费中的占比由11.3%降低到10.27%；实验发展支出费用在R&D总体经费中的占比基本保持不变，由83.87%小幅提升到84.48%。在R&D经费支出构成中，政府投入占比呈现下降趋势而企业投入占比呈现上升趋势：政府占比和企业占比在2012年分别是21.6%和74.0%，而到2016年分别是20.03%和76.06%；企业投入从2012年到2016年提升56.4%，而政府投入只增长了41.4%。R&D人员数量从2012年到2016年增加了19.4%，年均增速为4%~5%，其中基础研究人员数量增长幅度最大,达到30%,而应用研究人员数量的增长幅度只有14.3%。

表3-1 我国技术创新投入情况[①]

指标		2012年	2013年	2014年	2015年	2016年
R&D人员数量	全时当量(万人年)	324.7	353.3	371.1	375.9	387.8
	基础研究(万人年)	21.2	22.3	23.5	25.3	27.5
	应用研究(万人年)	38.4	39.6	40.7	43.0	43.9
	试验发展(万人年)	265.1	291.4	306.8	307.5	316.4
R&D经费支出	R&D经费支出(亿元)	10298.4	11846.6	13015.6	14169.9	15676.7
	基础研究(亿元)	498.8	555.0	613.5	716.1	822.9
	应用研究(亿元)	1162.0	1269.1	1398.5	1528.6	1610.5
	实验发展(亿元)	8637.6	10022.5	11003.6	11925.1	13243.4
	政府资金(亿元)	2221.4	2500.6	2636.1	3013.2	3140.8
	企业资金(亿元)	7625.0	8837.7	9816.5	10588.6	11923.5
R&D经费占GDP之比(%)		1.91	1.99	2.02	2.06	2.11

从我国技术创新产出基本情况的统计数据来看(见表3-2),从2012年到2016年我国在发表科技论文、专利申请及授权、高技术产品进出口贸易上的增长存在较显著的差异,发表科技论文数量从2012年到2016年只增长了8.55%,科技成果登记数增长了13.64%。专利申请及授权数的增长则非常显著,从2012年到2016年增长了39.72%,其中发明专利申请授权数增长幅度达到86.18%。高技术产品进出口额在2012—2016年间增长并不显著,但技术市场的成交额增长达到77.21%。

表3-2 我国技术创新产出情况[②]

指标	2012年	2013年	2014年	2015年	2016年
发表科技论文(万篇)	152	154	157	164	165
出版科技著作(种)	46751	45730	47470	52207	53284
科技成果登记数(项)	51723	52477	53140	55284	58779
专利申请受理数(件)	2050649	2377061	2361243	2798500	3464824
发明专利申请受理数(件)	652777	825136	928177	1101864	1338503
专利申请授权数(件)	1255138	1313000	1302687	1718192	1753763

[①][②] 数据来源:中华人民共和国国家统计局.中国统计年鉴2017[M].北京:中国统计出版社,2017.

续表

指标	2012年	2013年	2014年	2015年	2016年
发明专利申请授权数（件）	217105	207688	233228	359316	404208
高技术产品进出口额（亿美元）	11080	12185	12119	12046	11279
高技术产品出口额（亿美元）	6012	6603	6605	6553	6042
高技术产品进口额（亿美元）	5069	5582	5514	5493	5237
技术市场成交额（亿元）	6437	7469	8577	9836	11407

从表3-1和表3-2可以看出我国技术创新总体存在两大不足：一是基础研究经费投入偏低。虽然近几年对基础研究的投入增幅高于对应用研究和实验发展的投入，但基础研究经费投入总体水平仍然偏低，基础研究支出费用在R&D总体经费中的占比由2012年的4.84%上升到2016年5.24%，而大部分发达国家基础研究经费占R&D总体经费的比例为15%~25%，2012年美国的这一比例为16.5%[1]。有专家提出我国的基础研究经费占R&D经费的比例到2020年要达到8%或10%，如按照我国人均GDP水平，2020年我国基础研究经费占R&D经费支出应达到12%~13%较为合理。二是从技术创新产出来看，虽然我国在2012—2016年专利申请数及授权数都有较大的增长，同时技术市场的成交额增幅达到77.21%，但这期间的高技术产品进出口贸易增长较慢，原因之一是这几年全球经济增长处于低谷，受到我国对外贸易总体表现不佳的影响；其二可能与我国高技术产品缺乏竞争力有一定关系，这也间接说明我国技术创新能力尚有不足。

3.1.2 我国企业技术创新投入与产出情况分析

从我国规模以上工业企业的技术创新投入情况（见表3-3）可以看出，2004—2016年规模以上工业企业的研发经费投入持续保持较高增长，企业研发费用投入到2016年达到10944.7亿元，相比2004年增长890.19%，企业研发经费占主营收入的比例由2004年的0.56%提升到了2016年的0.94%，2016年研发人员数量达到270.2万人，相比2004年增长了3.985倍。企业新产品开发经费2016年为11766.3亿元，相比2004年增长了11.184倍。企业引进国外技术经费2016年为475.4亿元，相比2004年增长了19.62%。企业引进技术消化吸收经费2016年为109.2亿元，相比2004年增长了78.43%。企业购买国内技术经费2016年为208.0亿元，相比2004年增长了1.521倍。企业技术改造经

---

[1] 张明喜. 我国基础研究经费投入及问题分析[J]. 自然辩证法通讯, 2016（2）.

费2016年为3016.6亿元，相比2004年增长了2.76%。

表3-3 规模以上工业企业的技术创新投入情况[①]

指标	2004年	2009年	2015年	2016年
R&D人员全时当量（万人年）	54.2	144.7	263.8	270.2
R&D经费支出（亿元）	1104.5	3775.7	10013.9	10944.7
R&D经费占主营收入（%）	0.56	0.69	0.90	0.94
新产品开发经费支出（亿元）	965.7	4482.0	10270.8	11766.3
引进国外技术经费支出（亿元）	397.4	422.2	414.1	475.4
引进消化吸收经费支出（亿元）	61.2	182.0	108.4	109.2
购买国内技术经费支出（亿元）	82.5	203.4	229.9	208.0
技术改造经费支出（亿元）	2935.5	4344.7	3147.6	3016.6

从我国规模以上工业企业的技术创新产出情况（见表3-4）可以看出，2004—2016年规模以上工业企业技术创新产出增长趋势非常显著，企业专利申请数和有效发明专利数到2016年分别达到了715397件和769847件，相比2004年分别增长了10.08倍和24.39倍。企业新产品开发项目数和新产品销售收入到2016年分别是391872个和174604.2亿元，相比2004年分别增长了4.144倍和6.655倍。2016年企业新产品出口为32713.1亿元，相比2004年增长了5.158倍。

表3-4 规模以上工业企业的技术创新产出情况[②]

指标	2004年	2009年	2015年	2016年
新产品开发项目数（个）	76176	237754	326286	391872
新产品销售收入（亿元）	22808.6	65838.2	150856.5	174604.2
新产品出口（亿元）	5312.2	11572.5	29132.7	32713.1
专利申请数（件）	64569	265808	638513	715397
有效发明专利数（件）	30315	118245	573765	769847

注：从2011年起，规模以上工业企业的统计范围从年主营业务收入为500万元及以上的法人工业企业调整为年主营业务收入为2000万元及以上的工业企业。

总体而言，我国企业在研发投入、研发人员、专利数量等总体数量方面位居世界前列，但从研发投入和产出的质量上看与发达国家还存在一定差距。这主要体现在企业高端创新人才、研发投入强度及投入结构、高端创新成果、基

[①][②]数据来源：中华人民共和国国家统计局.中国统计年鉴2017[M].北京：中国统计出版社，2017.

础研究占比和应用研究占比等指标上。

3.1.3 基于投入和产出的我国企业技术创新能力存在的问题

3.1.3.1 企业研发投入及投入强度仍然偏低

我国企业在技术创新投入和产出方面都有较大的发展，在研发投入、研发人员、专利数量等总体数量方面已经位居世界前列，但我国企业在平均研发投入、研发投入结构、高水平技术创新成果创造、吸引高层次人才、开展基础研究和应用研究等质量指标上与发达国家和地区还存在较大差距，这从一定程度上反映出企业创新能力较为薄弱。如表3-5所示，对比中国与世界典型国家的创新投入强度，从纵向看，中国在过去十多年间创新投入强度有了很大提高，研发经费支出占GDP的比重从2000年的0.893%提高到2015年的2.067%，到2016年规模以上工业企业投入研发经费达到10944.7亿元，比2004年增长890.9%，R&D经费占主营收入的比例由2004年的0.56%提升到2016年的0.94%。但是从横向看，2005年前几乎所有发达国家的创新投入强度都高于中国，到2015年，中国虽然与韩国、日本等国差距较大，但已经接近发达国家创新投入强度平均水平，超过俄罗斯和欧盟28国水平。基于BvD全球上市公司分析库中的企业面板数据（见表3-6），比较中国与美国、英国、日本、德国、印度的创新投入强度，中国企业与美国、英国和德国等发达国家上市企业相比，不论是平均研发投入经费还是投入强度都存在较明显的差距，但高于印度，这也反映出我国企业研发投入与发达国家企业相比还存在较大不足。

表3-5 中国与世界典型国家研发支出占国民生产总值的百分比

单位：%

国家 年份	中国	美国	韩国	日本	俄罗斯	欧盟	OECD国家
2000	0.893	2.621	2.18	2.9.6	0.985	1.671	2.124
2005	1.308	2.506	2.626	3.181	1.001	1.662	2.141
2010	1.71	2.74	3.466	3.137	1.06	1.837	2.288
2014	2.021	2.756	4.289	3.401	1.07	1.951	2.377
2015	2.067	2.788	4.232	3.286	1.099	1.958	2.38

数据来源：OECD数据库。

表 3-6 2014 年上市公司企业研发投入的总体情况跨国比较

国家	企业数量（个）	平均研发投入（百万美元）	创新投入强度（%）
美国	3225	114.40	12.6
英国	639	65.69	8.65
德国	360	216.50	5.87
中国	3146	13.56	4.5
印度	799	5.29	1.72

注：创新投入强度为研发投入与主营业务收入的比值。

资料来源：BvD 全球上市公司分析库。

3.1.3.2 企业技术创新投入中的基础研究经费投入较少

虽然近几年我国对基础研究的投入增幅大于对应用研究和实验发展的投入增幅，但基础研究经费投入总体水平仍然偏低，基础研究支出费用在 R&D 总体经费中的占比由 2012 年的 4.84% 上升到 2016 年的 5.24%，而大部分发达国家基础研究经费占 R&D 经费的比例在 15%~25%，2012 年美国的比例为 16.5%[1]。

从统计数据来看，企业已经成为我国创新投入的主力军，2012 年我国 R&D 经费的 74% 来自企业，而到 2016 年企业投入占到我国 R&D 经费的 76.1%。但是我国企业对基础研究经费的贡献很小，我国基础研究经费在 2013 年只有 1.55% 来自企业，也就是 8.61 亿元。而美国基础研究经费在 2012 年有 21.33% 来自企业，美国企业在 2012 年提供了 159.62 亿美元的基础研究经费。另外，在 2013 年我国企业所承担的 8837.7 亿元 R&D 研究经费中，只有 0.1% 用在基础研究上。这一方面说明我国企业对基础研究不够重视，也反映出我国企业开展基础研究的能力很弱。目前美国企业，尤其是初创企业对于基础研究的热情很高，对基础研究的投入也在增加，这方面很值得我国企业借鉴。政府还应通过研发经费后补助，加强对国有企业创新能力考核等措施，大力激发企业从事基础研究的积极性。

3.1.3.3 专利质量不高，专利在企业之间的分布极不均衡

首先，中国企业的发明专利占比显著低于美国、日本等发达国家，这表明当前中国企业的专利质量并不高。据测算，中国高新技术前 1000 强企业申请的发明专利占所有专利的比重为 59.2%，有效发明专利数占全部有效专利数的比重为 41.3%[2]。数据显示，美国 2014 年和 2015 年的授权发明专利比

---

[1] 张明喜. 我国基础研究经费投入及问题分析[J]. 自然辩证法通讯，2016（2）.
[2] 大宏观创新课题组. 中国企业创新能力 "全面体检" ——《中国企业创新能力百千万排行榜（2017）》[J]. 科技与金融，2017（1）.

重分别高达92.2%和91.5%，日本授权的发明专利占比分别达到了87.9%和85.6%[1]。可见，美国和日本等发达国家企业在专利质量上明显高于中国企业，中国人民大学的创新评价报告中也得出类似的结论。

其次，企业申报或者授权的专利数量极不平衡，大部分专利由极少数优秀企业申报或者获得授权，而只有较少部分的专利属于大部分一般企业，这反映了大部分企业创新能力较弱。自2012年起，中国的专利申请总量和授权专利总量已经连续多年位居全球首位。根据中国人民大学发布的《中国企业创新能力百千万排行榜（2017）》统计，中国前1000强企业的专利申请总量高达81.9万件，有效专利总量也达到了44.5万件[2]。如表3-7和表3-8所示，目前高新技术企业的专利分布极不均衡，绝大多数专利集中在极少一部分企业。我国高新技术前1000强企业中申请专利数达到或者超过2000件的企业占专利申请总数的45.3%，这样的高新技术企业只有55家。而专利申请排在后面的635家企业申请专利数占比只有21.4%，这部分企业申请的专利总数都不超过500件。前1000强企业中，有效专利数超过2000件以上的企业只有29家，占全部有效专利总数的35.2%，而有效专利数排在后面的825家企业的有效专利总数占比为36.4%，这部分企业有效专利数都不超过500件[3]。

表3-7 "中国企业创新能力1000强"的申请专利数和有效专利数分布情况[4]

专利件数	500件以下	500~1000件	1000~2000件	2000件以上
申请专利数企业数量（家）	635	216	94	55
有效专利数企业数量（家）	825	105	41	29

表3-8 高新技术企业专利数量分布[5]

专利件数	按申请专利数计算企业占比（%）	按有效专利数计算企业占比（%）
100件以下	94.10	97.30
500~1000件	0.64	0.27
1000件以上	0.24	0.10

3.1.3.4 企业技术创新能力不强且分布不平衡

从投入产出的统计数据来看，近年来我国企业技术创新能力有了较大幅度的提升，也涌现了一批具有较强创新能力的高新技术企业。如中兴与华为在全

---

[1] 张颖.近两年中国、美国、日本发明授权专利的比较分析[J].经营管理者, 2016（19）.
[2][4][5] 大宏观课题组.中国企业创新能力"全面体检"——《中国企业创新能力百千万排行榜（2017）》[J].科技与金融, 2017（1）.
[3] 陈彦斌, 刘哲希.中国企业创新能力不足的核心原因与解决思路[J].学习与探索, 2017（10）.

球企业的 PCT（Patent Cooperation Treaty）专利申请量近几年一直排在前 10 位，而且华为已经跻身"2016 年全球百强创新机构"排行榜。2015 年，中国的华为、腾讯和联想公司入选波士顿咨询公司（BCG）发布的全球最具创新力的 50 强企业。但是从投入产出统计数据的横向对比来看，我国企业与发达国家企业在创新投入强度、创新产出质量上存在明显差距，我国绝大部分高新技术企业的创新能力与华为、腾讯等优秀企业相比还存在较为明显的差距，仍有较大的提升空间。

另外，我国中西部地区高新技术企业偏少，这些企业集中于东部沿海如北京、上海、广东、江苏等发达地区，这反映出我国高新技术企业分布极不均衡。高新技术企业最多的 5 个地区拥有 64.4% 的高新技术企业，它们是浙江、上海、江苏、北京和广东，占比分别是 9.0%、9.8%、12.5%、14.8%、18.3%。而内蒙古（占比 0.2%）、甘肃（占比 0.2%）和新疆（占比 0.1%）等拥有的高新技术前 1000 强企业明显偏少。

最后，中国企业专利的行业分布存在不均衡现象。如表 3-9 和表 3-10 所示，我国企业专利申请在创新能力前 1000 强企业最集中的 3 个行业分别为：计算机、通信和其他电子设备制造业（占比 15.3%）、电气机械和器材制造业（占比 9.2%）、专用设备制造业（占比 7.2%）。在全部 80000 多家高新技术企业中最为集中的 3 个行业依次为仪器仪表制造业（10.8%），金属制品、机械和设备修理业（10.5%），通用设备制造业（9.3%）。

表 3-9 创新能力 1000 强最集中的 10 个行业 [①]

行业	行业申请专利数量占比（%）
计算机、通信和其他电子设备制造业	15.3
电气机械和器材制造业	9.2
专用设备制造业	7.2
仪器仪表制造业	7.1
电信、广播电视和卫星传输服务	5.8
化学原料和化学制品制造业	5.6
医药制造业	5.2
专业技术服务业	4.7
通用设备制造业	4.1
汽车制造业	3.6

① 数据来源：大宏观创新课题组. 中国企业创新能力"全面体检"——《中国企业创新能力百千万排行榜（2017）》[J]. 科技与金融，2017（1）：50-55.

表 3-10　80000 多家企业技术创新最集中的 10 个行业[①]

行业	行业申请专利数量占比（%）
仪器仪表制造业	10.8
金属制品、机械和设备修理业	10.5
通用设备制造业	9.3
专用设备制造业	9.0
化学原料和化学制品制造业	7.0
计算机、通信和其他电子设备制造业	6.1
电气机械和器材制造业	5.8
机动车、电子产品和日用品修理业	3.4
非金属矿物制品业	2.9
金属制品业	2.7

▶ 3.2　基于调研访谈的我国企业技术创新动态能力分析

　　本书主要侧重在两个方面进行有关调研工作：一是对我国企业技术创新（动态）能力进行调研，在对企业技术创新能力进行实地考察的基础上，对技术创新动态能力的内涵构成理论假设提供实证验证；二是对企业创新网络及其对技术创新动态能力的影响展开调研，以建立创新网络对企业技术创新动态能力的影响作用以及两者协同发展的分析模型。有关调研工作主要通过实地考察访谈、问卷调查、电话访谈等方式进行，调查对象主要有各地典型企业（包括高新技术产业企业、传统制造行业企业以及技术服务行业企业）、政府主管部门、行业协会等。在地域分布上涵盖了我国东部、西部和中部地区的主要典型城市，实地调研城市包括深圳、成都、重庆、广州、昆明、武汉和南京等。还通过电子邮件、电话等形式与分布在全国各地其他城市（如北京、上海、苏州、无锡、西安等城市）的典型企业进行沟通和联系。通过实地拜访、委托行业协会、电子邮件、电话等多种形式总共对超过 500 家企业进行了问卷调查，实际发放问卷 538 份，回收有效问卷 412 份，有效问卷回收率为 76.6%。针对企业的问卷调查中，具体的调查对象为企业的中高层管理者。主要采用以下四个渠道发放和收集问卷：第一，参加在各地举行的有关行业会议与论坛，在会上发放和回收问卷；第二，通过与重

---

① 数据来源：大宏观创新课题组．中国企业创新能力"全面体检"——《中国企业创新能力百千万排行榜（2017）》[J]．科技与金融，2017（1）：50-55．

庆、深圳、成都、武汉等地的行业协会合作,委托这些协会帮助发放和回收问卷;第三,通过电话、电子邮件与北京、上海、南京、深圳、苏州等分布在全国各地的企业进行沟通和联系,并通过网络向其主要管理人员发送电子问卷;第四,到企业实地考察访谈进行相关资料信息的收集并进行问卷调查。

3.2.1 问卷调查收集信息分析

3.2.1.1 问卷调查企业所在地分布

针对企业的问卷调查有效样本数据来自412家企业,调查企业平均研发人员数量为149人,平均员工总人数为730人,平均销售收入为132211万元,平均企业研发费用为13796万元,研发费用占销售收入的比例为10.4%。如表3-11所示,调查对象主要集中在成都(76份)、重庆(95份)、深圳(159份),其他地区有82份。按照地理位置可区分为中西部地区197份(包括四川、重庆、湖北、陕西等地区),东部沿海地区215份(广东、上海、北京、山东、江苏等地区)。样本企业分布于我国东部、中部、西部不同区域的多个主要城市,这些城市均是我国经济较发达地区,所以样本数据有很好的代表性。

表3-11 被调查企业所在地分布

项目	地区	企业数量(家)	占比(%)
公司所在地	重庆	95	23.06
	成都	76	18.45
	深圳	159	38.59
	广州	8	1.94
	北京	10	2.43
	上海	9	2.18
	武汉	12	2.91
	其他地区	43	10.44
	总计	412	100

3.2.1.2 问卷调查企业所属行业领域

如表3-12所示,调查对象所属行业主要有计算机、通信和其他电子设备制造业,软件和信息技术服务业,以及汽车摩托车、生物医药、家电、材料、服装家居、研发设计及技术咨询及其他行业等。在进行问卷调查的过程中,由于其他行业主要还是传统制造业,因此在分析数据时将其他行业和传统制造业行业归为一类,也即数据分析根据行业特性区分为三大行业板块:高新技术行业(主要包括计算机、通信和其他电子设备制造业以及软件和信息技术服务业)、传统制造行业（包括汽车摩托车、生物医药、家电、材料、服装家居及其他行业）和研发设计及技术咨询行业三大行业板块。调查对象行业分布为计算机、通信和其他电子设备制造业共69家企业，占比16.7%，软件和信息技术服务业共70家企业，占比16.99%，高新技术行业共计139家，占比33.73%。研发设计及技术咨询行业100家，占比24.27%，传统制造行业（汽车摩托车、生物医药、家电、材料、服装家居等行业）173家企业，占比41.99%。从所有制形式来看，高新技术行业企业所有制形式主要是民营，占比高达80%，研发设计及技术咨询行业民营企业占比75%，传统制造行业企业国有控股企业占比达到35%，民营企业占比45%。

表 3-12 被调查企业行业领域

行业类别	行业	企业数量（家）	占比（%）	类别合计（家）	占比（%）
高新技术行业	计算机、通信和其他电子设备制造业	69	16.75	139	33.73
	软件和信息技术服务业	70	16.99		
传统制造行业	汽车摩托车	43	10.44	173	41.99
	材料	23	5.58		
	生物技术与制药	26	6.31		
	家电	25	6.07		
	服装家居	15	3.64		
	其他	41	9.95		
研发设计及技术咨询		100	24.27	100	24.27
总计		412			100%

3.2.1.3 问卷调查企业的员工数量与研发人员数量

如表3-13所示，问卷调查企业的员工数量平均为730人，其中50人以下的小微企业有24家，占比5.83%；50~199人规模的企业有35家，占比8.50%；200~499人规模的企业有140家，占比33.98%；500~999人规模的企业有129家，占比31.31%；1000~2999人规模的企业有56家，占比13.59%；3000人以上规模的企业有28家，占比6.80%。被调查企业研发员工数量平均为149人，其中研发人员在20人以下的企业有49家，占比11.89%；研发人员在20~99人的企业有184家，占比44.66%；研发人员在100~499人的企业有143家，占比34.71%；研发人员在500人以上的企业有36家，占比8.74%。研发人员占企业员工总数的比例平均为20.4%。

表 3-13 被调查企业员工数量及研发人员数量

项目	企业规模	企业数量（家）	占比（%）
公司员工数量	50 人以下	24	5.83
	50~199 人	35	8.50
	200~499 人	140	33.98
	500~999 人	129	31.31
	1000~2999 人	56	13.59
	3000 人以上	28	6.80
	总计	412	100
研发人员数量	20 人以下	49	11.89
	20~99 人	184	44.66
	100~499 人	143	34.71
	500 以上	36	8.74
	总计	412	100

注：表 3-13 至表 3-15 的数据主要来源于调查对象企业 2015 年全年平均数据，也有少部分企业是 2014 年的数据。

3.2.1.4 问卷调查企业的销售收入及研发费用

如表 3-14 所示，被调查企业平均销售收入为 132211 万元，平均企业研发费用为 13796 万元，研发费用占销售收入的比例为 10.43%。其中销售收入为 5000 万元以下的企业有 34 家，占比 8.25%；销售收入为 5000~30000 万元的企业有 48 家，占比 11.65%；销售收入为 30000~150000 万元的企业有 218 家，占比 52.91%；销售收入 150000 万元的企业有 112 家，占比 27.18%。被调查企业研发费用支出在 1000 万元以下的企业有 42 家，占比 10.19%；研发费用支出为 1000~5000 万元的企业有 85 家，占比 20.63%，研发费用支出为 5000~15000 万元的企业有 163 家，占比 39.56%，研发费用支出在 15000 万元以上的企业有 122 家，占比 29.61%。

表 3-14 问卷调查企业销售收入及研发费用

项目	销售收入与 R&D 经营	企业数量（家）	占比（%）
销售收入（万元）	5000 以下	34	8.25
	5000~30000	48	11.65
	30000~150000	218	52.91
	150000 以上	112	27.18
	总计	412	100

续表

项目	销售收入与R&D经营	企业数量(家)	占比(%)
R&D经费（万元）	1000以下	42	10.19
	1000~5000	85	20.63
	5000~15000	163	39.56
	15000以上	122	29.61
	总计	412	100

3.2.1.5 问卷调查企业技术创新投入与产出的行业比对分析

如表3-15所示，从人员规模来看，问卷调查企业中高新技术行业企业员工人数平均为646.38人，传统制造业企业员工人数平均为1240人，而研发设计及技术咨询业企业员工人数平均只有87.65人，明显比其他两大行业规模要小。在研发人员比例和研发投入比例上，高新技术行业是36.7%和14.8%；技术研发和技术咨询行业是56.6%和13.4%；制造业是7.1%和7.8%。高新技术行业研发投入比例最高，技术研发和咨询行业研发人员占比最高。在研发费用的使用上都是新产品开发费用占比较大，三大行业相差并不大。在技术创新产出成果方面，新产品销售收入占比分别是：高新技术行业8.54%、研发设计和技术咨询行业9.52%、传统制造业3.85%，三大行业的新产品销售收入占比都较低，传统制造业尤其明显。技术转让收入占比方面，高新技术行业和研发设计及技术咨询行业明显高于传统制造业；而在技术开发项目数、专利申请和授权等技术创新成果方面，高新技术行业和研发设计及技术咨询行业也明显优于传统制造业。

表3-15 问卷调查企业行业平均值对比分析

对比指标	高新技术行业	研发设计及技术咨询	传统制造业	总体平均
员工人数（人）	646.38	87.65	1240.73	730
研发人员人数（人）	234.20	45.25	70.59	128.08
销售收入（万元）	125967.94	58273.89	166920.86	132211.47
研发费用（万元）	18614.59	7815.34	6135.91	8796.81
新产品开发费用占比（%）	70.58	66.17	60.26	64.99
技术引进费用占比（%）	17.34	24.90	17.84	19.12
技术改造费用占比（%）	10.51	7.31	27.49	19.64
基础研究费用占比（%）	2.58	2.94	0.17	1.58

续表

对比指标	高新技术行业	研发设计及技术咨询	传统制造业	总体平均
新产品销售收入（万元）	10757.7	5550.63	6420.83	7608.87
新产品销售利润（万元）	1233.5	3717.27	856.94	1649.42
技术转让收入（万元）	255.29	86.79	176.61	191.69
技术开发项目数（个）	8.44	5.77	5.41	6.35
新产品开发数（个）	11.25	6.11	5.41	8.08
新产品市场化数（个）	7.11	7.37	4.51	6.11
专利授权数（件）	6.85	7.03	2.19	4.56
发明专利申请数（件）	10.67	3.61	1.88	5.89
发明专利授权数（件）	5	2.65	1.3	3.32

3.2.1.6 问卷调查企业合作创新的情况分析

问卷调查的数据统计结果表明，412家被调查企业在进行技术创新合作的过程中，采取了合资企业或合作研究形式的有43家，采取了联合研发合同形式的有94家，采取了技术交流协议形式的有118家，采取了技术投资形式的有45家，采取了授权形式的有34家，采取了研发外包、生产共享和供应商网络形式的有87家（见表3-16），采取了研究协会形式的有17家，采取了政府资助联合研究项目的有46家，采取科技交流用的数据库和价值链形式的有20家，采取其他技术合作形式的有82家。412家被调查企业与其他企业之间进行技术创新合作的过程中，只采取合资企业或合作研究形式的只有11家，只采取联合研发合同形式的有32家，只采取了技术交流协议形式的有60家，只采取技术投资形式的有14家，只采取授权形式的有10家，只采取研发外包、生产共享和供应商网络形式的有32家，只采取政府资助联合研究项目的有12家，只采取科技交流用的数据库和价值链形式的有3家，而没有企业只采取研究协会的形式。

表3-16 被调查企业合作创新的方式

与企业的合作创新方式	采用企业数量（家）	占比（%）	与科研院校及中介机构合作创新方式	采用企业数量（家）	占比（%）
合资企业或合作研究形式	43	10.4	购买科研院校技术或专利	16	3.9
联合研发合同	94	22.8	与科研院校合作协议研发	157	38.1

续表

与企业的合作创新方式	采用企业数量（家）	占比（%）	与科研院校及中介机构合作创新方式	采用企业数量（家）	占比（%）
技术交流协议	118	28.6	与科研院校合资	9	2.2
技术投资	45	10.9	培训咨询合作	93	22.6
技术授权	34	8.3	技术咨询和转让	77	18.7
研发外包、生产共享和供应商网络	87	21.1	利用创新网络平台	73	17.7
研究协会	17	4.1	法律服务	11	2.7
政府资助联合研究项目	46	11.2	其他形式	89	21.6
科技交流用的数据库和价值链	20	4.9			
其他技术合作形式	82	19.9			

统计结果分析表明，412家被调查企业与科研院校及中介机构进行技术创新合作的过程中，采取了向科研院校购买技术或专利形式的有16家企业，采取了与科研院校合作协议研发形式的有157家企业，采取了与科研院校合资形式的有9家企业，采取了培训咨询合作形式的有93家企业，采取了技术咨询和转让形式的有77家企业，采取了利用政府或行业协会搭建的创新网络平台有73家企业，采取了法律服务的有11家企业，采取其他形式的有89家企业。只采取向科研院校购买技术或专利形式的有2家企业，只采取与科研院校合作协议研发形式的有86家企业，只采取与科研院校合资形式的有1家企业，只采取培训咨询合作形式的有27家企业，只采取技术咨询和转让的有32家企业，只采取利用政府或行业协会搭建创新网络平台的有28家企业，只采取了法律服务的有2家企业。

如表3-17所示，不同行业的企业在选择合作创新的方式时有一定差异，在与其他企业合作的形式上，高新技术行业企业除了偏好技术交流协议外，采用研发外包、生产共享和供应商网络合作形式的较多，而传统制造业企业则偏好技术交流协议与联合研究合同的合作形式，研发设计及技术咨询行业的合作形式较为多样化。在与科研院校及中介机构合作创新方面，高新技术行业企业偏好与科研院校合作协议研发以及利用创新网络平台的方式，传统制造业和研发设计及技术咨询行业企业则偏好与科研院校合作协议研发、技术咨询和转让的方式。

表 3-17　问卷调查企业合作创新方式行业比较

行业	高新技术行业	研发设计及技术咨询	传统制造业
与其他企业合作创新的主要形式	技术交流协议、研发外包、生产共享和供应商网络	主要有技术交流协议，但形式较多样化	技术交流协议；联合研发合同
与科研院校及中介机构合作创新的方式	与科研院校合作协议研发；利用政府或行业协会搭建的创新网络平台	与科研院校合作协议研发；技术咨询和转让	与科研院校合作协议研发；技术咨询和转让

3.2.2　问卷调查企业技术创新动态能力不足之处

笔者分别对我国中部、东部、西部地区不同行业的典型企业、行业协会和主管部门进行访谈，基于实地调查数据分析，形成了我国企业技术创新能力发展中存在的问题及障碍因素的初步结论。

3.2.2.1　投入强度不高，基础投入偏少

2016年，我国规模以上工业企业投入研发经费达到10944.7亿元，R&D经费占主营收入的比例为0.94%。而表3-6基于BvD全球上市公司分析库中的企业面板数据显示，2014年中国企业的创新投入强度只有4.5%，远低于同年美国上市公司的创新投入强度12.6%，也只有英国企业创新投入强度8.65%的一半，只高于印度的1.72%。问卷调查的数据统计表明，样板企业研发投入占销售收入的比例总体是6.7%，高新技术行业是14.8%，研发设计及技术咨询行业是13.4%，传统制造业是3.7%。从被调查企业的研发投入强度上看，高新技术产业和研发设计及技术咨询行业的研发投入强度达到或者超过了美国上市公司的研发投入平均水平，而我国传统制造企业研发投入水平则较低。

我国企业对基础研究的投入很少。从统计数据来看，2013年仅有8.61亿元基础研究经费来自企业，占全部基础研究经费的比例仅为1.55%。而2012年美国企业提供的基础研究经费为159.62亿美元，是我国企业投入的近115倍，占美国基础研究经费的21.33%，也远比我国企业的占比高得多。另外，我国企业几乎不从事基础研究，在2013年企业所承担的8837.7亿元R&D研究经费中，只有区区0.1%的经费用于基础研究。对比看来，2012年美国企业基础研究经费占企业总R&D费用的4.62%[①]。这一方面反映出我国企业对基础研究不重视，也反映出我国企业开展基础研究的能力很弱。如表3-15所示，问卷调查企业的研发投入中基础研究费用的占比，高新技术企业为2.58%，研发设计及技术咨询企业为2.94%，传统制造企业为0.17%，总体平均为1.58%。在研发费用

[①] 张明喜.我国基础研究经费投入及问题分析[J].自然辩证法通讯, 2016(2).

的使用上都是新产品开发费用占比较大,三大行业都在60%以上,这表明我国企业技术创新投入偏向于实验发展和产品应用层次。

我们在企业访谈中也发现了企业创新投入强度不足以及基础研究被忽视的问题,如长安汽车股份有限公司受访人员表示:研发投入是制约企业技术创新能力提升的最大障碍因素之一,这可能跟长安的企业性质有关,我们在研发投入上是非常谨慎的。中兴通讯股份公司受访人员表示:股份制企业,对技术创新是选择性重视,根据市场的需要进行技术创新,而不是像高校和科研院所那样进行科研活动,企业在创新投入方面是有选择的。几乎所有的受访企业都表示企业技术创新投入以市场需求为导向,而对基础性研究和前瞻性研究则迫于市场竞争及追求利润的压力很少考虑。

3.2.2.2 新产品销售收入偏低,技术创新产出效率较低

表3-15统计数据表明,问卷调查企业的销售收入平均为13.22亿元,其中新产品销售收入平均为0.76亿元,占比为5.8%。高新技术行业企业占比为8.54%,研发设计及技术咨询行业企业为9.52%,传统制造业企业占比为3.85%。而2000年美国企业总销售收入的37%来自新产品,2001—2003年美国企业销售收入的27.5%来自新产品开发项目的贡献[1]。问卷调查企业的新产品销售收入占比明显低于美国企业的新产品销售收入占比,这说明问卷调查企业的技术创新产出水平和产出效率较低,也反映了我国企业总体技术创新能力与发达国家存在较大差距,在技术创新成果的转化上有待提高。

表3-15显示,问卷调查企业的新产品开发数、专利申请和授权数都偏低,被调查企业总体平均新产品开发数只有8.08个,专利授权数为4.56件,发明专利申请数为5.89件,发明专利授权数为3.32件。其中,传统制造企业总体平均新产品开发数只有5.41个,专利授权数为2.19件,发明专利申请数为1.88件,发明专利授权数为1.3件。可见被调查企业的专利申请数和授权数都较低,传统制造企业尤其明显。而在被调查企业中还包括诸如中兴通讯(2014年专利授权数高达2400多件)这样的科技大公司,从调查数据看50%的被调查企业的专利授权数低于3件。从这一点来看,问卷调查企业的技术创新产出效率偏低。

实地访谈所获得的信息也支持上述问卷分析的结论,如中兴通讯、长安汽车、重庆声光电公司等具有较强研发实力的企业都在访谈中表示,同欧美发达国家企业相比,我国企业在技术创新投入、人才、产出、流程和效率上,与竞争对手相比都不具有优势,特别是在技术创新产出效率和质量上,与发达国家

---

[1] 数据转引自:蒲欣,朱恒源,李广海.中国与欧美发达国家企业产品创新的比较研究[J].科研管理,2007(6).

顶尖企业的差距是非常明显的。而很多中小企业的技术创新主要是做模仿创新和技术改造，反映出的技术创新产出效率自然也不高。

3.2.2.3 被调查企业合作创新中存在的问题

第一，中小企业在正式合作创新中无优势，合作创新的动机不强。

对问卷调查的分析结果显示，大部分中小企业的合作创新方式较为单一：只采取合资企业或合作研究形式的有11家企业，只采取联合研发合同形式的有32家企业，只采取技术交流协议形式的有60家企业，只采取技术投资形式的有14家企业，只采取授权形式的有10家企业，只采取研发外包、生产共享和供应商网络形式的有32家企业，只采取政府资助联合研究项目形式的有12家企业，只采取科技交流用的数据库和价值链形式的有3家企业。被调查企业与科研院校及中介机构之间的创新合作形式也很单一：只采取向科研院校购买技术或专利的形式的有2家企业，只采取与科研院校合作协议研发形式的有86家企业，只采取与科研院校合资形式的有1家企业，只采取培训咨询合作形式的有27家企业，只采取技术咨询和转让形式的有32家企业，只采取利用政府或行业协会搭建的创新网络平台形式的有28家企业，只采取法律服务形式的有2家企业。通过数据分析发现，采取少于2种合作创新方式的企业基本上都是中小企业，这表明中小企业合作创新方式单一，缺乏正式合作创新的动力。

在实地访谈中也得到类似的结论，如对慈溪德森机械有限公司、西麦克科技有限公司、北京团信科技有限公司、重庆克诺尔卡福商用车系统有限公司等中小企业进行访谈时企业表示，由于正式的合作创新方式往往意味着较高的成本支出，因此它们对待合作创新较为谨慎。中小企业技术创新过程中的信息知识主要来源于行业领先者、公开资料、国外公司的创意等，模仿改进是中小企业技术创新的主要内容。但是对中小企业而言，由于缺乏知识积累和原创能力，获取外部信息、知识、资源的能力往往决定了企业技术创新绩效的水平。

第二，大型企业偏好与国外机构合作创新但形式单一。

在对大型企业实地访谈时我们发现，虽然大型企业创新合作方式多样化，但它们偏好与国外机构合作。如中兴通讯通过全球布局研发中心优化技术创新资源，在瑞典（爱立信公司附近）、美国、日本等地建有研发中心。国外研发中心的特点是规模小、针对性非常强，如中兴通讯的瑞典研发中心主要对爱立信公司的技术发展动向进行追踪，人员以爱立信公司工作过的技术人员为主。国外研发中心主要承担研发过程中的核心算法、概念前沿研究等工作，这往往是产品研发项目中的"烧脑"工作。

在对长安汽车的调查访谈中我们了解到，长安汽车技术创新发展经历了3个阶段：第一阶段是20世纪80~90年代的引进消化吸收阶段。引进日本铃木面包车，通过引进消化吸收外方技术，获得技术能力的提升。这一阶段的成果是在引进日本技术的基础上，于1998年推出有一定自主知识产权的长安之星。第二阶段20世纪90年代末期到21世纪初的联合开发阶段。通过联合意大利设计公司进行车型整体设计，长安汽车和国内外供应商进行分系统设计和总成。代表作是新一代的面包车CM8和微型车奔奔。第三阶段是21世纪初至今，这是以我为主的自主开发阶段。长安汽车进行整体和主体设计总成，各设计公司和研发基地进行分系统研发设计，代表成果包括CS系列、睿骋系列、逸动系列、悦翔系列车型的推出。长安汽车对产品研发进行全球布局，充分利用发达国家当地研发资源。目前全球性研发已经形成了5国7企布局：中国有3个研发基地，分别是重庆、上海、北京研发基地。长安汽车在意大利和英国已成立永久性研发基地，意大利都灵研发基地主要进行造型设计，英国诺丁汉研发基地主要进行动力设计，日本横滨研发基地进行内饰设计，美国底特律研发基地进行底盘和汽车智能系统设计。长安汽车主要通过派驻负责人的方式进行管理，以项目管理方式进行工作。与国外交流合作和建立国外研发基地，极大地推动了长安汽车的技术创新能力。

从对中兴通讯和长安汽车以及其他大型企业的访谈中可以看出，这些大型企业相对比较偏好与国外机构进行创新合作，这可能是相对中小型企业来讲，大型企业能力更强，有足够的财力和人力来支撑与国外机构的创新合作，而小型企业并不具备这样的实力。但是这些大型企业与国外的合作中也存在较大不足，主要是创新合作形式较为单一，主要采取人员交流方式独立建立国外研发中心，或与国外非主流研发机构联合建立研发中心，而与国际主流厂商和顶级研发机构的合作还较为缺乏，这可能与我国企业还不具备和这些单位进行合作的实力有关。

3.2.3 问卷调查企业技术创新动态能力发展存在的问题

3.2.3.1 提升技术创新动态能力的障碍因素

第一，创新人才问题。

在调查问卷中，对于"企业技术创新能力提升障碍因素"这一问题的回答中，"创新人才"是企业提到最多的一个因素，73%的企业提到了创新人才因素，如表3-18所示。被调查企业所提到的创新人才问题具体内容包括：高素质创新人才的引进问题；留住创新人才的问题；创新人才的激励问题；创新人才素质提升等问题。很多企业表示，由于现有高校人才培养机制的不足，企业很难在高校招到合格的高素质人才，而由于人才竞争以及人力成本等原因，企业在社会招聘中往往找不到合适的高素质创新人才，这也可能是由于我国人才结构不均衡，高素质人才欠缺所导致。发达地区如深圳、北京、上海等的地企业表示这些城市的房价太高、生活成本高、生活不方便，很难留住人才。如中兴通讯表示由于公司实行全国各地薪酬统一标准，因此在低成本地区更容易招到高素质的人才，公司通过在深圳、南京等发达地区实施安居房政策，解决研发人员的居住问题，部分解决了人才难留的问题。

表 3-18　问卷调查开放式问题的描述性统计

序号	创新能力提升的障碍因素 企业回答要点	占比（%）	合作创新与创新环境 企业回答要点	占比（%）	需要获得的政府支持 企业回答要点	占比（%）
1	创新人才问题	73	高校人才培养和科研体制上存在不足	58	资金支持（资金奖励或者创新基金、融资帮扶支持）	62
2	创新投入不足	63	创新平台建设滞后	45	税收优惠	58
3	技术知识储备不足	45	创新资源难以共享，创新成果分配问题	35	解决人才引进方面的难题	53
4	创新意识和创新观念	38	缺乏有效的知识产权保护	32	创新平台建设	34
5	创新动力不足	24	缺乏自由平等包容的创新理念	18	强化创新政策引导	25
6	创新管理落后	18	合作创新中存在文化观念冲突	8	加大对创新企业的支持	13
7	创新成本高	8	合作创新产出效率不高	6	政府职能转变	6

第二，创新投入偏低。

在调查问卷中，对于"企业技术创新能力提升障碍因素"的回答中，创新投入不足是63%的企业提到的障碍性因素。很多企业认识到创新投入是限制企业技术创新能力发展的最重要的因素之一，但在实际经营过程中由于各种原因限制了对创新的投入，例如企业市场竞争压力、资本市场压力等。长安汽车等国有企业在访谈中就反映：由于国有企业的性质，使得企业在研发投入上非常谨慎，导致投入与竞争对手相比较低。而对于慈溪德森机械有限公司和北京团信科技有限公司等中小民营企业而言，企业经营的目标首先是在激烈的市场竞争中生存下来，再寻求发展，因此研发投入并不是企业生存发展急需的，投入自然不可能太高。

第三，其他障碍性因素。

除了创新人才和创新投入，创新过程中技术知识储备不足、创新意识和创新观念不足、创新动力不足、创新管理落后以及创新成本高等都是问卷调查企业提出的障碍性因素。有45%的企业提到技术知识储备不足，有38%的企业提到创新意识和创新观念不足，有24%的企业提到创新动力不足，有18%的企业提到创新管理落后，还有8%的企业提到创新成本高。如中兴通讯受访者在访谈中提道：在通信设备行业中华为和中兴在产品层次的研发上超过国外竞争对手，但在前瞻性研发和技术积累上跟国外竞争对手相比还有一定差距。其他受访企业在实地访谈中也表达了这样的观点：我国技术研发发展很快，很多产品层次极具竞争力，但是在技术知识的储备上相比国外竞争对手还有较大差距。西麦克科技有限公司等在访谈中提到，创新人员应该具有自由和平等的创新思想，这是创新的基础理念，在这方面我国企业与国外企业具有较大差距。在针对我国部分一二线城市的实地访谈中，被调查企业都提到创新成本高，特别是房价高导致创新人力成本过高。

3.2.3.2　合作创新与创新环境存在的问题

在本次问卷调查中，对于合作创新与创新环境中在的问题，有58%的企业认为当前高校人才培养和科研体制上存在问题，导致人才素质不高；有45%的企业认为创新平台建设滞后，对企业的创新服务支持有限；有35%的企业认为创新知识资源难以真正共享和创新成果分配问题是合作创新最主要的障碍性因素；有32%的企业认为缺乏有效的知识产权保护是影响企业进行技术创新的一大因素；有18%的企业认为缺乏真正自由、平等、包容的创新理念和思想，这是限制中国企业创新的一大障碍；有8%的企业认为合作创新中存在的文化观念冲突是导致合作创新效率不高的原因；有6%的企业认为合作创新产出效率不高是企业不愿意开展合作创新的原因所在（见表3-18）。

在访谈中，大部分企业认可合作创新或者开放式创新对现代企业技术创新的决定作用，只有极少数企业认为合作创新不能有效提高企业技术创新绩效，这说明外部导向的技术创新模式是企业普遍认可的技术创新模式。对于合作创新，很多企业认为，创新知识资源难以真正共享和创新成果分配存在问题是限制合作创新的主要因素。也有企业表示如供应商协同研发等长期的利益共同体可以实现创新资源和创新成果共享，但是在产学研合作、研发联盟等形式的合作创新中要实现真正的创新资源和创新成果的共享是非常困难的，需要打破合作主体的知识边界，实现创新资源和成果共享。对于国际合作创新，部分访谈企业表示现阶段为方便沟通主要以海外华人为主建立创新合作平台，但在国际合作中还存在着诸如文化习俗等方面的冲突，以及工作签证手续烦琐等限制性因素。

关于创新环境，大部分企业对当前的教育体制和科研体制不满意，认为应试教育忽视学生素质能力的提升等，导致培养的人才同质化严重，缺乏创新思维。同时由于中国高校等科研机构存在一些体制问题，导致培养出的人才研发能力不高，企业需要花大力气进行二次培养。一些企业表示，各地各级政府主导建设各种形式的创新平台，对企业技术创新起到了一定的推动作用，但这些平台实际发挥的作用并没有想象的大，其原因可能是创新平台的建设没有真正做到面向企业实体，虽然重庆科学技术委员会等主管机构在访谈中点明了创新平台建设的基本原则：科技要与经济接轨，科研面向企业需求立项，成果归属企业，创新平台要服务企业等。但在实际建设过程中，诸如平台建设缺乏整体规划、顶层设计系统性欠佳、平台的结构有待调整、管理体制落后、平台开放性不够、缺乏保障性经费支持等障碍性因素的存在，使得创新平台发挥的作用有限。部分企业表示，我国缺乏有效的知识产权保护也是限制企业进行创新投入的一个主要因素，还有企业表示缺乏自由、平等、包容的创新理念，极大限制了创新人才发挥创意。

3.2.3.3　需要获得的政府支持

在调查访谈过程中，大部分企业表示，在企业技术创新方面希望政府能够发挥更多更大的支持引导作用。具体来说，有62%的企业希望政府能够对企业技术创新给予资金支持（包括各种形式的资金奖励或创新基金、融资帮扶支持等）；有58%的企业希望获得政府在研发投入和产出方面的税收优惠，如创新投入减免、新产品销售收入税收优惠等；有53%的企业希望政府在人才引进方面做更多的工作，诸如降低创新人才生活成本、降低房价、放松落户政策、简化人才工作签证等；有34%的企业希望政府强化创新平台建设，优化创新平台管理，保障创新平台对企业的全方位服务；还有25%的企业希望强化创新政策对企业的引导；13%的企业希望加大对创新型企业的支持，有6%的企业希望政府转变职能，强化支持服务功能（见表3-18）。

3.3　企业技术创新动态能力内涵构成的验证性分析

企业技术创新能力不足是制约我国企业发展升级的关键因素，究其原因可能有两点：一是认知层面，对技术创新能力缺乏全面、准确、动态的界定；二是企业技术创新能力现状和环境需求不匹配。20世纪90年代以来，企业技术创新越来越具有复杂化和网络化的特征，企业的稳定创新绩效更依赖于对外部网络的学习或对创新机会的识别与利用，因此，企业需要利用现有结构、资源和能力，重构技术创新能力，以适应当前动态创新网络环境[①]。现有研究支持了这一观点，并提出了"技术创新动态能力"来阐释技术创新能力的内涵发展。但是在当前高度动态的环境下，对于技术创新动态能力的研究内涵该如何演变还没有统一的认识，对于技术创新动态能力的研究还处于初步阶段，对其概念及构成内涵的界定还有待研究。本书在第 2 章的分析中基于大量文献分析系统全面地重新界定了企业技术创新动态能力的内涵，并提出了相关理论假设，接着以调查研究为依托设计相关问卷调查量表，通过验证性因子分析来验证企业技术创新动态能力的内涵与构成。

3.3.1 研究设计

从文献研究的结论来看，企业技术创新能力是企业在内外环境交互作用下不断演进的多维构建能力，是一种多维度的综合能力，是企业对内外知识和资源进行有效整合和利用，以及在创新内外环境交互作用下进行适应性重构、不断演进的能力。企业具有明确的流程或管理支持其演进，其发挥作用的过程是改变组织现有知识资源结构的过程。

对于技术创新动态能力的研究目前主要集中于理论概念层面，学界对其构建内涵还缺乏较深入的研究。本书参照已有的技术创新能力测量量表和技术创新能力内涵的演进，并结合已有技术创新动态能力的研究成果，认为技术创新动态能力测量模型由如下三个层面构建：一是企业内部层面，主要内容是企业内部创新知识和资源，这是企业技术创新的基础。在已有关于技术创新能力的研究中，从创新过程、创新要素以及技术能力角度等分析技术创新能力的研究主要关注点都是企业内部知识及自身能力的构建。参照相关研究，笔者将这一层面的测量题项确定为技术创新人员及其质量、技术创新流程、技术创新投入和知识共享机制等，共设计 6 个测量题项。

二是企业外部层面，主要内容是企业对外部创新网络的影响，对外部创新知识资源的获取和利用。Kostopoulos 和 Bozionelos（2011）认为企业外部创新网络的重点是搜寻、识别可能的替代信息，使组织在变幻莫测的市场环境中保持新的发展状态，以便切实提升企业的创新能力。宋晶、陈菊红和孙永磊（2015）认为网络利用能力对合作创新绩效具有正向的促进作用，网络开拓能力与合作创新绩效之间存在倒"U"形关系，适度探索新知识、搜寻新的合作关系有助于企业获得更高的合作创新绩效。王益锋和王晓萌（2016）的研究表明科技型企业对外部信息和知识的获取与技术创新绩效之间显著正相关，而网

[①] 王昌林.创新网络与企业技术创新动态能力的协同演进——基于系统动力学的分析［J］.科技管理研究，2018（21）.

络能力对信息获取、知识获取和资金获取均有显著的正向影响。肖冬平和彭雪红（2011）认为创新网络特征，如网络中心度、网络密度、合作伙伴关系数量和质量对企业知识创新能力有显著的正向影响。胡斌、李黄鑫、李含伟（2015）认为创新网络与企业创新能力存在互动关系，企业创新能力提升，会影响到创新网络密度、创新网络联结程度和创新网络运行效率。有效的创新投入产出和创新收入的增加会促使创新网络的演化，企业创新能力的增强对创新网络整体创新能力的提升有促进作用。参照以上研究，笔者将该层面的测量题项确定为外部创新伙伴数量、合作创新认知态度、创新网络定位、对创新网络影响力等，共设计6个题项。

　　三是内外环境适配层面，主要内容是企业对内外知识和资源进行有效整合和利用，以及企业技术创新能力对动态环境的适应性重构。成功的技术创新源于企业适应内外环境并搜寻新创意来更新自己的过程，技术创新绩效提升的前提是企业技术创新能力与环境相适应，或对技术创新能力进行环境适应性重构。知识在企业技术创新过程中发挥着越来越重要的作用，技术创新的过程也是企业知识整合重构的过程。知识整合不仅是组织内部个人知识的整合，还涉及团队知识和组织知识进行整合。如郭立新（2008）认为组织学习投入比例与企业动态能力呈现显著的正相关关系，也就是说，组织学习投入比例越大，企业动态能力越强。詹勇飞与和金生（2009）则认为企业创新能力成长阶段与知识整合方式之间存在逻辑上的匹配。张可军（2011）归纳出影响团队知识整合的4类关键因素为渠道、氛围、动机和能力，能力因素主要解决的是知识的认知离散问题。孙晓宇和陈伟（2012）对R&D联盟知识整合进行了研究，认为技能水平是R&D联盟知识整合有效实施的基础和关键，主要表现为联盟成员对知识的理解、吸收、学习和创新能力。李玥、刘希宋、喻登科（2010）对科技成果转化与知识整合关系进行了分析，认为科技成果转化与知识整合存在相互促进的关系。而对于技术创新能力与环境的匹配性，陈力田（2015）认为企业技术创新能力需要根据环境做出适应性动态重构。参照以上学者的研究，笔者认为这一层面的测量题项应包括感知并搜寻外部知识的能力、快速评估外部知识的能力、转化能力、改造能力和更新能力等8个题项。

　　根据以上分析，结合实地访谈调研，笔者认为技术创新动态能力测量量表包含20个题项，问卷采用Likert式5点量表，其内容如表3-19所示。

3.3 企业技术创新动态能力内涵构成的验证性分析

表 3-19 技术创新动态能力初始测量模型

要素名称	指标名称	指标意义
企业内部层面	YC1	有充足的技术人员进行新产品研发
	YC2	研发人员专业素养高且开发能力强
	YC3	有较高的研发投入/销售收入比例
	YC4	具备较为先进的产品生产和研发设备
	YC5	内部研究开发是产品开发过程中的主要技术知识来源
	YC6	拥有快速的跨部门传递机制,可以实现各部门的技术知识共享
企业外部层面	W1	重视技术创新合作关系
	W2	善于发现外部创新合作机会
	W3	了解创新网络并有准确的网络定位
	W4	主动与创新伙伴建立合作关系
	W5	对创新合作伙伴有显著影响
	W6	创新合作伙伴的数量
环境适配层面	D1	迅速感知并搜寻市场、行业、客户需求和技术变化能力
	D2	能够准确评估外部知识的价值并快速获取先进技术/知识
	D3	善于将外部知识转化为对企业有价值的知识
	D4	能根据自身需要对外部获取的知识进行改造
	D5	能根据外部获取的知识更新已有知识
	D6	能基于新知识提出研发流程或产品改进的建议
	D7	能基于自身知识变化对研发流程进行调整
	D8	能根据外部市场变化对研发流程进行调整

3.3.2 技术创新动态能力构成的探索性和验证性因子分析

3.3.2.1 探索性因子分析(EFA)

笔者根据自己设计的技术创新动态能力调查问卷,在重庆和成都进行了小范围的预测试,主要集中于高新技术行业企业并对收集到的80份有效问卷共进行小样本探索性因子分析。数据分析显示,KMO值为0.902,样本分布的Bartlett球形检验的卡方检验值分别为532.77,显著性水平为0.01,拒绝了单位相关矩阵的原假设,说明量表的题项之间存在的共同因素很多,适合进行因子分析。

首先，本书采用主成分分析因子法，按特征根大于1的方式抽取因子个数，经方差最大变异数转轴后萃取三公因子。各自的方差贡献率分别为26.682%、22.604%、22.081%，累积贡献率达到71.367%（见表3-20），说明提取的3个公因子已经包含了解释原始变量的大部分信息，各个题项的因子都大于0.5的载荷，因而都符合统计要求。

表3-20 探索性因子分析的特征根与方差贡献

成分	初始特征值			提取载荷平方和			旋转载荷平方和		
	总计	方差百分比	累积（%）	总计	方差百分比	累积（%）	总计	方差百分比（%）	累积（%）
1	12.603	60.016	60.016	12.603	60.016	60.016	5.603	26.682	26.682
2	1.298	6.183	66.199	1.298	6.183	66.199	4.747	22.604	49.286
3	1.085	5.168	71.367	1.085	5.168	71.367	4.637	22.081	71.367
4	0.865	4.118	75.485						

其次，本书采用最大方差法旋转因子矩阵，旋转后的因子载荷矩阵如表3-21所示。对表3-21的分析表明，D1、D2、D3、D4、D5、D6、D7、D8题项在因子1上的因子负荷量大于0.5的标准，可以认为它们归属于同一个因子；YC1、YC2、YC3、YC4、YC5、YC6题项在因子2上的因子负荷量大于0.5

表3-21 技术创新动态能力旋转因子矩阵

	成分				成分		
	1	2	3		1	2	3
D1	0.731	0.345	0.359	YC3	0.304	0.707	0.319
D2	0.806	0.274	0.289	YC4	0.313	0.668	0.308
D3	0.801	0.307	0.258	YC5	0.442	0.631	0.214
D4	0.742	0.327	0.326	YC6	0.568	0.574	0.293
D5	0.661	0.316	0.386	W1	0.415	0.170	0.754
D6	0.649	0.508	0.273	W2	0.440	0.044	0.719
D7	0.619	0.468	0.405	W3	0.112	0.400	0.715
D8	0.585	0.545	0.287	W4	0.451	0.214	0.714
YC1	0.283	0.745	0.150	W5	0.225	0.491	0.662
YC2	0.250	0.739	0.299	W6	0.362	0.334	0.648

3.3 企业技术创新动态能力内涵构成的验证性分析

的标准，可以认为它们归属于同一个因子；W1、W2、W3、W4、W5、W6 题项在因子 3 上的因子负荷量大于 0.5 的标准，可以认为它们归属于同一个因子。根据前面的分析研究，可以将因子 1 命名为动态能力，因子 2 命名为原创能力，因子 3 命名为网络能力。题项 YC6 在原创能力因子的因子负荷量只有 0.574，在动态能力因子的因子负荷量达到 0.568，说明题项的区别效度较差，因此删除题项 YC6。同时，D6~D8 题项也存在区别效度较差的问题，而从题项内容上看，D7 和 D8 与 D6 有一定的重合，因此删除题项 D7 和 D8，保留 D6 题项。

3.3.2.2 量表信度检验

删除无意义题项后，题项 D1~D6 测量动态能力，题项 YC1~YC5 测量原创能力，题项 W1~W6 测量网络能力。信度是概念测量的可靠性，本书选取了最为常用的内部一致性系数 Cronbach's α 对研究变量进行信度评价。首先采用 SPSS 23.0 进行测量指标的信度检验，结果显示题项与总体相关系数均大于 0.35，各变量的一致性系数 Cronbach's α 大于 0.7，删除任何一项题项都将降低一致性系数，可见量表测量各题项具有较好的内部一致性。

3.3.2.3 一阶验证性因子分析

根据理论及探索性因子分析结果，量表的 3 个维度高度相关，于是本书构建一阶三因子验证性因子分析模型，如图 3-1 所示。在深圳、南京、北

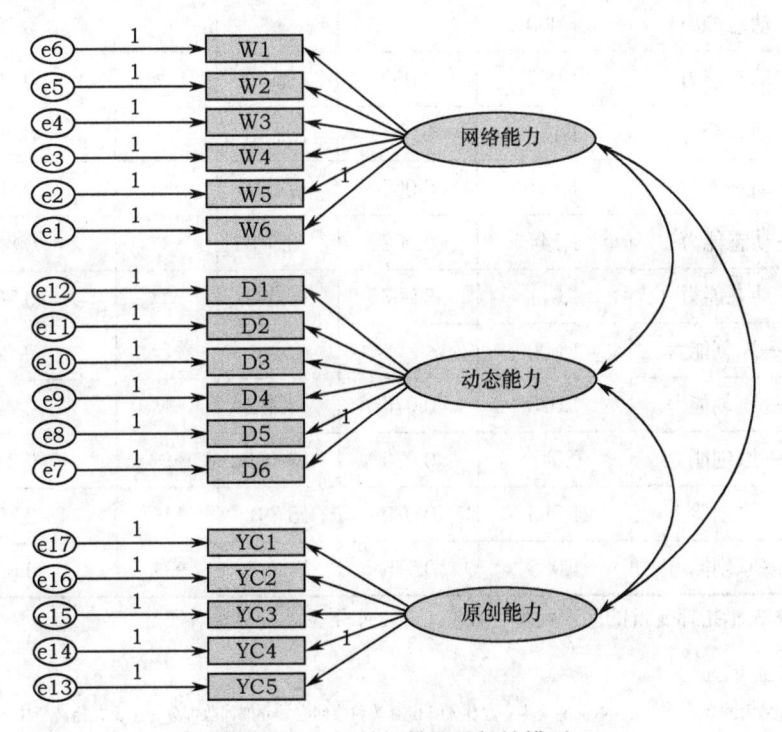

图 3-1 一阶验证性因子初始模型

3 企业技术创新动态能力现状及其构成验证分析

京、上海、重庆、成都等经济发达地区发放了385份包含17个题项组成的技术创新动态能力调查问卷,对回收的305份[①]有效问卷运用AMOS 23.0软件进行验证性因子分析。样本企业包括电子信息等高新技术行业企业和传统制造行业企业,样本企业平均资产规模在4000万元以上,平均企业人员总数为783人。

笔者构建的一阶三因子验证性因子分析模型拟合结果如表3-22所示,所有指标变量的因素负荷均在P<0.001水平上达到显著,所有题项的标准化回归系数大于0.6(0.743),17个测量变量的误差值均为正值且达到0.01显著水平,这说明每个指标都具有良好的效度,能够有效反映出所要测量的构念。

表3-22 一阶验证性因子分析拟合结果(N=305)

	因素负荷	S.E.值	C.R.	P	标准化因素负荷
W6<——网络能力	1.000				0.809
W5<——网络能力	1.012	0.076	13.385	***	0.862
W4<——网络能力	1.133	0.081	14.037	***	0.824
W3<——网络能力	1.062	0.080	13.339	***	0.868
W2<——网络能力	1.079	0.077	14.034	***	0.751
W1<——网络能力	0.904	0.073	12.312	***	0.801
D6<——动态能力	1.000				0.881
D5<——动态能力	1.057	0.058	18.159	***	0.886
D4<——动态能力	1.137	0.061	18.548	***	0.864
D3<——动态能力	1.141	0.065	17.694	***	0.891
D2<——动态能力	1.144	0.062	18.573	***	0.804
D1<——动态能力	1.071	0.067	16.093	***	0.768
YC5<——原创能力	1.000				0.770
YC4<——原创能力	1.073	0.076	14.212	***	0.743
YC3<——原创能力	0.945	0.070	13.461	***	0.844
YC2<——原创能力	1.083	0.070	15.391	***	0.788
YC1<——原创能力	1.065	0.075	14.292	***	0.809

注:*** 表示指标变量的因素负荷均在P<0.001水平上达到显著。

---

① 此处所采用的305份有效回收问卷是本书总体412份有效回收问卷的先期回收部分,主要包括高新技术行业和传统制造行业企业的问卷。

3.3 企业技术创新动态能力内涵构成的验证性分析

然后利用验证性因子分析来检验技术创新动态能力构念模型，验证结论的信度和效度。初步进行验证性因子分析后，非标准化估计值模型图显示没有出现负的误差方差，路径系数均为正值，且与原理论建构的符号相同。整体模型适配度的卡方值为462.841，自由度等于116，卡方/自由度（CMIN/DF）比值为3.99，显著性概率值p=0<0.05，近似均方根误差指数RMSEA值=0.1>0.05，总体拟合指数GFI=0.823，RMR=0.033。从表3-23中还可以看到，相对拟合指数NFI=0.899，表明模型初步拟合程度不够理想。因此，根据AMOS提供的修正信息，对模型予以进一步修正，建立了3组残差之间的联系，详见图3-2。修正模型非标准化估计值模型图显示没有出现负的误差方差，路径系数均为正值，且与原理论建构的符号相同。标准化估计值整体模型适配度的卡方值为284.131，自由度等于113，卡方/自由度比值2.51，显著性概率值p=0.054>0.05，接受虚无假设，表示假设模型与观察数据可以契合。RMSEA值=0.030，小于0.05，GFI=0.971，RMR=0.019，相对拟合指数NFI=0.978，TLI=0.992，CFI=0.995，一阶终模型的各项拟合指数表明符合适配标准，表示模型的总体拟合情况较好。

表3-23 技术创新动态能力三因子一阶模型测量数据的拟合指数（N=305）

	指标名称	适配标准	初始模型拟合	终模型拟合	终模型评估
绝对拟合指标	χ^2/DF（卡方/自由度）	<3，越小越好 p>0.05	3.99 0.000	2.51 0.054	较佳
	GFI	大于0.9	0.823	0.971	佳
	RMR	小于0.05，越小越好	0.033	0.019	佳
	RMSEA	小于0.05，越小越好	0.1	0.030	优良
相对拟合指数	NFI	大于0.9，越接近1越好	0.899	0.978	佳
	TLI	大于0.9，越接近1越好	0.908	0.992	佳
	CFI	大于0.9，越接近1越好	0.922	0.995	佳
信息指数	AIC	越小越好	536.841	249.131	模型比较用
	CAIC	越小越好	711.249	602.661	模型比较用

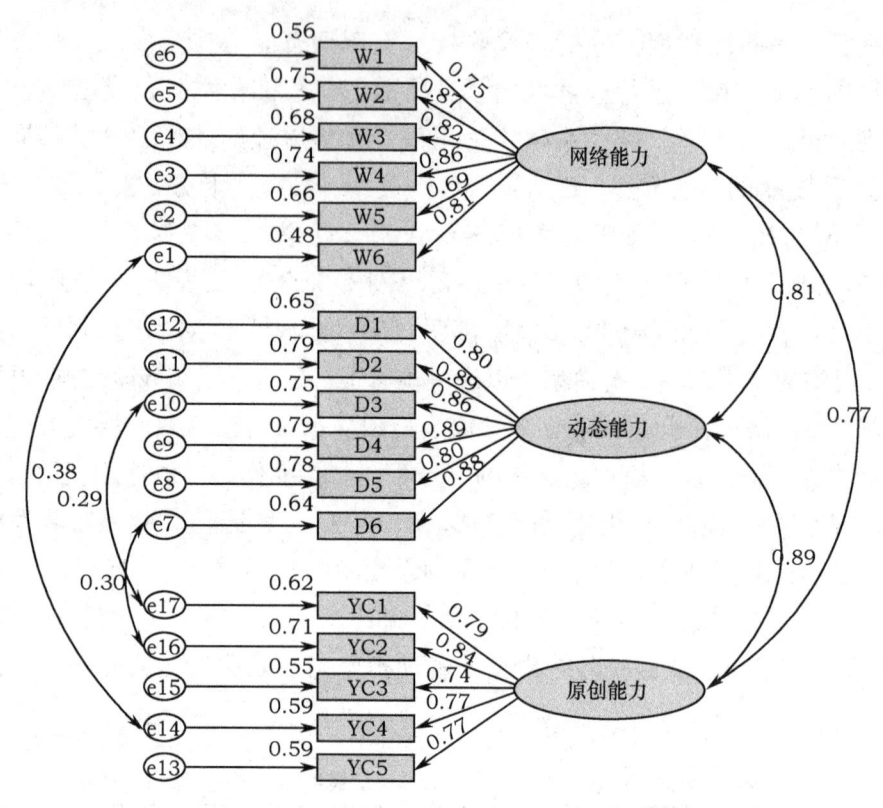

3 企业技术创新动态能力现状及其构成验证分析

图 3-2 一阶验证性因子终模型标准化路径系数估计结果

3.3.2.4 二阶验证性因子模型分析

上述分析中，3个潜在变量的相关系数均不小于0.7，提示该模型可能具有更高层次的因子结构。进一步假定3个一阶因子构念"网络能力""动态能力""原创能力"存在测量更高一阶的因子构念，即原先的一阶因子构念均受到一个较高阶潜在特质的影响，也可以说某一高阶结构可以解释所有的一阶因子构念。在二阶模型中，外因潜在变量变为，高阶因子构念"技术创新动态能力"，3个初阶因子构念变为内因潜在变量。二阶终模型的各项拟合指数表明符合适配标准，模型的总体拟合情况较好。分析结果表明，非标准化估计值模型图显示没有出现负的误差方差，路径系数均为正值，且与原理论建构的符号相同。标准化估计值模型图如图3-3所示，整体模型适配度的卡方值为284.131，自由度等于113，卡方/自由度的比值为2.51，显著性概率值p=0.054>0.05，接受虚无假设，表示假设模型与观察数据可以契合。RMSEA值=0.030<0.05，GFI=0.971，RMR=0.019，相对拟合指数NFI=0.978，TLI=0.992，CFI=0.995，均达到可以适配的标准。

通过参数估计结果可知，假设通过验证，3个一阶因子构念"网络能力""动态能力""原创能力"受到一个较高阶潜在特质"技术创新动态能力"

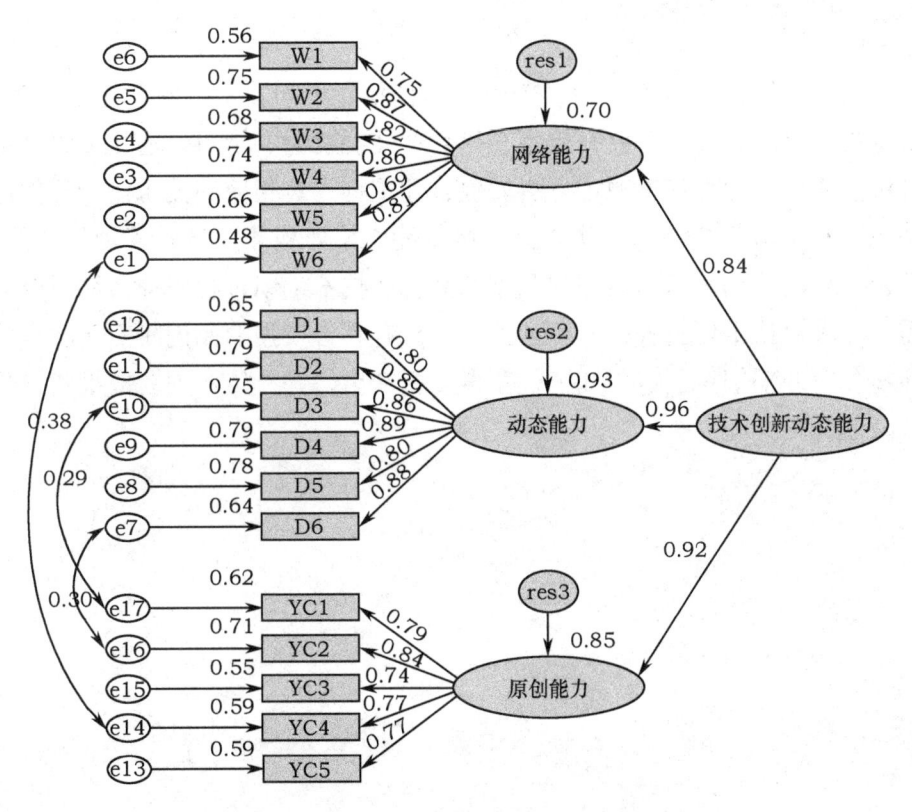

图 3-3 二阶验证性因子终模型标准化路径系数估计结果

的影响,也可以说"技术创新动态能力"这一高阶结构构念可以解释"网络能力""动态能力"和"原创能力"这 3 个一阶因子构念。

3.3.3 小结

技术创新动态能力是企业在创新内外环境交互作用下进行适应性重构和不断演进的能力,是一种多维度的综合能力。本书通过对技术创新动态能力概念的分析,对深圳、南京、北京、上海、重庆、成都等地区 305 份针对企业的调查数据分别采用 SPSS 22.0 和 AMOS 23.0 进行了探索性因子分析和二阶验证性因子分析,探究了技术创新动态能力构成维度及其与各维度的关系,得到如下结论:第一,技术创新动态能力与各维度之间的路径系数均显著(高于 0.8),说明技术创新动态能力是由网络能力、动态能力和原创能力 3 个要素构成,其体系构建正确合理。第二,动态能力维度是技术创新动态能力中最重要的维度,是技术创新能力向技术创新动态能力转化的关键。这说明,当前企业技术创新成功的关键在于对内外创新环境的适应性调整,以不断整合技术创新内外部知识资源,及时更新现有知识,实现技术创新各方面的协同。第三,相对于动态能力,网络能力对技术创新动态能力的影响力较低,但 3 个维度之间具有高度的相关性。

依据研究结论，本书认为，企业技术创新能力向技术创新动态能力转化，首先需要构建动态能力。要有效感知机会并捕捉机会，学习并消化吸收外部知识，对企业内外知识和资源进行有效整合和重构，对相应的技术创新开发流程和知识进行适应性更新。其次要具备网络能力。要构建并有效管理创新网络，以整合和利用外部创新网络知识和资源为企业技术创新过程服务。最后企业自身需要加大对技术创新各种资源的投入。只有具备较强的原创能力才能有效利用和整合内外部知识创造新知识，获得创新产出，并将技术创新成果转化为企业价值创造。

4 创新网络对企业技术创新动态能力的影响路径分析

▶ 4.1 创新网络、技术创新动态能力、创新绩效相关研究概述

4.1.1 创新网络的特征及其测量维度

创新网络是由主体要素、平台要素和环境要素等构成的，学界通常借助测量指标来刻画创新网络结构，使用这些特性指标能够分析研究创新网络对企业技术创新产生的影响。虽然可以从中间组织理论、交易费用理论、资源基础理论等视角阐释创新网络，但对于创新网络结构特征的刻画和测度，一般都是借鉴社会网络理论的测量方法，表4-1归纳总结了各种创新网络理论基础及其对测量创新网络特征的贡献。社会网络理论主要从结构视角和关系视角分析网络的特征，对于创新网络特征的测量主要也是从这两个维度进行的。Burt（1992）提出以关系和位置来分析网络特征。Granovetter（1985）则从"嵌入性"这一网络的核心概念出发，将嵌入分为关系嵌入和结构嵌入两种，从理论上进一步明确了关系和结构作为网络特征分析基本维度的思想。结构视角对创新网络的分析主要考察网络节点联结在整个网络中的位置、规模、密度等指标，结构视角将网络视为一个整体看待；网络结构视角主要采用的测度指标有节点度、节点中心度、结构洞、网络规模、网络密度、网络异质性等；关系视角具体测度的指标包括关系强度和关系质量等。

表 4-1　企业创新网络理论基础与创新网络特征测量的梳理

研究理论视角	主要观点及对创新网络测度的贡献
中间组织理论	威廉姆森（1975）、Larsson（1993）、今井贤一等（2004）认为"中间组织"关系是既非组织外部关系，又非组织内部关系的第三种企业关系，创新网络就是典型的中间组织关系 **对创新网络特征测度的贡献**：该理论主要用于阐释创新网络产生的动因及网络组织架构，该理论的应用较少涉及创新网络特征测度的具体研究
资源基础理论	主要阐释创新网络的创建动因，如 Das 和 Teng（1996）认为企业创建创新网络的动因有三：第一是在保留和发展自身资源的基础上通过合并或联合获取其他企业的资源；第二是获取其他企业的优势资源；第三是通过合作创新解决单一企业所面临的资源数量、质量的制约和资源构成不足等问题 **对创新网络特征测度的贡献**：应用该理论对创新网络进行研究时较少涉及创新网络特征测度的具体研究
交易费用理论	以科斯（1937）和威廉姆森（1989、1991）的经典交易费用理论为基础，探讨用交易费用确定企业创新网络的边界，它让企业知道什么情况下是需要内部化的创新，什么时候能够选择市场交易以及最优化资源配置方式 **对创新网络特征测度的贡献**：应用该理论对创新网络进行研究时较少涉及创新网络特征测度的具体研究
社会网络理论	借鉴社会网络理论中的嵌入理论、强关系—弱关系理论和结构洞理论等对创新网络的网络结构和网络关系进行研究。如 Burt（1992）的关系和位置网络特征理论，Granovetter（1985）的嵌入性理论、强关系—弱关系理论和结构洞理论等 **对创新网络特征测度的贡献**：主要通过结构视角和关系视角对创新网络的特征进行测度。结构视角的节点位置维度主要指节点在网络中所处的位置，主要测度指标有中心度、结构洞等，而网络规模、网络异质性和网络密度等测度指标反映的是整体网络结构，反映了网络的疏密情况以及网络主体的集团化程度 界定和测量网络关系特征可借鉴社会网络理论的强关系—弱关系理论，通过情感紧密性、互动频率、互惠交换和熟识程度四个维度进行。在具体应用中也多采用关系强度和关系质量两个指标测量创新网络关系特征

资料来源：根据相关资料自行整理。

网络结构视角的节点位置维度主要指节点在网络中所处的位置，主要测度指标有中心度、结构洞等[①]。中心度可以通过企业与其他成员联系的线条数来测度。一般中心度高的企业对网络有较强的控制力和影响力，往往拥有更多的联结渠道，能够获得更多的知识资源。中心度指标是使用较为广泛的一个指标。

结构洞指标能够充分解决冗余性关系问题。对于结构洞的研究目前还存在一定的争议，一种观点认为企业处在网络中的关键位置，可以享有信息优势和

---

① 任慧，朱美容，高伟浩：内涵、效率与测量：创新网络结构研究述评［J］．情报杂志，2015（12）．

控制优势，有利于企业的技术创新活动。另一种观点认为创新网络结构洞的存在提高了网络的稀疏性，对企业的技术创新活动不利。网络规模、网络异质性和网络密度等测度指标反映的是整体网络结构，反映了网络的疏密情况以及网络主体的集团化程度。一般网络密度越高、成员间联系越紧密、信任度越高，越有利于创新知识和成果的迅速传播。因此，本书通过测量网络中心度（网络位置）、网络异质性、网络规模来测量创新网络结构特性。

节点间的关系是网络资源的传播渠道，测度节点间的关系能够充分提高知识、技术等资源的传播流通速度，加速创新。网络关系特征的界定和测量可以借鉴社会网络理论的强关系—弱关系理论，通过情感紧密性、互动频率、互惠交换和熟识程度进行测量。强关系是相似个体之间的关系，是指个体的各种社会经济特征如教育程度、职业、收入水平等相似；弱关系则是在社会经济特征不同的个体之间发展起来的，是在群体之间发生的，弱关系的分布范围较广，也因此更能充当信息桥，将其他群体的重要信息带给不属于这个群体的个体。学界对创新网络关系特征维度的测度也主要采用社会网络分析方法，普遍采用关系强度和关系质量两个指标来探讨创新网络成员之间的活动频率与相互信任程度等的变动对企业技术创新等产生的影响。其中关系强度是一个客观指标，衡量焦点企业与网络成员间的互动频率；关系质量则是一个主观指标，衡量双方的情感，如紧密性、熟识程度和互惠交换程度。因此，本书通过测量关系质量和关系强度来测量创新网络关系特征。

4.1.2 创新网络对企业技术创新能力的影响作用研究

从文献分析结果来看，目前学界还未展开有关创新网络对企业技术创新动态能力影响的专门研究，而有关创新网络对企业技术创新能力影响的专门研究也很少见，主要是围绕创新网络特征变量对创新能力的动态影响展开研究。理论上，相比技术创新动态能力和技术创新能力，创新能力的范畴更为宽泛。但从文献分析来看，大部分涉及创新能力的研究从内容上来说应该是针对技术创新能力进行的研究，因此在本部分的分析过程中如无特别指明，企业创新能力就是指企业技术创新能力。已有研究主要是从创新网络结构特征中心度、结构洞、网络规模、网络异质性等以及创新网络关系特征，如关系强度和关系质量等方面对企业创新能力的影响展开研究。从研究结论来看，大部分研究认为创新网络特征对企业创新能力具有显著的正向影响作用，如任胜钢、胡春燕、王龙伟（2011）的研究结果表明，网络规模、网络结构洞、网络开放性以及网络强联系和弱联系对区域创新能力具有显著的正向作用。林少疆、徐彬和陈佳莹（2016）采用结构方程模型及相关技术，分析了企业创新网络结构嵌入性对协同创新能力的影响，结果表明创新网络结构嵌入性的网络规模、网络异质性、网络开放度三个维度与协同创新能力和共生行为之间均存在显著的正相关关系。郑向杰（2016）运用负二项回归模型实证分析了创新网络结构对企业创新能力的影响，认为网络位置的中心度在提升企业创新能力上有显著影响。向永胜和古家军（2017）对集群创新网络特性对企业创新能力的影响进行了研究，分析认为集群创新网络群内网络异质性、群外网络规模和群外网络异质性对集群企业利用性创新能力具有显著正向影响，群外网络规模、群外网络异质性对集群企业的探索性创新能力具有显著正向影响。Ahuja（2000）研究认为直接联系、间接联系对创新过程及创新能力具有正向的影响效应。Burt（2002）提出企业可以联结结点间相互隔断的关系链条，从而为企业提供新的资源，有利于企业的创新活动。

从笔者收集的文献资料来看，也有部分研究结论并不支持创新网络特征对企业创新能力的显著正向影响效应。如龚玉环、卜琳华和孟庆伟（2009）通过复杂网络结构分析认为中关村产业集群创新网络具有短平均路径、高异质性度分布、高集聚系数的结构特征，导致集群创新能力高度依赖于少数大企业，网络呈锁定趋势。肖冬平和彭雪红（2011）从知识网络的结构特征以及组织间合作伙伴关系的视角，探讨创新网络特征对企业创新能力的影响，发现结构洞对企业知识创新能力的正向影响没有获得样本数据的支持。Ahuja（2000）的研究也表明创新网络结构洞的存在对创新活动具有复杂作用。范群林、邵云飞、唐小我等（2011）分析认为创新网络结构洞特征对企业创新能力增长存在显著的正向关系，而节点度及其网络中介中心度对企业创新能力的增长不存在正向影响。向永胜和古家军（2017）对集群创新网络特性对企业创新能力的影响进行了研究，分析认为群内网络异质性对集群企业的探索性创新能力具有显著负向影响。

还有部分研究结论显示了创新网络特征对企业创新能力的复杂影响效应，如黄昱方和柯希正（2013）通过构建数量Logistic（阻滞增长）模型，重点剖析社会网络结构洞对创意知识共享的倒"U"形影响，以及对创新能力的倒"U"形曲线影响。罗鄂湘和韩丹丹（2018）通过采用负二项回归模型研究结构洞、技术多元化和企业技术创新能力之间的关系，研究结果表明结构洞与企业技术创新能力之间存在倒"U"形关系，而技术多元化负向调节结构洞对企业技术创新能力的影响。

从文献分析结果来看，目前学界还未展开有关创新网络对企业技术创新动态能力影响的专门研究，而有关创新网络对企业（技术）创新能力影响的研究内容较为丰富，且存在如下特点：一是研究结论存在不一致性，对于创新网络特性变量对企业技术创新能力的影响方向，已有的研究结论并不统一，甚至得到完全相反的结论，可能是由于研究对象的差异、创新网络系统的差异、创新网络特性测量差异等因素所造成的，这也是需要进一步完善的研究内容。二是从文献来看，已有研究对（技术）创新能力的阐释较为模糊，基本上是从投入产出角度来间接界定（技术）创新能力，但当前企业的技术创新能力是一个复杂的多维构建概念，缺乏对企业技术创新能力的明确界定导致研究结论缺乏足够的说服力，也不能清晰地表明创新网络对企业技术创新能力的影响作用方向和路径。

4.1.3 技术创新动态能力对企业创新绩效的影响作用研究

从已有文献来看，目前从技术创新动态能力角度分析企业创新绩效影响因素的研究还非常少见，很多研究是从创新能力、动态能力、网络能力等角度展开分析的。从创新能力角度入手的研究，一是从创新能力的投入产出视角分析其对企业创新绩效的影响，二是把创新能力作为中介变量分析相关因素对创新绩效的影响效应。从创新能力的投入产出等构成要素角度分析其对企业创新绩效的影响，如 Joos and Zhdanov（2008）认为企业创新过程中的研发支出占总费用支出的比例决定创新活动进程能否顺利进行，研发费用支出比例也最终会对创新绩效产生影响。何庆丰、陈武、王学军（2009）认为直接人力资本投入、R&D 投入与创新绩效呈正相关关系。谭蓉娟（2011）认为创新资源投入能力是企业进行技术创新的基础，但是更多创新资源的投入不一定能够带来企业创新绩效的提升，创新模式越原始，创新绩效往往越低。胡凤玲、张敏（2014）研究表明：人力资本异质性与企业创新绩效两者之间通过知识创造的中介作用而具有非常显著的正相关性。把创新能力作为中介变量分析相关因素对创新绩效的影响效应，如尤万里、侯仁勇和孙骞（2017）通过结构方程模型和因子分析研究发现智力资本对企业创新能力和创新绩效均存在正向促进作用，创新能力在智力资本和创新绩效之间的关系上起到正向调节作用。周驷华和汪素南（2016）研究了在不同外部环境与组织创新条件下企业流程创新能力、产品创新能力与企业创新绩效之间的关系。张志华和陈向东（2016）从学习和能力的视角探究协同创新绩效的影响因素和提升路径，实证分析结果表明，探索式学习和利用式学习、自主创新能力和协同创新能力均对协同创新绩效具有显著的正向影响。

从文献分析结果来看，有关网络能力对企业创新绩效影响的研究主要有两类：一是作为中介变量或调节变量去分析相关因素对企业创新绩效的影响；二是从网络能力或其构成要素如网络开拓能力、网络利用能力等子维度去分析其对创新绩效的影响。研究的结论都直接或者间接地肯定了网络能力对企业创新绩效的正向影响效应。具体来说，作为中介变量或调节变量去分析相关因素对企业创新绩效的影响，如金永生、季桓永、许冠南（2016）通过实证分析得出，内向型创新对创新绩效具有正向影响，企业网络能力在其中承担完全中介作用，而内向型创新在企业网络能力与创新绩效的关系中不具有调节作用。王益锋和王晓萌（2016）研究表明科技型小企业的网络能力对信息获取、知识获取和资金获取均有显著的正向影响，网络能力在信息获取和知识获取与技术创新绩效之间起部分中介作用。而较多的研究主要从网络能力或其构成要素如网络开拓能力、网络利用能力等子维度去分析其对创新绩效的影响，如简兆权、陈键宏、郑雪云（2014）研究说明了网络能力对创新绩效的积极促进作用，并表明关系学习能力在双方之间的联系作用。Kostopoulos 和 Bozionelos（2011）认为网络开拓能力的重点是搜寻、识别可能的替代信息，使组织在变幻莫测的市场环境中保持新的发展状态，有助于切实提升企业的创新能力。Wei、Yi、Yuan（2011）认为良好的网络关系和占据相对优势的网络位置，可以使企业更好地获取并利用网络资源，提升自身的创新能力和创新绩效。宋晶、陈菊红和孙永磊（2015）认为网络利用能力对合作创新绩效具有正向的促进作用，网络开拓能力与合作创新绩效之间存在倒"U"形关系。马柯航（2015）认为网络整合能力和网络调适能力对显性知识资源获取和隐性知识资源获取都有正向影响，隐性知识资源获取与企业创新绩效显著正相关。

  从文献分析结果来看，有关动态能力对创新绩效影响的研究也主要有两类：一是从动态能力或构成要素子维度去分析其对创新绩效的影响；二是作为中介变量或调节变量去分析相关因素对企业创新绩效的影响[①]。从研究的结论来看，大部分研究都直接或者间接地肯定了动态能力对创新绩效的正向影响效应。具体来说，从动态能力或构成要素子维度去分析其对创新绩效的影响，如 John 和 Pavlou（2006）在对汽车企业进行调查研究时发现，新产品开发动态能力能够提高企业新产品成功率并促进新产品商业化进程，从而提升企业创新绩效。苏敬勤和刘静（2013）发现动态能力通过创新战略对产品创新绩效产生显著正向影响。江积海和蔡春花（2014）指出动态能力加速了企业运作能力的演化，运作能力的演变带来了资源组合的更新，从而对企业创新产生影响。付丙海、谢富纪、韩雨卿等（2016）研究表明动态管理能力、企业动态能力均对创新绩效有显著正向影响，而网络动态能力对企业创新绩效呈现出"U"形影响。吴航（2016）在对 Teece 理论进行分析的基础上，将动态能力划分为机会识别和机会

[①] 孟伟.跨界搜寻对科技型中小企业创新绩效影响研究——动态能力为中介变量[D].沈阳：辽宁大学博士学位论文，2016.

利用两种能力，实证研究结果显示，机会利用能力与创新绩效之间正相关。谢治春和赵兴庐（2017）将模仿者的动态能力划分为三种典型能力：组合创新能力、吸收创新能力、情报创新能力，并通过对300多家本土企业进行问卷调查，发现三种能力均与自主创新绩效正相关。杜俊义、熊胜绪、王霞（2017）研究表明中小企业动态能力对创新绩效具有显著的正向作用，环境动态性对中小企业动态能力和创新绩效的关系具有调节作用。还有部分研究将动态能力作为中介变量或调节变量去分析相关因素对企业创新绩效的影响，如Liao、Kickul和Ma（2009）通过实证研究发现，动态能力在互联网企业资源存量与创新的关系中具有中介作用。马文甲和高良谋（2016）研究表明开放广度与创新绩效正相关，而开放深度与创新绩效的关系存在最佳开放点；动态能力对两者的关系具有调节作用，企业应根据不同的开放对象重点发展相应的动态能力。黄海艳和武蓓（2016）通过构建全新的理论模型，将交互记忆系统和动态能力整合到一个研究框架下，研究表明动态能力在交互记忆系统的专长性和创新财务绩效的关系中起了部分中介作用，在专长性和创新成长绩效关系中起了完全中介作用。彭本红和武柏宇（2017）研究表明跨界搜索嵌入模式和路径模式不仅直接影响开放式服务创新绩效，而且通过动态能力间接影响开放式服务创新绩效。从已有文献来看，目前从技术创新动态能力角度分析企业创新绩效影响因素的研究还非常少见，相关研究主要是从企业技术创新动态能力三要素（创新能力、动态能力、网络能力）等角度展开。从研究结论来看，现有的研究基本都支持技术创新动态能力的三个维度对企业创新绩效的积极作用。

4.1.4　与创新网络、技术创新能力和创新绩效相关联的研究

从文献分析的结果来看，与创新网络、技术创新能力和创新绩效相关联的研究主要有两类不同的研究方向：一类是以创新网络特征（或创新网络特征某个子维度）和技术创新能力为自变量，检验它们对技术创新绩效的影响，这类研究主要从网络和企业的角度出发。另一类研究将技术创新能力（或其子维度）作为中介或者调节变量去分析创新网络对企业创新绩效的影响。前者涉及的研究成果相对较少见，如Boschma、Anne和Wal（2007）认为企业在知识网络中拥有良好的网络关系和占据优势位置有利于提升创新绩效。Gilsing、Nooteboom、Vanhaverbeke（2008）研究表明技术距离、网络密度和网络中心性对企业探索性创新的最终效应表现为倒"U"形曲线。潘宏亮和杨晨（2010）研究表明吸收能力和关系网络都正向影响创新绩效，并且通过影响创新绩效间接正向影响企业的竞争优势。刘学元、丁雯婧、赵先德（2016）研究表明创新网络关系强度对企业创新绩效存在显著的正向影响。徐维祥、江为赛、刘程军

（2016）采用结构方程（SEM）方法进行分析，发现协同创新网络与企业创新绩效存在正向关联作用，知识管理能力与企业创新绩效存在正向关联作用。祝木伟和巩新宇（2017）通过建立创新网络—知识吸收能力—创新绩效三者间的理论模型，运用多元回归分析进行研究，发现创新网络特征、知识吸收能力均对创新绩效有正向影响。

从文献分析结果来看，将技术创新能力（或技术创新能力的某个子维度）作为中介调节变量去分析创新网络对企业创新绩效影响的研究相对比较丰富，这类研究还可以细分为以下三类：一是从技术创新能力（或技术创新能力的某个子维度）在创新网络和创新绩效之间的调节作用入手进行研究；二是从技术创新能力（或技术创新能力的某个子维度）在创新网络和创新绩效之间起着中介作用入手进行研究；三是从技术创新能力（或者是技术创新能力某个子维度）在创新网络和创新绩效之间起着适配作用入手进行研究。首先，从技术创新能力（或技术创新能力的某个子维度）在创新网络和创新绩效之间的调节作用入手进行研究，如 Julien、Andriambeloson、Ramanualahy（2004）利用问卷调查方法和因子分析法，分析了弱信号网络、吸收能力、技术创新三者之间的关系。分析结果表明：相比强信号网络而言，弱信号网络更有利于技术创新。Tsai（2009）研究结果表明吸收能力对企业不同类型的网络关系与产品不同程度的改良绩效之间关系的调节作用存在显著差异。钱锡红、杨永福（2010）研究认为高中心度对企业技术创新是有利的，而且吸收能力在其中起到加成作用。王琦（2014）研究发现企业在创新网络中的高中心度有利于企业技术创新绩效的提升。具备较好的吸收能力能调节网络中心度对创新能力的影响。其次，从创新能力（或其子维度）在创新网络和创新绩效之间的中介作用的角度展开研究，如 Nevis、DiBella、Goula（1995）将网络关系与组织学习理论相结合，研究表明组织学习对网络关系强度与企业创新的关系具有中介作用。Hovorka 和 Larsen（2006）研究结果表明：网络强度与动态吸收能力之间存在正向相互作用，吸收能力对网络强度与信息技术创新推广应用之间的关系具有中间效应。解学梅、左蕾蕾（2013）研究发现知识吸收能力对协同创新网络特征与企业创新绩效之间的关系存在部分中介效应。施放和朱吉铭（2015）研究表明企业的创新网络能够通过知识获取、知识利用间接地促进企业的创新绩效。徐维祥、江为赛、刘程军（2016）采用结构方程（SEM）方法进行分析，发现知识管理能力与企业创新绩效之间存在正向关联作用，同时知识管理能力在协同创新网络与企业创新绩效关系中存在部分中介效应。艾志红（2017）研究结果显示，网络规模、网络密度均能显著促进潜在吸收能力的提升，潜在吸收能力有利于实际吸收能力的提升。最后，从创新能力（或其某个子维度）在创新网络和创新绩效之间的适配作用入手进行研究的比较少见，如苏敬勤（2010）提出网络位置和吸收能力两者配合的默契度强，则它们之间的适配性强。企业内部的吸收能力与企业外部的网络位置适配性越好，企业的创新绩效越好。

通过以上文献分析可见，现有研究成果反映了创新网络、技术创新能力与创新绩效之间存在着非常密切的关联，但现有有关三者相关联的研究主要存在两点不足：一是缺乏对创新网络、技术创新能力和创新绩效三者之间的系统性、整体性研究；二是现有研究不能有效区别创新网络对技术创新能力各维度的影响效应的差异性。

4.2 创新网络—技术创新动态能力—创新绩效研究假设及其模型构建

4.2.1 技术创新动态能力构成要素驱动关系分析

关于技术创新能力的界定经历了由单一维度到复合维度，从静态到动态的过程，企业技术创新能力研究内涵的演变同企业创新内外环境的变化密切相关[①]。"技术创新动态能力"正是为适应当前高度动态的环境而提出的，它是一种多维度的综合能力，是企业对内外知识和资源进行有效整合和利用，在创新内外环境交互作用下进行适应性重构、不断演进的能力，企业具有明确的流程或者管理支持其演进，发挥作用的过程是改变组织现有知识资源结构的过程。

本书在文献研究的基础上对技术创新动态能力进行了理论界定，提出了技术创新动态能力的三维度构建模型，认为技术创新动态能力是由网络能力、动态能力和原创能力构成，并对实地调查数据进行了探索性因子分析和二阶验证性因子分析，探究了技术创新动态能力构成维度及其与各维度的逻辑关系。分析表明技术创新动态能力是由网络能力、动态能力和原创能力三个要素构成的，其体系构建正确合理，而且动态能力维度是技术创新动态能力中最重要的维度，是技术创新能力向技术创新动态能力转化的关键。相对于动态能力和原创能力，网络能力对技术创新动态能力的影响力较小，但三个维度之间具有高度的相关性。然而，前面的研究只是验证了技术创新动态能力构成三要素之间的高度相关性关系，并没有对各要素相互影响的作用方向和程度进行分析和验证。

首先，企业创新投入等因素会影响企业对外部创新网络的构建和利用。从

[①] 王昌林．创新网络与企业技术创新动态能力的协同演进——基于系统动力学的分析［J］．科技管理研究，2018（21）．

现代企业技术创新流程来看,企业通过对产品市场和创新网络中的各种知识资源进行搜寻筛选,有效感知机会和威胁并捕捉机会,学习并消化吸收外部知识,对企业内外知识和资源进行有效整合和重构,实现技术创新。从创新流程来看,企业创新网络与企业创新能力之间存在相互作用的互动关系。从文献分析来看,大量的研究主要从创新网络的角度来分析网络构建、特征及演进对创新能力的影响,而从企业自身的创新投入、创新能力对创新网络协调构建的影响作用入手进行研究的较为少见。从已有的研究来看,学者们都认可企业对创新的投入,认为企业自身创新能力的提高有利于外部创新网络的构建和协调。如胡斌、李黄鑫、李含伟(2015)认为创新网络与企业创新能力存在互动关系,企业创新能力的提升会影响到创新网络密度、创新网络联结程度和创新网络运行效率。有效的创新投入产出和创新收入的增加,会促使创新网络的演化,企业创新能力的增强对创新网络整体创新能力的提升有促进作用。欧阳秋珍和陈昭(2016)运用系统 GMM 方法研究表明,创新投入对高技术产业的创新绩效有显著的积极影响,从而影响创新主体间的创新合作程度。还有部分学者从创新能力对研发联盟、产学研合作等的影响研究中也得出企业自身创新投入、创新能力是影响企业外部创新合作的主要因素。如胡珑瑛和张自立(2007)研究表明创新联盟成员的创新投入不能都投入到合作创新中,成员对自身独立创新活动的投入是保证联盟稳定的必要条件。张裕稳、吴洁、李鹏等(2015)认为产学研合作主体的创新能力是影响合作创新伙伴选择最重要的因素,可运用双边匹配的方法建立产学研合作主体的匹配度矩阵,进而提出合作伙伴选择方法。汤勇力、曹兴洋、胡欣悦等(2018)研究认为企业内部研发活动和探索型创新策略对产学研知识互动的程度都有正向影响。另外,企业所需知识的属性也会影响企业参与多元化的产学研知识互动。

其次,从文献资料分析来看,已有的研究都认可企业积极利用外部创新网络对企业知识整合以及企业创新动态能力的显著影响作用[①]。如 Rose、Allen、Tsinopoulos(2005)研究认为企业的创新合作,不仅有助于获取对本企业有利的互补性知识,也能够提高企业的知识存贮和处理能力。Tödtling、Kaufmann(2009)研究认为在合作创新过程中企业可以获得需要的知识,这有助于企业提升创新绩效。Bratkovic、Ruzzier(2009)研究认为创新网络有利于企业技术创新过程中获得更丰富的知识和资源,是企业的一项重要资产。蔡猷花、陈国宏、刘虹等(2013)研究表明企业之间的创新合作意愿受到内部知识整合能力和外部知识整合能力的共同作用,产业集群创新网络与企业知识水平是协同演

[①] 辛晴.知识网络对企业创新的影响[D].济南:山东大学博士学位论文,2011.

4.2 创新网络—技术创新动态能力—创新绩效研究假设及其模型构建

化的。党兴华、孙永磊、宋晶（2013）认为对网络知识、惯例以及合作关系的搜寻，可以帮助企业建立良好的合作关系，获得更丰富的知识和资源，减少突破性创新所带来的高不确定性。陈旭升、王欣、吴雪梅（2014）通过系统动力学模型分析高技术产业创新网络与知识整合的关系，研究认为政府导向在知识整合单导向内部协同中效果最好，企业与市场导向共同作用时能很好地发挥协同效应，而三者整体协同时创新网络知识整合效果最佳。任宗强、陈力田、郑刚等（2013）研究认为新技术与原有技术的比例才是实现商业价值的关键，从战略观点看，企业应该采用一种特殊的、独特的战略资源组合和次序，寻求最优的组合优势。

最后，从文献资料分析来看，有关企业自身创新能力与企业知识整合以及企业动态适应性关系的研究，大多是从知识整合的视角分析相关因素对企业创新能力的影响，而围绕企业自身创新投入、创新能力对知识整合以及企业动态适应性的影响作用展开研究的较为少见。从已有研究来看，学者们都认可知识在企业技术创新过程中发挥着越来越重要的作用，技术创新的过程是企业知识整合重构的过程，而在整合过程中企业原有知识存量和吸收能力是知识整合的关键性因素。Postrel（2002）研究认为对于知识组合来说，共同知识和努力程度是重要的影响因素，但知识组合最根本性的障碍还是低能约束（低专业能力）。Szulanski（1996）的研究也表明知识接收者缺乏吸收能力和保持能力是知识转移整合的主要障碍。詹勇飞与和金生（2009）则认为企业创新能力成长阶段与知识整合方式之间存在逻辑上的匹配。张可军（2011）归纳出影响团队知识整合的四类关键因素为渠道、氛围、动机和能力，能力因素主要解决的是知识的认知离散问题。也就是说，在知识整合的过程中企业自身的能力是主要的影响因素之一。孙晓宇和陈伟（2012）对 R&D 联盟知识整合进行了研究，认为技能水平是 R&D 联盟知识整合有效实施的基础和关键。对于知识成果转化与知识整合的关系，李玥、刘希宋、喻登科（2010）认为科技成果转化与知识整合存在着相互促进的关系。而对于技术创新能力的环境匹配性，陈力田（2015）认为技术创新能力需要根据环境做出适应性动态重构。

对以上研究的分析以及表 4-2 的归纳总结，说明企业技术创新动态能力构成三要素（内部能力—原创能力、外部能力—网络能力和内外整合重构能力—动态能力）之间存在着一定的逻辑驱动关系，已有的研究成果也支持企业自身对技术创新进行投入和促进创新成果转化，对外部创新网络的协调、构建以及企业内外知识整合的促进作用。而企业对外部创新网络的协调、构建也有利于企业对内外部创新资源的有效整合和环境适应性调整。同时，在实地调研访谈中也得到类似的结论。基于以上分析，本书做出如下研究假设。

表 4-2 有关技术创新动态能力构成要素相互作用的研究的归纳与推论

研究视角	作者	主要贡献	研究推论
企业技术创新能力对合作创新与外部知识利用的影响作用研究	陈新桥和骆品亮（2005）	企业技术创新流程，是企业内部知识创造、外部知识搜寻吸收，以及企业对内外知识和资源进行有效整合和重构的过程	企业技术创新的过程是对内外知识和资源的整合重构过程，企业自身内部创新能力影响企业的合作创新和外部知识的吸收利用
	胡斌、李黄鑫、李含伟（2015）	创新网络与企业创新能力之间存在互动关系	
	欧阳秋珍和陈昭（2016）	创新投入对高技术产业创新绩效有显著的积极影响，从而影响创新主体间的创新合作程度	
	胡珑瑛和张自立（2007）	创新联盟成员对自身独立创新活动的投入是保证联盟稳定的必要条件	
	张裕稳、吴洁、李鹏等（2015）	产学研合作主体的创新能力是选择合作创新伙伴最重要的因素	
	汤勇力、曹兴洋、胡欣悦等（2018）	企业内部研发活动和探索型创新策略对产学研知识互动的程度都有正向影响	
外部创新网络对企业知识整合的影响作用研究	Rose、Allen Tsinopoulos（2005）	企业的创新合作能够提高企业的知识存贮和处理能力	企业对外部创新网络知识资源的搜寻利用将影响企业对知识资源整合的效果
	辛晴（2011）	企业利用创新网络对企业知识整合和企业创新动态能力有显著影响作用	
	Tödtling、Kaufmann（2009）、Bratkovic（2009）	合作创新过程中企业可以获得需要的知识，这有助于企业提升创新绩效	
	蔡猷花、陈国宏、刘虹等（2013）	创新合作意愿受企业内外部知识整合能力作用的影响，创新网络与企业知识水平是协同演化的	
	党兴华（2013）	通过网络知识、良好的合作关系，企业可以获得更丰富的知识和资源，减少突破性创新所带来的高不确定性	
	陈旭升、王欣、吴雪梅（2014）	高技术产业创新网络与知识整合具有密切的关系，政府、企业与市场三者协同时创新网络知识整合效果最佳	
	任宗强、陈力田、郑刚（2014）	技术创新的关键是企业应该采用一种特殊的、独特的战略资源组合和次序，寻求最优的组合优势	

续表

研究视角	作者	主要贡献	研究推论
企业技术创新能力对企业知识整合的影响作用研究	Cohen&Levinthal（1990）	知识整合过程中企业原有知识存量和吸收能力是知识整合的关键性因素	企业自身创新能力（体现为投入产出能力）将影响企业内外知识资源的整合和重构效果
	Postrel（2002）	妨碍企业知识组合最根本的障碍因素是低能约束	
	Szulanski（1996）	知识接收者缺乏吸收能力和保持能力是知识转移整合的主要障碍	
	詹勇飞与和金生（2009）	企业创新能力成长阶段与知识整合方式之间存在逻辑上的匹配性	
	张可军（2011）	企业自身的能力是知识整合的主要影响因素之一	
	孙晓宇和陈伟（2012）	技能水平是R&D联盟知识整合有效实施的基础和关键	
	李玥、刘希宋、喻登科（2010）	科技成果转化与知识整合之间存在相互促进的关系	
	陈力田（2015）	技术创新能力需要根据环境做出适应性动态重构	

假设H1.1：企业自身对技术创新进行投入和促进创新成果转化，正向影响企业对外部创新网络的构建、协调和利用。也即在企业技术创新动态能力三要素中，原创能力能够正向影响网络能力。

假设H1.2：企业对外部创新网络的构建、协调和利用，正向影响企业对内外部创新知识和资源的有效整合，有利于企业对环境进行适应性调整。也即在企业技术创新动态能力三要素中，网络能力能够正向影响动态能力。

假设H1.3：企业自身对技术创新进行投入和促进创新成果转化，正向影响企业对内外部创新知识和资源的有效整合，有利于企业对环境进行适应性调整。也即在企业技术创新动态能力三要素中，原创能力能够正向影响动态能力。

4.2.2 创新网络结构特征对技术创新动态能力影响作用的研究假设

本书从创新网络结构视角和关系视角分析创新网络对技术创新动态能力的影响。从创新网络结构视角入手，主要通过考察网络中心性、网络规模、网络异质性来探讨创新网络结构的变动是否会对企业技术创新动态能力及其各维度产生的影响搜寻整合以及创新投入产出等产生影响[①]。

[①] 王昌林.创新网络与企业技术创新动态能力的协同演进——基于系统动力学的分析[J].科技管理研究，2018（21）.

4.2.2.1 网络中心性对技术创新动态能力的影响作用

网络中心性的概念来自社会网络理论，一般认为，网络中心性越高，企业接触和获取外部信息及有用知识用于创新的概率就越大，也越能促进企业创新。如 Powell、Koput、Smith-Doerr（1996）和 Tsai（2001）认为处于创新网络中心位置的企业有机会获得较多的信息源，通过对比能够得到对创新更有价值的信息，从而有利于创新。Zaheer 和 Bell（2005）的实证研究表明企业创新能力与其所处网络位置相匹配结合时，能够显著促进企业的创新绩效。黄昱方和柯希正（2013）通过构建数量 Logistic 模型，重点剖析了社会网络结构洞对创意知识共享的倒"U"形影响，认为结构洞与创新能力存在倒"U"形曲线关系，强化创新网络企业主体间的沟通与信任，可以提高创意企业的创新知识共享水平，促进企业创新水平的提升。钱锡红、杨永福（2010）认为高中心度对企业技术创新是有利的，并且吸收能力在其中起到加成作用。王琦（2014）发现企业在创新网络中的高中心度有利于企业技术创新绩效的提升。李守伟和朱瑶（2016）运用多元回归方法对创新网络的结构特征对企业经济、社会和生态绩效的影响进行分析。分析结果表明合作创新网络的节点度对企业经济和社会创新绩效有一定的正向促进作用，中介中心度对企业经济创新绩效有正向影响。祝木伟和巩新宇（2017）通过建立创新网络—知识吸收能力—创新绩效三者间的理论模型，研究表明创新网络特征（网络中心度等）对创新绩效有正向影响。

有少部分研究得到了不同的结论：网络中心性对企业的技术创新或创新能力没有作用或者存在负面影响。如 Batjargal（2005）实证研究发现，企业处于紧密网络的中心位置反而导致企业新知识流入的减少，因此不利于企业技术创新。范群林、邵云飞、唐小我等（2011）认为集群企业的结构洞特征对企业创新能力增长具有显著的正向关系，而节点度及其网络中介中心度对企业创新能力的增长不存在正向影响。

对以上研究的分析说明，网络中心性对于企业的创新网络构建与利用、知识搜寻与整合和创新能力提升的影响作用还没有形成定论，这可能是由于研究对象、环境、网络性质等的差异造成了不同的影响。但大部分研究结论支持创新网络中心性对企业的创新网络构建与利用、知识搜寻和整合、创新能力提升具有正向影响作用。同时，在我们的调研访谈中，大部分企业也认同企业在创新网络中的位置优势有利于其获得更多创新知识和资源。基于以上分析，本书做出如下研究假设。

假设 H2.1：企业创新网络中心性越高，越有利于企业对外部创新网络的协调、构建，越有利于企业利用外部创新网络知识和资源。

假设 H2.2：企业创新网络中心性越高，越有利于企业自身对技术创新的投入和创新成果的转化。

假设 H2.3 企业创新网络中心性越高，越有利于企业对内外部创新知识和资源的有效整合，越有利于企业对环境的适应性调整。

4.2.2.2 网络规模对技术创新动态能力的影响作用

一般来讲，网络规模越大网络资源越充足，越有利于企业创新能力的提升和企业对知识的吸收整合。如 Landry、Amara、Lamari（2002）分析了企业外部网络与技术创新的相关性，研究结果表明网络的规模和丰富性可以为企业技术创新研发活动提供多样化的资源，从而促进技术创新的发展。Lawson 和 Samson（2001）认为创新网络可以促进企业间的学习和合作，而且可以在合作中节约成本、降低风险。林少疆、徐彬、陈佳莹（2016）采用结构方程模型及相关技术，分析了企业创新网络结构嵌入性对协同创新能力的影响，研究认为创新网络结构嵌入性的网络规模与协同创新能力、共生行为之间均存在显著的正相关关系。向永胜与古家军（2017）对集群创新网络特性对企业创新能力的影响进行了研究，发现群外网络规模对集群企业利用性创新能力和探索性创新能力具有显著正向影响。艾志红（2017）的实证研究结果显示，网络规模、网络密度均能显著促进潜在吸收能力的提升，潜在吸收能力的提升有利于实际吸收能力的提升，从而最终有利于创新绩效的提高。

从文献分析结果来看，另一些学者的实证研究却得出了相反的结论：过于扩大化的创新网络规模可能并不利于知识的吸收整合和创新能力的提升。Beckman 和 Haunschild（2002）认为网络规模的大小与企业间的学习绩效没有显著相关性。Freel 和 De Jong（2009）认为网络规模是否会影响企业的创新绩效，取决于创新的性质，激进式创新需要更大的网络规模，而渐进式创新对于规模的要求并不显著。龚玉环、卜琳华、孟庆伟（2009）认为集群创新网络的复杂化和规模扩大化并不利于集群内的大部分中小企业。

对以上研究的分析说明，创新网络规模对于企业的创新网络构建与利用、知识搜寻和整合、创新能力提升的影响作用还没有形成定论，同样这可能也是由于研究对象、环境、网络性质等的差异造成了不同的影响。从文献分析结果来看，大部分研究结论支持创新网络规模对企业创新网络的构建与利用、知识的搜寻与整合和创新能力的提升具有正向影响作用。同时，在我们的实地访谈中，大部分企业认同企业与外部企业或者其他机构建立技术交流和研发合作越多，越有利于企业获得更多创新知识和资源。基于以上分析，本书做出如下研究假设。

假设 H2.4：企业创新网络规模越大，越有利于企业对外部创新网络的协调、构建，越有利于企业利用外部创新网络知识和资源。

假设 H2.5：企业创新网络规模越大，越有利于企业自身对技术创新的投入和创新成果的转化。

假设 H2.6 企业创新网络规模越大，越有利于企业对内外部创新知识和资源的有效整合，越有利于企业对环境的适应性调整。

4.2.2.3　网络异质性对技术创新动态能力的影响作用

从社会学的角度来看，异质性就是一个群体中所有个体的特征差异程度，异质性越高，个体的特征分布越分散，与其相对应的概念是同质性。从文献分析来看，大部分研究结论支持网络异质性对于创新知识和资源的获取具有正向影响，但是有关网络异质性对知识整合以及创新能力提升的影响作用的研究存在较大的分歧。如 Cohen 和 Levinthal（1990）研究表明网络异质性对创新知识和资源的整合吸收具有较复杂的效应，因为异质性网络所获得的知识和经验相关性较差，增加了处理成本，降低了整合处理速度和效率。龚玉环、卜琳华、孟庆伟（2009）通过复杂网络结构分析中关村产业集群创新网络，研究认为创新网络所具有的高异质性特征并不利于企业的技术创新。

网络异质性对企业创新能力的影响较为复杂，反映在对创新知识的吸收整合阶段，如 Michailova 和 Husted（2003）通过实证研究分析认为，创新网络异质性可能会导致成员之间的差异扩大，导致外部知识和自有知识之间的差异较大，进而影响知识吸收。部分学者的研究也表明网络异质性对企业创新能力具有正向影响作用，如林少疆、徐彬、陈佳莹（2016）研究发现创新网络结构嵌入性的网络规模、网络异质性、网络开放度三个维度与协同创新能力存在显著的正相关关系。向永胜和古家军（2017）对集群创新网络特性对企业创新能力的影响进行了研究，分析认为集群创新网络群内网络异质性和群外网络异质性对集群企业的利用性创新能力具有显著正向影响，群外网络异质性对集群企业的探索性创新能力具有显著正向影响，而群内网络异质性对集群企业的探索性创新能力具有显著负向影响。同时，在我们的实地调研访谈中，大部分企业认同企业与高校、科研机构以及不同行业性质企业的技术交流有利于企业的技术创新活动。基于以上分析，本书做出如下研究假设。

假设 H2.7：企业创新网络的异质性越高，越有利于企业对外部创新网络的协调、构建，越有利于企业利用外部创新网络的知识和资源。

假设 H2.8：企业创新网络的异质性越高，越有利于企业自身对技术创新的投入和创新成果的转化。

假设 H2.9 企业创新网络的异质性越高，越有利于企业对内外部创新知识和资源的有效整合，越有利于企业对环境进行适应性调整。

4.2.3 创新网络关系特征对技术创新动态能力的影响研究假设

本书从网络关系视角入手，主要通过考察网络关系强度和网络关系质量来探讨创新网络关系的变动对企业技术创新动态能力及其各维度的影响。

4.2.3.1 创新网络关系强度对技术创新动态能力的影响作用

从文献资料分析来看，创新网络关系是影响企业技术创新成败的一个重要因素。网络关系强度是指网络中各成员之间关系的强弱程度，其概念来自社会网络理论，Granovetter（1973）认为网络关系有强关系和弱关系之分，强关系表现为经常性的互动、相互的好感以及长久合作关系，而弱关系则表现为不频繁的联系、较弱的情感和短期的合作关系。

从文献资料看，大部分研究支持创新网络强度对企业的知识搜寻和整合、创新能力增强以及创新绩效提升的正向影响作用。如 Hansen（1999）认为，网络强关系和弱关系都对知识的吸收能力有影响，其影响大小则取决于知识的类型和知识的复杂程度。Levin 和 Cross（2004）研究证明弱联结才是接触新信息、获取新知识的有效路径，才能促进企业的学习能力。王长峰（2009）认为网络中心性和关系强度对企业创新绩效具有直接的正向影响。鲁芳和曹孜（2010）从创新主体层阶性、关系强度、开放性、区内创新比重、结构洞（中介性）五个方面构建评价指标体系，测量创新网络内部结构特征对企业创新能力的影响。于淼（2014）认为关系强度和关系质量有利于企业探索、获取新知识，对技术创新能力的提升具有促进作用。施放、王静波、蒋天颖（2014）认为网络关系嵌入的质量、强度通过促进企业的知识吸收转化、技术交流合作以及外部创新资源的获取，来提升企业技术创新能力，其中关系质量对技术创新能力的影响最大。陈如芳和徐卫星（2016）认为关系嵌入（关系强度和关系质量）对技术创新绩效有显著的正向影响。陶秋燕、李锐、王永贵（2016）以北京中关村科技园 167 家企业为研究对象，采用代表架构理论的 QCA 方法进行实证检验。研究表明关系强度要素配置的三个条件组合构成创新绩效提升的充分条件，其中与行业内企业保持强关系是提升创新绩效的必要条件。网络结构中不同行为主体间关系强度要素的互相关联性是提升创新绩效的一个重要影响因素。

对以上研究的分析说明，几乎所有研究都支持创新网络关系强度对企业创新网络的构建与利用、知识的搜寻与整合和创新能力的提升具有直接或者间接的正向影响作用。笔者在访谈中发现，创新网络中的成员企业与其他企业交往时，与非企业组织之间的交往存在较大差异，这两种不同的关系对企业技术创新的影响也存在差异。因此本书参照 Johannisson 等一级网络与二级网络的划分方法，将企业与企业间的网络称为一级网络，企业与非企业组织之间的网络称为二级网络。关系强度区分如下：企业与其他企业（供应商、客户、同行等）之间的关系称为关系强度1；企业与非企业机构（科研院所、政府、中介机构等）之间的关系称为关系强度2。在实地调研访谈中，大部分企业认同企业与外部企业或者其他机构建立技术交流和研发合作越多越有利于企业获得更多创新知识和资源。基于以上分析，本书做出如下研究假设。

假设 H2.10：企业与相关企业的关系强度越强，越有利于企业对外部创新网络的协调、构建，越有利于企业利用外部创新网络知识和资源。

假设 H2.11：企业与相关企业的关系强度越强，越有利于企业自身对技术创新进行投入和创新成果的转化。

假设 H2.12 企业与相关企业的关系强度越强，越有利于企业对内外部创新知识和资源的有效整合，越有利于企业针对环境进行适应性调整。

假设 H2.13：企业与相关机构的关系强度越强，越有利于企业对外部创新网络的协调、构建，越有利于企业利用外部创新网络知识和资源。

假设 H2.14：企业与相关机构的关系强度越强，越有利于企业自身对技术创新进行投入和创新成果的转化。

假设 H2.15 企业与相关机构的关系强度越强，越有利于企业对内外部创新知识和资源的有效整合，越有利于企业针对环境进行适应性调整。

4.2.3.2 创新网络关系质量对技术创新动态能力的影响作用

从文献分析来看，对创新网络关系特征的衡量除了关系强度这一客观指标之外，还可设置创新网络关系质量这一主观指标。一般来说，创新网络成员之间关系越密切，互惠程度越高，其对组织之间的知识传递和转移整合的影响也就越大。创新网络成员之间的密切关系有利于知识的转移，如 Uzzi（1996）研究认为网络成员较好的关系质量将在成员之间建立起固有的信任机制、合作解决问题机制和精确信息交换机制，这降低了防范投机行为的成本，增加了网络成员间的合作行为，同时使它们的知识共享意愿更为强烈，也有利于企业的知识转化整合。Gupta 和 Govindarajan（1991）认为网络成员之间频繁互动，能够提高知识转移渠道的丰富性，有利于新知识的转化及其与组织原有知识的整合，而知识转移渠道的多样性与知识转移绩效显著正相关。

网络成员之间的关系质量对企业创新能力也有着重要的影响。如肖冬平和彭雪红（2011）研究认为创新网络合作伙伴关系质量对企业的知识创新能力有显著的正向影响。张荣祥和伍满桂（2009）研究发现网络动态能力与创新网络质量及创新绩效显著相关。祝木伟和巩新宇（2017）通过建立创新网络—知识吸收能力—创新绩效三者间的理论模型，运用多元回归分析进行研究，研究表明创新网络关系质量对创新绩效有正向影响。

现有研究基本支持创新网络关系质量对企业创新网络的构建与利用、知识的搜寻与整合、创新能力的提升起到正向影响作用。同时，在实地调研访谈中，大部分企业也认同与其他创新网络成员之间的密切关系和情感有利于企业获得更多创新知识和资源。基于以上分析，本书做出如下研究假设。

假设 H2.16：创新网络关系质量越高，越有利于企业对外部创新网络的协调、构建，越有利于企业利用外部创新网络中的知识和资源。

假设 H2.17：创新网络关系质量越高，越有利于企业自身对技术创新进行投入和创新成果的转化。

假设 H2.18：创新网络关系质量越高，越有利于企业对内外部创新知识和资源进行有效整合，越有利于企业针对环境进行适应性调整。

4.2.4 技术创新动态能力对企业技术创新绩效的影响研究假设

从文献梳理结果来看，关于技术创新动态能力的三个维度对企业技术创新绩效的影响的研究成果都较为丰富。已有研究成果基本支持创新投入等因素对企业创新绩效具有显著的正向影响作用，如 Joos 和 Zhdanov（2008）认为企业创新过程中的研发支出占总费用支出的比例决定创新活动进程能否顺利进行，研发费用支出比例也最终会对创新绩效产生影响。何庆丰、陈武、王学军（2009）认为直接人力资本投入、R&D 投入与创新绩效呈正相关关系。吴晓波和陈颖（2010）认为在低吸收能力下内部研发作用更强，而在高吸收能力下外部研发作用更强。周驷华和汪素南（2016）构建了知识密集型商业组织、外部知识源、流程创新能力、产品创新能力、企业创新绩效的理论模型，运用偏最小二乘结构方程模型研究了在不同外部环境与组织创新条件下，企业流程创新能力、产品创新能力与企业创新绩效之间的关系。尤万里、侯仁勇、孙骞（2017）利用结构方程模型和因子分析，通过对243家制造业中小企业的调研数据进行分析发现，智力资本对企业创新能力和创新绩效均存在正向促进作用，创新能力在智力资本与产品创新、创新绩效之间的关系上起到正向调节作用。

一般认为企业的网络能力是企业提升在网络中的地位和处理与其他网络成员关系的能力。从文献资料分析来看，企业网络能力对企业创新绩效具有积极的促进作用。如李玲（2011）认为企业加入技术创新网络的根本目的是提升自身创新能力和创新绩效。Kostopoulos 和 Bozionelos（2011）认为企业网络开拓能力的重点是搜寻、识别可能的替代信息，使组织在变幻莫测的市场环境中保持新的发展状态，切实提升企业的创新能力。宋晶、陈菊红、孙永磊（2015）研究认为网络利用能力对合作创新绩效具有正向的促进作用，网络开拓能力与合作创新绩效之间存在倒"U"形关系，适度地探索新知识、搜寻新的合作关系有助于获得更高的合作创新绩效。马柯航（2015）认为只具有感知能力不能为企业带来很好的业绩，只有当感知能力与企业的流程、资源有机结合在一起，才能为企业赢得竞争优势。王益锋和王晓萌（2016）以西安市215家科技型小微企业为研究样本，实证研究结果表明：科技型小微企业的网络能力对信息获取、知识获取和资金获取均有显著的正向影响。

从文献分析结果看，对于动态能力与企业技术创新的关系，大部分学者支持动态能力对企业创新绩效的正向影响作用。如苏敬勤和刘静（2013）研究发现动态能力通过创新战略对产品创新绩效产生显著正向影响。Makkonen、Pohjola、Olkkonen（2014）发现企业的再生能力和更新能力能够提高企业的新产品销售比例。黄海艳和武蓓（2016）研究了交互记忆系统、动态能力与创新绩效的关系，并运用多元回归方法对长三角地区229家企业的问卷数据进行了实证分析，研究结果表明：动态能力在交互记忆系统的专长性和创新财务绩效的关系中起了部分中介作用，在专长性和创新成长绩效关系中起了完全中介作用。杜俊义、能胜绪、王霞（2017）通过问卷实证分析了动态能力、环境动态性、创新绩效三者之间的关系，结果表明，中小企业动态能力对创新绩效具有显著的正向作用。

现有研究基本都支持技术创新动态能力的三个维度对企业创新绩效的积极作用。同时，在实地调研访谈中，大部分企业认同企业自身对技术创新和创新成果转化的投入，对外部创新网络资源的开拓利用，以及对内外部创新知识和资源的有效整合都会对企业创新绩效产生积极的促进作用。基于以上分析，本书做出以下研究假设。

假设 H3.1：企业技术创新动态能力的网络能力，正向影响企业技术创新绩效。

假设 H3.2：企业技术创新动态能力的原创能力，正向影响企业技术创新绩效。

假设 H3.3：企业技术创新动态能力的动态能力，正向影响企业技术创新绩效。

笔者根据上述研究假设构建了本书的理论模型，如图4-1所示。

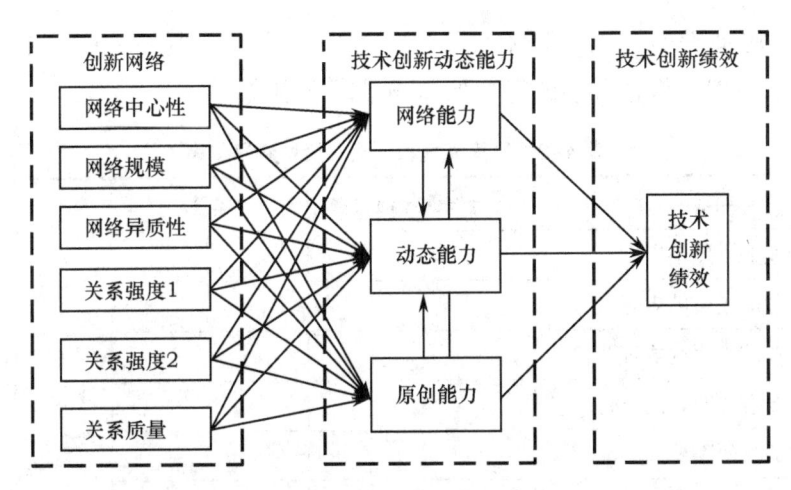

图 4-1 创新网络—技术创新动态能力—技术创新绩效影响路径理论模型

▶ 4.3 变量测量

4.3.1 创新网络特征测量

本书涉及的构念均来自国内外学者开发的成熟量表。本书在文献梳理的基础上选取 3 个维度来测量创新网络结构特征：网络中心性、网络异质性和网络规模。网络中心性分三种形式（程度中心性、亲近中心性、中介性），对它的测量也分别从这 3 个方面进行。借鉴 Powell、Koput、Smith-DoErr（1996）以及邬爱其（2004）和辛晴（2014）的研究，网络中心性的测量共设计了 5 个题项测量。

ZX1. 我们企业在行业内具有较高的知名度

ZX2. 当需要技术建议或支持时，合作企业非常希望本企业能提供知识、信息和技术

ZX3. 我们在创新网络关系中占据主导地位

ZX4. 其他企业或组织之间经常通过我们企业介绍认识

ZX5. 行业内很多企业曾尝试与我们建立知识/技术交流和合作

通过网络规模衡量企业建立关系的数目，是一个绝对指标。任胜钢、吴娟、王龙伟（2011）主要从供应商、客户、竞争对手等关联方面来测量网络规模，邬爱其（2004）和辛晴（2014）也将网络成员分为 7 类进行测量，然后计算其规模参数。本书通过分别询问各类合作伙伴的数量，分别赋值后计算其网络规模参数，合作伙伴包括用户、主要供应商、主要竞争对手、有关其他企业、科研院校、中介机构、政府机构和金融机构 8 类。如表 4-3 所示，各选择项赋值

分别是"几乎没有"=0,"1~3家"=2,"4~8家"=6,"9~15家"=12,"15家以上"=20。然后根据各项的得分加总测量网络规模。

表 4-3 网络规模和网络异质性测量量表

项目	合作伙伴数量	备注	说明
与贵企业的主要用户			
与贵企业的主要供应商			
与贵企业的主要竞争对手			请在"合作伙伴数量"栏填上具体数字,没有相应类型合作伙伴可以填"0"
与贵企业有关的其他企业			
与相关的科研院校			
与相关中介组织			
与相关政府机构			
与风险投资等相关金融机构			

注:请根据过去一年的技术创新过程中贵企业能够交流合作的合作伙伴数量如实填写。

网络异质性就是一个网络中所有个体(成员)的特征差异程度,异质性越高,个体(成员)的特征分布越分散。本书中,创新网络异质性也是一个绝对指标,其测量基于表 4-3,参照 Zheng、Liu、George(2010)和辛晴(2014)的研究用赫希曼—赫芬达尔指数(Hirschman-Heffindahl index)计算网络异质性的值。网络异质性指数取值范围是[0,1],0 表示最小的异质性,1 表示最大的异质性。各选择项赋值同样是"几乎没有"=0,"1~3家"=2,"4~8家"=6,"9~15家"=12,"15家以上"=20。

网络关系强度是指网络中各成员之间关系的强弱程度,其概念来自社会网络理论,Granovetter(1973)认为创新网络关系强度可以从互动频率、情感紧密性、熟识程度和互惠性服务等角度进行测量,但是现有大部分研究主要通过对互动频率的测量来反映网络关系强度。参照 Johannisson、Ramirrez-Pasillas(2001)一级网络与二级网络的划分方法,本书将关系强度区分为:企业与其他企业(供应商、客户、同行等)之间的关系称为关系强度 1;企业与非企业机构(科研院所、政府、中介组织等)之间的关系称为关系强度 2。在具体量表的设计中参照潘松挺和蔡宁(2010)、Caner(2007)和辛晴(2014)等相关研究的量表,设计 8 个题项(如表 4-4)测量关系强度。在表 4-4 中,合作伙伴包括用户、主要供应商、主要竞争对手、有关其他企业、科研院校、中介机构、政府机构和金融机构 8 类,各选择项分别询问企业与 8 类合作伙伴交往的情况。对应赋值分别是"没有交往"=1,"每年一两次"=2,"每季度一两次"=3,"每月一两次"=4,"每周一两次"=5。

表 4-4　创新网络关系强度测量量表

项目	交往频率	备注	说明
与贵企业的主要用户			请在"交往频率"栏填上"没有交往""每年一两次""每季度一两次""每月一两次""每周一两次"
与贵企业的主要供应商			
与贵企业的主要竞争对手			
与贵企业有关的其他企业			
与相关的科研院校			
与相关中介组织			
与相关政府机构			
与风险投资等相关金融机构			

注：请根据过去一年的技术创新过程中贵企业与合作伙伴合作交流的频率如实填写。

本书中创新网络关系质量指标是一个主观指标，将创新网络关系质量主观指标和关系强度客观指标相结合的测量方式可以克服单纯依赖客观指标测量网络关系产生的问题。一般来说，创新网络成员之间的联系越密切、互惠程度越高，其对组织之间的知识传递和转移整合的影响也就越大，创新网络成员之间密切的关系有利于知识的转移。本书借鉴 Gupta 和 Govindarajan（1991）、Uzzi（1996）以及 Walter、Muller、Helfert et al（2003）等相关研究的量表，设计了五个题项测量关系质量。

ZL1. 在与创新合作伙伴的交往中，双方都尽量避免提及严重损害对方利益的要求

ZL2. 在与创新合作伙伴的交往中，双方都信守诺言

ZL3. 如果企业有新的合作业务，首先会考虑现有的合作伙伴

ZL4. 对创新合作伙伴的能力（实力）有信心

ZL5. 我们相信合作伙伴提供的知识/技术是正确和有价值的

4.3.2　技术创新动态能力

本书在总结前人研究的基础上提出了技术创新动态能力的三维度构建模型，认为技术创新动态能力由网络能力、动态能力和原创能力构成，三者之间由外到内实现企业新知识创造的逻辑驱动关系如图 2-2 和图 2-3 所示，企业通过三大要素的逻辑驱动关系实现环境适应重构并不断演进。参考已有技术创新能力的相关测量量表，结合已有技术创新动态能力的研究成果，同时根据前述 3.3 节的研究结论，笔者认为技术创新动态能力测量模型由如下三个维度构建：一是创新合作层面的网络能力测量，该层面的测量题项包括合作创新伙伴数量、

合作创新认知态度、创新网络定位、对创新网络影响力等六个题项；二是企业内部层面的原创能力，这一层面的测量题项包括技术创新人员及其质量、技术创新流程、技术创新投入和知识共享机制等五个题项。三是内外环境适配层面的动态能力，这一层面测量题项包括感知并搜寻外部知识能力、快速评估外部知识能力、转化能力、改造能力和更新能力等六个题项。有关技术创新动态能力的三个测量维度的具体测量题项选择如表3-19所示，其中W1至W6测量网络能力维度，YC1至YC5测量原创能力维度，D1至D6测量动态能力维度。

4.3.3 技术创新绩效

由于技术创新具有复杂性和多样性，对技术创新绩效的测量一直是学界研究的热点和难点，从现有文献资料来看，目前实际上还缺乏学者们普遍认可的测量技术创新绩效的方法。国内外学者主要是从投入产出角度、创新效益角度、创新对象角度、创新过程角度以及创新网络角度等来测量或评价企业技术创新绩效。传统研究中多采用投入产出法进行测量，但是使用如专利数指标、产出指标会把没有转化为商业化运作的新产品或者新技术的发明包括进来，从而高估了企业的创新活动。其次，不同行业申请专利的趋势不同，这使得跨行业的研究缺乏可比性。另外，R&D投入指标是企业研发投入的统计指标，统计的投入并不意味着会带来创新的成功，利用这一指标会过高估计创新。因此，使用专利数和R&D投入测量创新绩效存在较大不足。总体来说，测量企业技术创新绩效通常可使用创新统计数据和企业调查两种方式，本书使用调查问卷量表的方法测量创新绩效，其量表主要参考了单红梅（2002）、Hagedoorn和Cloodt（2003）及陈钰芬（2007）等的研究，从创新的市场反应、创新效率、创新成功率等方面来进行测量，共包括八个测量题项。

CXJX1. 企业的新产品/新服务的创新和改进有很好的市场反应

CXJX2. 与同行相比，我们产品/服务的创新成功率更高

CXJX3. 新产品的推出达到了预期的市场占有率

CXJX4. 我们的新产品/新服务的技术含量很高

CXJX5. 与同行相比，我们有更多的专利、技术文档，专利申请数量不断增加

CXJX6. 与同行相比，我们开发新产品/新服务的投入产出效率更高

CXJX7. 新产品开发很好地满足了企业发展战略的需要

CXJX8. 企业工艺创新能够提高企业的生产效率

4.4 数据收集

本书的样本数据来自随机抽取样本企业的问卷调查。笔者通过实地拜访、电子邮件等多种形式对超过500家企业进行了问卷调查，实际发放调查问卷538份，回收调查问卷435份，剔除无效问卷23份（如填写不完整、填写内容前后不一致等情况），得到有效问卷412份，有效问卷回收率为76.6%。针对企业的问卷调查中，具体的调查对象为企业的中高层管理者，主要通过以下几个渠道发放和收集问卷：第一，利用各地举办的有关行业会议与论坛，通过参加会议的形式在会上发放和回收问卷；第二，通过与重庆、深圳、成都、武汉等地的行业协会（如成都市电子信息行业协会、重庆市软件行业协会、深圳市电子行业协会等）合作，委托这些协会帮助发放和回收问卷；第三，通过电话和电子邮件与北京、上海、南京、深圳、苏州等地的企业进行沟通和联系，并向其主要管理人员发送电子问卷；第四，通过到企业实地考察访谈进行相关资料信息的收集并进行问卷调查。如表3-15所示，有效调查问卷样本数据来自412家企业，被调查企业平均研发人员数量为149人，平均员工总数为730人，平均销售收入为132211万元，平均企业研发费用为13796万元，研发费用占销售收入的比例为10.4%。如表3-11所示，调查对象所在地分布情况如下：调查对象主要集中在四川成都（76份）、重庆（95份）、深圳（159份），以及其他地区（82份）。按照地理位置区间可区分为中西部地区197份（包括四川、重庆、湖北、湖南等地区），东部沿海地区215份（广东、上海、北京、山东、江苏等地区）。本书中样本企业所在地分布非常广泛，且这些城市均是我国企业经济较发达地区。从调查样本的分布范围看，样本数据具有一定的代表性和典型性。

如表3-12所示，调查对象行业主要有计算机、通信和其他电子设备制造业，软件和信息技术服务业，以及汽车摩托车、生物医药、家电、材料、服装家居、研发设计及技术咨询等。在进行问卷调查的过程中，由于其他行业主要还是传统制造业，因此在数据分析过程中将其他行业和传统制造业行业归为一类，也即数据分析根据行业特性区分为三大行业板块：高新技术行业（计算机、通信和其他电子设备制造业，软件和信息技术服务业），研发设计及技术咨询行业；传统制造行业（包括汽车摩托车、生物医药、家电、材料、服装家居等行业）三大行业板块。调查对象行业分布为计算机、通信和其他电子设备制造行业共69家企业，占比16.7%，软件和信息技术服务业70家企业，占比16.99%，高新技术行业共计139家，占比33.73%。研发设计及技术咨询行业

100家，占比24.27%，传统制造行业（汽车摩托车、生物医药、家电、材料、服装家居等行业）173家企业，占比41.99%。从所有制形式来看，高新技术行业企业所有制形式主要是民营，占比高达80%，研发设计及技术咨询行业民营企业占比75%，传统制造行业企业国有控股企业占比达到35%，民营企业占比45%。

▶ 4.5 量表信度与效度分析

4.5.1 创新网络结构特征量表的信度和效度分析

由于网络异质性和网络规模是绝对指标，只有网络中心性需要进行信度和效度的检测。本书选取了最为常用的内部一致性系数（Cronbach's α）进行检验。采用SPSS 23.0进行创新网络中心性的测量指标的信度检验，题项与总体相关系数均大于0.35，各变量的一致性系数（Cronbach's α）大于0.7，删除任何一个题项都将降低一致性系数，可见网络中心性各题项具有较好的内部一致性。网络中心性的验证性因子分析模型（CFA）如图4-2所示。

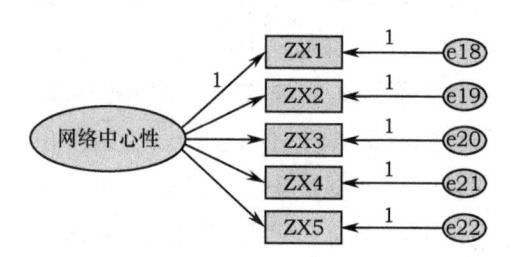

图4-2 网络中心性验证性因子分析测量模型

利用412份回收问卷的数据对图4-2进行验证性因素分析，来验证网络中心性构念模型的信度和效度。拟合结果如表4-5所示，所有指标变量的因素负荷均在P<0.001水平上达到显著，所有题项的标准化回归系数大于0.6（0.627），5个测量变量的误差值均为正值且达到0.01的显著水平，这说明每个指标都具有良好的效度，能够有效反映出所要测量的构念。模型分析结果表明，非标准化估计值模型图显示没有出现负的误差方差，路径系数均为正值，且与原先理论建构的符号相同。整体模型适配度的卡方值为12.009，自由度等于5，卡方/自由度（CMIN/DF）比值为2.402，显著性概率值p=0.065＞0.05，接受虚无假设，表示假设模型与观察数据可以契合。近似均方根误差指数RMSEA值=0.042<0.05，总体拟合指数GFI=0.923，RMR=0.035。相对拟合指数NFI=0.918，TLI=0.923，CFI=0.909，网络中心性模型各项拟合指数表明符合适配标准，表示模型的总体拟合情况较好，不存在模型界定错误的问题。

表 4-5 网络中心性验证性因子分析拟合结果（N=412）

	因素负荷	S.E. 值	C.R.	P	标准化因素负荷
ZX1<—网络中心性	1.000	—	—	—	0.627
ZX2<—网络中心性	1.349	0.104	13.024	***	0.795
ZX3<—网络中心性	1.401	0.107	13.041	***	0.815
ZX4<—网络中心性	1.376	0.103	13.354	***	0.837
ZX5<—网络中心性	1.325	0.102	13.044	***	0.806

注：*** 表示指标变量的因素负荷均在 P<0.001 的水平上显著。

4.5.2 创新网络关系特征量表的信度和效度分析

首先采用 SPSS 23.0 进行测量指标的信度检验，题项与总体相关系数均大于 0.35，各变量的一致性系数（Cronbach's α）大于 0.7，删除任何一个题项都会降低一致性系数，可见网络关系特征各题项具有较好的内部一致性。网络关系特征验证性因子分析模型（CFA）如图 4-3 所示。

本书利用 412 份回收问卷的数据对图 4-3 进行验证性因素分析，来验证创新网络关系特征构念模型的信度和效度。拟合结果如表 4-6 所示，所有指标变量的因素负荷均在 P<0.001 水平上达到显著，所有题项的标准化回归系数大于 0.6（0.703），13 个测量变量的误差值均为正值且达到 0.01 的显著水平，这说明每个指标都具有良好的效度，能够有效反映出所要测量的构念。模型分析结果表明，非标准化估计值模型图显示没有出现负的误差方差，路径系数均为正值，且与原先理论建构的符号相同。整体模型适配度的卡方值为 242.015，自由度

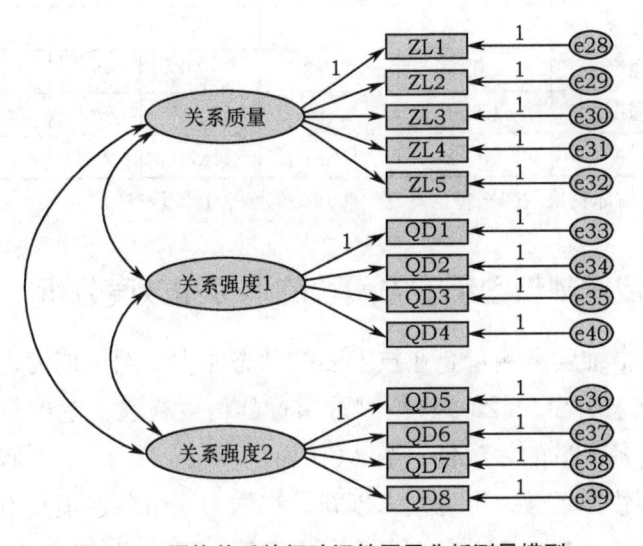

图 4-3 网络关系特征验证性因子分析测量模型

等于 62，卡方/自由度（CMIN/DF）比值为 3.903，显著性概率值 p=0.015 < 0.05，近似均方根误差指数 RMSEA 值 =0.111>0.05，总体拟合指数 GFI=0.917，RMR=0.073。相对拟合指数 NFI=0.903，表明模型初步拟合程度不太理想。因此，根据 AMOS 提供的修正信息对模型予以进一步修正，建立了 2 组残差之间的联系，修正模型非标准化估计值模型图显示，没有出现负的误差方差，路径系数均为正值，且与原先理论建构的符号相同。整体模型适配度的卡方值为 102.743，自由度等于 60，卡方/自由度（CMIN/DF）比值为 1.712，显著性概率值 p=0.072 >0.05，接受虚无假设，表示假设模型与观察数据可以契合。近似均方根误差指数 RMSEA 值 =0.038<0.05，总体拟合指数 GFI=0.926，RMR=0.032。相对拟合指数 NFI=0.925，TLI=0.932，CFI=0.924。创新网络关系特征测量模型各项拟合指数表明符合适配标准，表示模型的总体拟合情况较好，不存在模型界定错误的问题。

表 4-6 网络关系特征验证性因子分析拟合结果（N=412）

	因素负荷	S.E. 值	C.R.	P	标准化因素负荷
ZL1<—关系质量	1.000				0.705
ZL2<—关系质量	1.055	0.070	15.142	***	0.781
ZL3<—关系质量	0.900	0.062	14.423	***	0.756
ZL4<—关系质量	1.118	0.067	16.781	***	0.898
ZL5<—关系质量	1.047	0.065	16.127	***	0.860
QD1<—关系强度 1	1.000				0.927
QD2<—关系强度 1	1.017	0.029	34.951	***	0.933
QD3<—关系强度 1	1.067	0.048	22.190	***	0.822
QD4<—关系强度 1	1.085	0.39	28.003	***	0.900
QD5<—关系强度 2	1.000				0.703
QD6<—关系强度 2	1.034	0.078	13.192	***	0.774
QD7<—关系强度 2	1.132	0.086	13.217	***	0.776
QD8<—关系强度 2	0.906	0.077	11.801	***	0.675

注：*** 表示指标变量的因素负荷均在 P<0.001 的水平上显著。

4.5.3 技术创新动态能力量表的信度和效度分析

本书从 3 个维度来测量企业技术创新动态能力：网络能力、原创能力和动态能力。首先采用 SPSS 23.0 进行测量指标的信度检验，题项与总体相关系数均大于 0.35，各变量的一致性系数（Cronbach's α）大于 0.7，删除任何一个题项都会降低一致性系数，可见技术创新动态能力测量各题项具有较好的内部一致性。技术创新动态能力验证性因子分析模型（CFA）如图 4-4 所示。

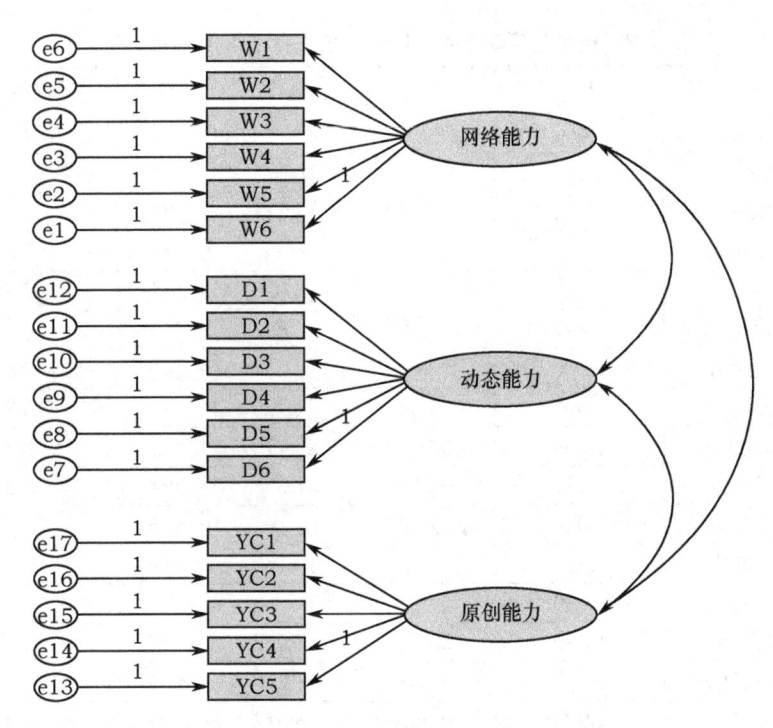

图 4-4　技术创新动态能力验证性因子分析测量模型

技术创新动态能力测量模型拟合结果显示，所有指标变量的因素负荷均在 P<0.001 的水平上达到显著，所有题项的标准化回归系数大于 0.6（0.743），17 个测量变量的误差值均为正值且达到 0.01 的显著水平，这说明每个指标都具有良好的效度，能够有效反映出所要测量的构念。整体模型适配度的卡方值为 498.750，自由度等于 116，卡方/自由度（CMIN/DF）比值为 4.300，显著性概率值 p=0<0.05，近似均方根误差指数 RMSEA 值 =0.1>0.05，总体拟合指数 GFI=0.821，RMR=0.035，初始模型相对拟合指数 NFI=0.863，表明模型初步拟合程度不够理想。因此，笔者根据 AMOS 提供的修正信息对模型予以进一步修正，建立了 3 组残差之间的联系，拟合结果如表 4-7 所示。修正模型非标准化估计值模型图显示没有出现负的误差方差，路径系数均为正值，且与原先理论建构的符号相同。修正后模型适配度的卡方值为 305.477，自由度等于 113，卡方/自由度比值为 2.703，显著性概率值 p=0.052>0.05，接受虚无假设，表示假设模型与观察数据可以契合。RMSEA 值 =0.034<0.05，GFI=0.954，RMR=0.021，相对拟合指数 NFI=0.963，TLI=0.978，CFI=0.982，一阶终模型的各项拟合指数表明符合适配标准，表示模型的总体拟合情况较好，不存在模型界定错误的问题。

4 创新网络对企业技术创新动态能力的影响路径分析

表 4-7 技术创新动态能力因子分析拟合结果（N=412）[①]

	因素负荷	S.E. 值	C.R.	P	标准化因素负荷
W6<—网络能力	1.000				0.710
W5<—网络能力	0.985	0.060	16.376	***	0.819
W4<—网络能力	1.085	0.064	17.018	***	0.865
W3<—网络能力	1.038	0.064	16.337	***	0.838
W2<—网络能力	1.044	0.062	16.908	***	0.867
W1<—网络能力	0.847	0.058	14.606	***	0.744
D6<—动态能力	1.000				0.805
D5<—动态能力	1.096	0.050	21.728	***	0.888
D4<—动态能力	1.139	0.051	22.173	***	0.896
D3<—动态能力	1.151	0.054	21.353	***	0.878
D2<—动态能力	1.098	0.052	21.196	***	0.874
D1<—动态能力	1.074	0.055	19.560	***	0.825
YC5<—原创能力	1.000				0.785
YC4<—原创能力	1.090	0.061	17.965	***	0.805
YC3<—原创能力	0.937	0.058	16.279	***	0.752
YC2<—原创能力	1.038	0.057	18.312	***	0.838
YC1<—原创能力	1.067	0.061	17.591	***	0.805

注：*** 表示指标变量的因素负荷均在 P<0.001 的水平上显著。

4.5.4 技术创新绩效量表的信度和效度分析

本书通过 8 个变量测量技术创新绩效。首先采用 SPSS 23.0 进行测量指标的信度检验，题项与总体相关系数均大于 0.35，各变量的一致性系数（Cronbach's α）大于 0.7，删除任何一个题项都会降低一致性系数，可见创新绩效各题项具有较好的内部一致性。创新绩效验证性因子分析模型（CFA）如图 4-5 所示。

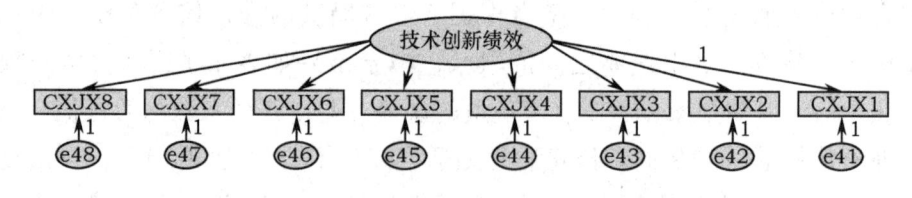

图 4-5 技术创新绩效验证性因子分析测量模型

利用 412 份回收问卷的数据对图 4-5 进行验证性因子分析，来验证技术创新绩效构念模型的信度和效度。拟合结果如表 4-8 所示，所有指标变量的因素负荷均在 P<0.001 的水平上达到显著，所有题项的标准化回归系数大于

[①] 此处技术创新动态能力量表的信度和效度检验分析采用的样本总量是 412，与本书前述 3.3 节的研究样本总量是有区别的。

0.6（0.697），8个测量变量的误差值均为正值且达到0.001显著水平，这说明每个指标都具有良好的效度，能够有效反映出所要测量的构念。模型分析结果表明，非标准化估计值模型图显示没有出现负的误差方差，路径系数均为正值，且与原先理论建构的符号相同。整体模型适配度的卡方值为54.048，自由度等于20，卡方/自由度（CMIN/DF）比值为2.702，显著性概率值p=0.052＞0.05，接受虚无假设，表示假设模型与观察数据可以契合。近似均方根误差指数RMSEA值=0.048<0.05，总体拟合指数GFI=0.921，RMR=0.042。相对拟合指数NFI=0.908，TLI=0.913，CFI=0.908，技术创新绩效模型各项拟合指数表明符合适配标准，表示模型的总体拟合情况较好，不存在模型界定错误的问题。

表 4-8 技术创新绩效验证性因子分析拟合结果（N=412）

	因素负荷	S.E.值	C.R.	P	标准化因素负荷
CXJX1<—创新绩效	1.000				0.843
CXJX2<—创新绩效	1.068	0.047	22.537	***	0.863
CXJX3<—创新绩效	0.983	0.052	18.742	***	0.775
CXJX4<—创新绩效	1.021	0.048	21.479	***	0.840
CXJX5<—创新绩效	1.020	0.064	15.885	***	0.697
CXJX6<—创新绩效	1.043	0.052	20.215	***	0.817
CXJX7<—创新绩效	1.004	0.046	21.712	***	0.848
CXJX8<—创新绩效	0.887	0.055	16.248	***	0.703

注：*** 表示指标变量的因素负荷均在 P<0.001 的水平上显著。

4.5.5 模型效度和信度分析

本书通过对模型各子量表的信度和效度的检验发现，各子量表的各题项之间具有较好的内部一致性，各个指标都具有良好的效度，能够反映各子量表所要测量的潜在变量。同时通过验证性因素分析发现，各子模型不存在界定错误的问题。下面对创新网络—技术创新动态能力—创新绩效的影响作用路径模型进行信度和效度检验。

4.5.5.1 信度分析

对模型相关变量进行内部一致性系数（Cronbach's α）和组合信度（Composite Reliability）分析，结果如表4-9所示。各研究变量的Cronbach's α值均高于0.7（≥0.767），达到了学界建议的0.7的标准值。另外，笔者基于AMOS 23.0的测量模型分析结果，计算发现各研究变量的组合信度高于0.5的最低临界值（≥0.683）。因此，上述两组数据都表明研究变量的测量具有较好的信度，数据比较可靠。

表 4-9 信度分析结果

潜在变量	测项数目	Cronbach's α	潜在变量	测项数目	Cronbach's α
网络中心性	5	0.883	原创能力	5	0.843
关系强度1	4	0.767	网络能力	6	0.817
关系强度2	4	0.827	动态能力	6	0.826
关系质量	6	0.837	创新绩效	8	0.805

4.5.5.2 效度分析

第一，内容效度和收敛效度。

本书的测量量表是在广泛阅读文献研究的基础上参考已有成熟量表形成的，又根据相关专家对测量量表提出的修改建议进行完善，最终形成正式的调查问卷，因此本书各变量的测量具有较好的内容效度。同时，本书使用 AMOS 23.0 软件对整体模型进行收敛效度分析，分析结果如表 4-10 所示，结果表明各个

表 4-10 收敛效度分析结果

研究变量	测项	标准化载荷	T值	研究变量	测项	标准化载荷	T值
网络中心性	ZX1	0.653	—	原创能力	YC1	0.801	—
	ZX2	0.792	13.509		YC2	0.832	11.285
	ZX3	0.628	10.541		YC3	0.765	9.336
	ZX4	0.831	13.788		YC4	0.623	7.287
	ZX5	0.732	11.854		YC5	0.798	10.345
关系强度1	QD1	0.781	—	动态能力	D1	0.836	—
	QD2	0.662	8.254		D2	0.881	11.322
	QD3	0.713	10.332		D3	0.882	11.564
	QD4	0.742	11.309		D4	0.754	9.654
					D5	0.821	10122
					D6	0.721	8.467
关系强度2	QD5	0.701	—	网络能力	W1	0.760	—
	QD6	0.652	8.712		W2	0.860	12.123
	QD7	0.752	11.358		W3	0.831	11.549
	QD8	0.648	8.232		W4	0.860	13.425
关系质量	ZL1	0.724	—		W5	0.628	7.521
	ZL2	0.767	10.883		W6	0.715	8.103
	ZL3	0.612	7.322	创新绩效	CXJX1	0.851	—
	ZL4	0.751	11.023		CXJX2	0.870	10.128
	ZL5	0.642	9.123		CXJX3	0.776	9.423
网络规模	GM	—	—		CXJX4	0.852	10.756
					CXJX5	0.694	9.625
网络异质性	YZX	—	—		CXJX6	0.813	11.343
					CXJX7	0.852	12.261
					CXJX8	0.701	9.452

观察变量在相应的潜变量上的标准化载荷系数均在0.6以上，其因子载荷的t值范围为7.322~13.788，全部通过了t检验，并在p<0.001的水平上显著。这表明本书的各变量具有充分的收敛效度（一般来说当t值大于1.96时，就可达到p=0.05的显著水平）。

第二，区别效度。

从表4-11可以看出，测量模型中各个潜变量间的AVE的平方根均大于该潜变量与其他潜变量的相关系数，显示出本书的各变量具有良好的判别效度。

表4-11 相关系数矩阵与平均提炼方差（AVE）的平方根

	1	2	3	4	5	6	7	8
网络中心性	0.678							
关系强度1	0.383	0.788						
关系强度2	0.492	0.428	0.761					
关系质量	0.219	0.507	0.501	0.693				
原创能力	0.405	0.441	0.414	0.325	0.664			
网络能力	0.366	0.374	0.244	0.461	0.501	0.681		
动态能力	0.215	0.433	0.367	0.406	0.414	0.404	0.608	
创新绩效	0.417	0.492	0.425	0.354	0.407	0.354	0.348	0.761

注：对角线上的数字为AVE的平方根，对角线下方是各潜变量的相关系数。

4.6 创新网络—技术创新动态能力—创新绩效的影响路径实证分析

基于上述信度和效度的分析检验，本书根据理论分析的假设模型构建了结构方程模型，以探讨创新网络结构特征和关系特征对企业技术创新动态能力各维度及企业技术创新绩效的影响路径。模型（如图4-6所示）共有45个观察变量，分别测度4个外生潜变量（网络中心性、网络关系质量、关系强度1和关系强度2）和4个内生潜变量（原创能力、网络能力、动态能力和技术创新绩效），模型中"GM"代表的是"网络规模"，"YZX"代表的是"网络异质性"。

初始模型拟合结果如表4-12所示，该结构模型的卡方值为2499.671（自由度DF=908），卡方与自由度的比值为2.753，小于3。RMSEA的值为0.065，大于0.05，NFI值为0.839，TLI值为0.882，CFI值为0.891，虽然低于0.9，但是非常接近。可见该结构方程模型整体适配程度较低，模型需要修正。同时模型拟合结果表4-12显示，变量之间共有5条路径在P<0.05的水平上是不显著的，其C.R.绝对值小于1.96的参考值，未通过假设检验。非标准化估计值模型图显示

4 创新网络对企业技术创新动态能力的影响路径分析

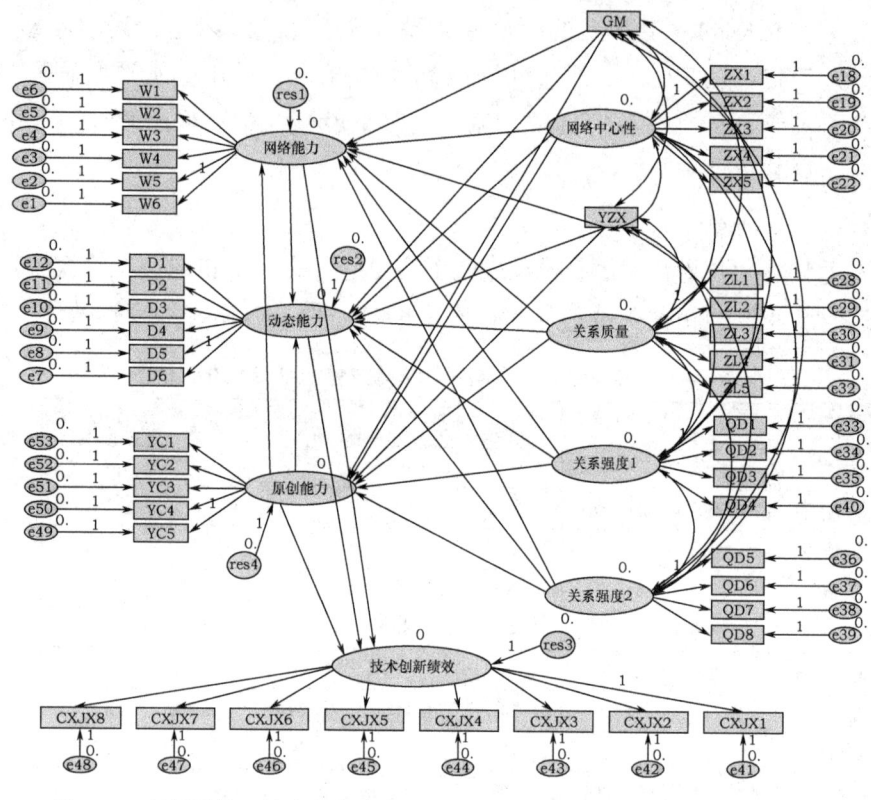

图 4-6 创新网络—技术创新动态能力—创新绩效的影响作用路径初始模型

没有出现负的误差方差,但路径系数出现负值,与原先理论建构的符号不同,这些路径应删除。参照吴明隆(2009)、荣泰生(2009)等的观点,本书删除了网络异质性对原创能力、网络规模对网络能力、网络规模对动态能力、网络异质性对动态能力、关系强度2对动态能力这5条不显著路径,删除规则是按P值从大到小逐一删除不显著路径,然后重新计算,再根据计算结果删除P值最大的不显著路径。删除5条不显著路径后的结构模型如图 4-7 所示。

表 4-12 初始模型拟合结果(N=412)

	因素负荷	S.E. 值	C.R.	P	标准化因素负荷
原创能力 <—网络规模	0.167	0.051	1.996	0.041	0.169
原创能力 <—网络中心性	0.298	0.062	4.837	***	0.269
原创能力 <—关系质量	0.350	0.059	5.926	***	0.321
原创能力 <—关系强度1	0.262	0.038	6.847	***	0.340
原创能力 <—关系强度2	0.157	0.050	2.135	0.036	0.162
原创能力 <—网络异质性	0.061	0.064	0.951	0.341	0.040
网络能力 <—网络中心性	0.214	0.054	3.981	***	0.194
网络能力 <—关系质量	0.514	0.060	8.588	***	0.474
网络能力 <—关系强度1	0.150	0.033	1.928	0.026	0.166

4.6 创新网络—技术创新动态能力—创新绩效的影响路径实证分析

续表

	因素负荷	S.E.值	C.R.	P	标准化因素负荷
网络能力 <— 网络异质性	0.157	0.053	2.072	0.036	0.138
网络能力 <— 关系强度2	0.088	0.042	2.097	0.036	0.097
网络能力 <— 原创能力	0.213	0.056	3.836	***	0.214
网络能力 <— 网络规模	0.013	0.041	0.305	0.761	0.013
动态能力 <— 网络规模	−0.016	0.030	−0.544	0.586	−0.019
动态能力 <— 网络中心性	0.102	0.040	2.548	0.011	0.097
动态能力 <— 网络异质性	0.069	0.039	−1.770	0.077	0.048
动态能力 <— 关系质量	0.208	0.047	3.314	***	0.205
动态能力 <— 关系强度1	0.235	0.027	6.873	***	0.223
动态能力 <— 关系强度2	−0.011	0.030	−0.357	0.721	−0.013
动态能力 <— 原创能力	0.357	0.045	7.954	***	0.378
动态能力 <— 网络能力	0.207	0.053	3.879	***	0.218
创新绩效 <— 原创能力	0.533	0.071	7.513	***	0.540
创新绩效 <— 网络能力	0.127	0.054	2.373	0.018	0.128
创新绩效 <— 动态能力	0.275	0.081	3.414	***	0.263

注：*** 表示指标变量的因素负荷均在 $P<0.001$ 的水平上显著。

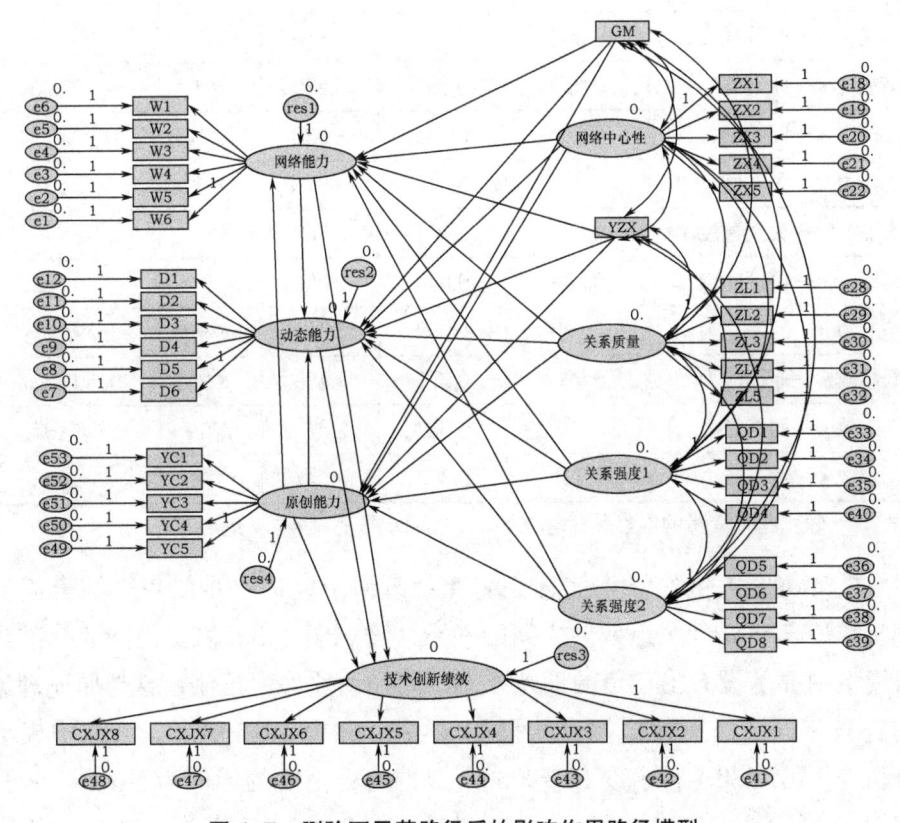

图 4-7 删除不显著路径后的影响作用路径模型

删除不显著路径后模型拟合结果如表 4-13 所示，该结构模型的卡方值为 2560.170（自由度 DF=913），卡方与自由度的比值为 2.804，小于 3。RMSEA 的值为 0.066，大于 0.05，NFI 值为 0.847，TLI 值为 0.886，CFI 值为 0.895，虽然低于 0.9，但相比初始模型都略有提升，而且非常接近 0.9。删除不显著路径后的结构方程模型整体适配程度仍然较低，模型还需要修正。

表 4-13 删除不显著路径后模型拟合结果（N=412）

	因素负荷	S.E. 值	C.R.	P	标准化因素负荷
原创能力 <— 网络规模	0.165	0.050	2.001	0.040	0.173
原创能力 <— 网络中心性	0.299	0.062	4.845	***	0.269
原创能力 <— 关系质量	0.349	0.059	5.904	***	0.324
原创能力 <— 关系强度 1	0.263	0.038	6.855	***	0.339
原创能力 <— 关系强度 2	0.158	0.050	2.147	0.035	0.163
网络能力 <— 网络中心性	0.219	0.051	4.276	***	0.204
网络能力 <— 关系质量	0.514	0.060	8.596	***	0.476
网络能力 <— 关系强度 1	0.150	0.033	1.934	0.024	0.168
网络能力 <— 网络异质性	0.157	0.051	2.105	0.032	0.147
网络能力 <— 关系强度 2	0.094	0.037	2.2.54	0.016	0.106
网络能力 <— 原创能力	0.214	0.055	3.872	***	0.220
动态能力 <— 网络中心性	0.112	0.038	2.336	0.010	0.115
动态能力 <— 关系质量	0.222	0.047	3.613	***	0.232
动态能力 <— 关系强度 1	0.235	0.027	6.763	***	0.213
动态能力 <— 原创能力	0.359	0.045	7.960	***	0.380
动态能力 <— 网络能力	0.180	0.052	3.484	***	0.191
创新绩效 <— 原创能力	0.526	0.071	7.435	***	0.532
创新绩效 <— 网络能力	0.125	0.053	2.345	0.017	0.131
创新绩效 <— 动态能力	0.284	0.080	3.547	***	0.275

注：*** 表示指标变量的因素负荷均在 P<0.001 的水平上显著。

根据 AMOS 提供的修正信息，笔者对模型予以进一步修正，结合模型理论分析结论，建立了多组残差之间的联系，详见图 4-8。修正模型非标准化估计值模型图显示没有出现负的误差方差，路径系数均为正值，且与原先理论建构的符号相同。修正模型拟合结果如表 4-14 和表 4-15 所示，该结构模型的卡方值为 1461.488（自由度 DF=906），卡方与自由度的比值为 1.613，小于 3。RMSEA 的值为 0.046，小于 0.05，NFI 值为 0.901，TLI 值为 0.912，CFI 值为

0.920，大于0.9，接近1。修正模型的各项拟合指数表明符合适配标准，可见模型的总体拟合情况较好。

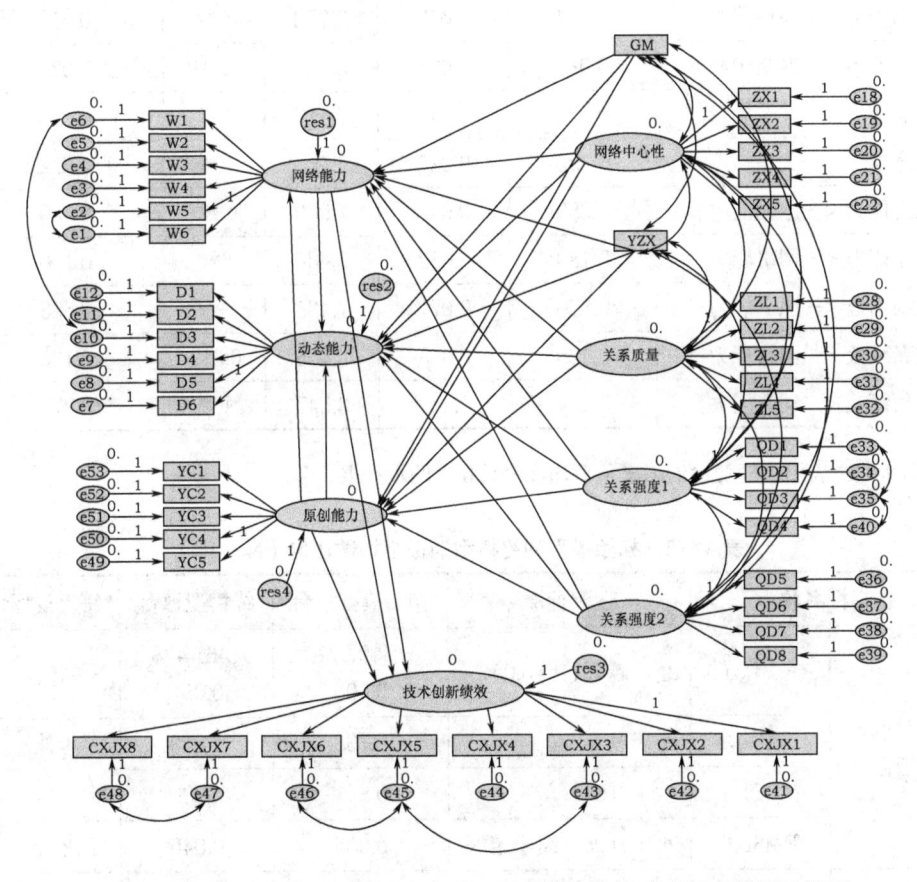

图 4-8 创新网络—技术创新动态能力—创新绩效的影响作用路径修正模型

表 4-14 模型修正后拟合结果（N=412）

	因素负荷	S.E.值	C.R.	P	标准化因素负荷
原创能力 <— 网络规模	0.155	0.048	1.955	0.048	0.151
原创能力 <— 网络中心性	0.298	0.062	4.837	***	0.269
原创能力 <— 关系质量	0.349	0.059	5.904	***	0.320
原创能力 <— 关系强度1	0.263	0.038	6.855	***	0.341
原创能力 <— 关系强度2	0.164	0.049	2.325	0.033	0.171
网络能力 <— 网络中心性	0.219	0.051	4.276	***	0.198
网络能力 <— 关系质量	0.514	0.060	8.596	***	0.474
网络能力 <— 关系强度1	0.150	0.033	2.527	0.027	0.166
网络能力 <— 网络异质性	0.162	0.051	2.205	0.035	0.141
网络能力 <— 关系强度2	0.094	0.037	2.540	0.011	0.103

续表

	因素负荷	S.E. 值	C.R.	P	标准化因素负荷
网络能力 <— 原创能力	0.214	0.055	3.872	***	0.215
动态能力 <— 网络中心性	0.088	0.038	2.336	0.019	0.084
动态能力 <— 关系质量	0.222	0.047	3.613	***	0.218
动态能力 <— 关系强度1	0.235	0.027	6.763	***	0.212
动态能力 <— 原创能力	0.359	0.045	7.960	***	0.380
动态能力 <— 网络能力	0.180	0.052	3.484	***	0.190
创新绩效 <— 原创能力	0.526	0.071	7.435	***	0.533
创新绩效 <— 网络能力	0.125	0.053	2.345	0.019	0.126
创新绩效 <— 动态能力	0.284	0.080	3.547	***	0.272

注：*** 表示指标变量的因素负荷均在 $P<0.001$ 的水平上显著。

表4-15 初始模型和终模型的拟合指数比较（N=412）

	指标名称	适配标准	初始模型拟合	终模型拟合	终模型评估
绝对拟合指标	χ^2（卡方）	越小越好，p>0.05	2499.671 0.000	1461.488 0.051	较佳
	CMIN/DF	小于3	2.738	1.613	佳
	GFI	大于0.9	0.841	0.936	佳
	RMSEA	小于0.05，越小越好	0.065	0.046	优良
相对拟合指数	NFI	大于0.9，越接近1越好	0.839	0.901	较佳
	TLI	大于0.9，越接近1越好	0.882	0.912	佳
	CFI	大于0.9，越接近1越好	0.891	0.920	佳
信息指数	AIC	越小越好	2833.671	1588.488	较佳

▶ 4.7 假设支持情况讨论

从模型分析的结果看，不支持假设H2.8，即创新网络异质性对技术创新投入和创新成果转化的影响并不显著；假设H2.4、假设H2.6、假设H2.9和假设H2.15获得部分支持，即直接的正向影响路径不显著，但间接影响都是显著而且正向的；其他假设都获得显著性验证，如表 4-16 所示。

表 4-16　研究假设支持情况

假设内容	支持情况
假设 H1.1：企业自身对技术创新进行投入和促进创新成果转化，正向影响企业对外部创新网络的构建、协调和利用	支持
假设 H1.2：企业对外部创新网络的构建、协调和利用，正向影响企业对内外部创新知识和资源的有效整合，有利于企业对环境的适应性调整	支持
假设 H1.3：企业自身对技术创新进行投入和促进创新成果转化，正向影响企业对内外部创新知识和资源的有效整合，有利于企业针对环境进行适应性调整	支持
假设 H2.1：企业创新网络中心性越高，越有利于企业对外部创新网络的协调、构建，越有利于企业利用外部创新网络知识和资源	支持
假设 H2.2：企业创新网络中心性越高，越有利于企业自身对技术创新进行投入和促进创新成果转化	支持
假设 H2.3：企业创新网络中心性越高，越有利于企业对内外部创新知识和资源的有效整合，越有利于企业针对环境进行适应性调整	支持
假设 H2.4：企业创新网络规模越大，越有利于企业对外部创新网络的协调、构建，越有利于企业利用外部创新网络知识和资源	部分支持
假设 H2.5：企业创新网络规模越大，越有利于企业自身对技术创新进行投入和促进创新成果的转化	支持
假设 H2.6：企业创新网络规模越大，越有利于企业对内外部创新知识和资源进行有效整合，越有利于企业针对环境进行适应性调整	部分支持
假设 H2.7：企业创新网络的异质性越高，越有利于企业对外部创新网络的协调、构建，越有利于企业利用外部创新网络的知识和资源	支持
假设 H2.8：企业创新网络的异质性越高，越有利于企业自身对技术创新进行投入和促进创新成果转化	不支持
假设 H2.9：企业创新网络的异质性越高，越有利于企业对内外部创新知识和资源的有效整合，越有利于企业针对环境进行适应性调整	部分支持
假设 H2.10：企业与相关企业关系强度越强，越有利于企业对外部创新网络的协调、构建，越有利于企业利用外部创新网络中的知识和资源	支持
假设 H2.11：企业与相关企业关系强度越强，越有利于企业自身对技术创新进行投入和促进创新成果转化。	支持
假设 H2.12：企业与相关企业关系强度越强，越有利于企业对内外部创新知识和资源进行有效整合，越有利于企业针对环境进行适应性调整	支持
假设 H2.13：企业与相关机构关系强度越强，越有利于企业对外部创新网络的协调、构建，越有利于企业利用外部创新网络中的知识和资源	支持

续表

假设内容	支持情况
假设 H2.14：企业与相关机构关系强度越强，越有利于企业自身对技术创新进行投入和促进创新成果转化	支持
假设 H2.15：企业与相关机构关系强度越强，越有利于企业对内外部创新知识和资源进行有效整合，越有利于企业针对环境进行适应性调整	部分支持
假设 H2.16：创新网络关系质量越高，越有利于企业对外部创新网络的协调、构建，越有利于企业利用外部创新网络中的知识和资源	支持
假设 H2.17：创新网络关系质量越高，越有利于企业自身对技术创新进行投入和促进创新成果转化	支持
假设 H2.18：创新网络关系质量越高，越有利于企业对内外部创新资源进行有效整合，越有利于企业针对环境进行适应性调整	支持
假设 H3.1：企业技术创新动态能力的网络能力，正向影响企业技术创新绩效	支持
假设 H3.2：企业技术创新动态能力的原创能力，正向影响企业技术创新绩效	支持
假设 H3.3：企业技术创新动态能力的动态能力，正向影响企业技术创新绩效	支持

假设 H2.4、假设 H2.6、假设 H2.9 和假设 H2.15 得到部分支持，即直接的正向影响路径不显著，但间接影响都是显著而且正向的。从模型的拟合结果来看，创新网络规模对外部创新网络的创建和外部创新知识资源的利用的直接影响并不显著，但是网络规模对企业自身的创新投入和创新成果转化影响显著，而企业创新投入和创新成果转化对网络能力的影响是显著且正向的。因此可以认为，网络规模通过促进企业创新投入和创新成果转化而对外部创新网络的创建和外部创新资源的利用产生间接的正向影响。这种间接影响的因素负荷可以通过计算得出，为上述 2 个路径的因素负荷的乘积：0.151×0.215=0.0325。

从模型的拟合结果来看，创新网络规模对内外部创新知识资源的有效整合和环境的适应性调整的直接影响并不显著，但是网络规模对企业自身的创新投入和创新成果转化的影响是显著的，而企业创新投入和创新成果转化对动态能力和网络能力的影响是显著且正向的。因此可以认为，网络规模通过促进企业的创新投入和创新成果转化而对内外部创新知识资源的有效整合和环境的适应性调整产生间接的正向影响。这种间接影响的因素负荷可以通过计算得出，为上述前 2 个路径和后 3 个路径的因素负荷的乘积之和：0.151×0.380+0.151×0.215×0.190=0.0635。

从模型的拟合结果来看，创新网络异质性对内外部创新知识资源的有效整合和环境的适应性调整的直接影响并不显著，但是网络异质性对外部创新网络的创建和外部创新知识资源的利用影响显著，而外部创新网络的创建和外部创新知识资源的利用对动态能力的影响是显著且正向的。因此可以认为，网络异质性通过企业外部创新网络的创建和外部创新知识资源的利用对动态能力产生间接的正向影响。这种间接影响的因素负荷可以通过计算得出，为上述2个路径的因素负荷的乘积：0.141×0.190=0.0268。

从模型的拟合结果来看，创新网络关系强度2对内外部创新知识资源的有效整合和环境的适应性调整的直接影响并不显著，但是企业与相关机构（科研院所、政府、中介、风险投资等）的交往频率对企业自身的创新投入和创新成果转化以及外部创新网络的创建和外部创新知识资源的利用的直接影响显著，而企业创新投入和创新成果转化及对外部创新网络的创建和外部创新知识、资源的利用对动态能力的影响是显著且正向的。因此可以认为，企业与相关机构（科研院所、政府、中介、风险投资等）的交往频率通过企业创新投入和创新成果转化以及外部创新网络的创建和外部创新知识资源的利用对动态能力产生间接的正向影响。这种间接影响的因素负荷可以通过计算得出，为上述几个路径的因素负荷的乘积之和：0.171×0.380 + 0.103×0.190 + 0.171×0.215×0.190=0.0915。

笔者基于以上实证研究结果修正了初始理论模型，修正后的模型如图4-9所示，其中实线箭头表示正向影响。

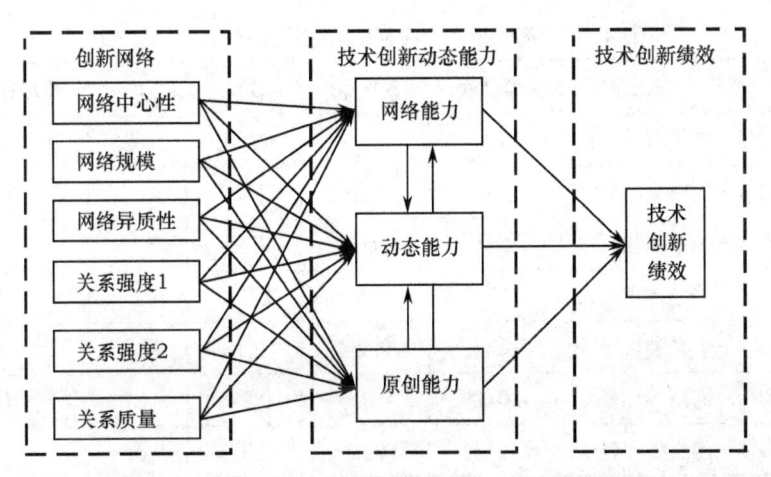

图4-9 修正后的创新网络—技术创新动态能力—创新绩效的影响路径模型

4.8 高新技术行业与传统制造行业的实证分析

在上述分析的基础上本节将分行业板块对假设模型进行检验。根据3.2节调查问卷数据对行业领域进行分析，被调查企业中属高新技术行业的企业共139家（包括计算机、通信和其他电子设备制造业以及软件和信息技术服务业），传统制造行业企业共173家，包括（汽车摩托车、材料、生物技术及制药、家电、服装家居及其他行业），研发设计及技术咨询行业企业共100家。笔者对被调查企业进行深入分析后发现，大部分研发设计及技术咨询行业企业主要从事企业信息技术服务、承接企业研发外包等，而很多高新技术行业企业也主要为市场提供信息技术产品和服务等。从业务内容来看，被调查企业中高新技术企业和研发设计及技术咨询企业本质上没有大的区别，因此在本部分分析中，将被调查企业划分为高新技术行业企业（含研发设计及技术咨询行业）及传统制造行业企业两大行业板块进行分析。其中高新技术行业包括239家企业的调查数据，传统制造行业共有173家企业的调查数据。

4.8.1 高新技术行业分析

本书首先在创新网络—技术创新动态能力—创新绩效的影响作用路径初始模型的基础上，探讨高新技术行业企业创新网络的结构特征和关系特征对企业技术创新动态能力各维度的影响效应及技术创新动态能力对企业技术创新绩效的影响效应。239份高新技术行业企业的调查数据初始模型拟合结果如表4-17所示。

表4-17 高新技术行业初始模型拟合结果（N=239）

	因素负荷	S.E.值	C.R.	P	标准化因素负荷
原创能力 <— 网络规模	0.136	0.058	2.012	0.023	0.142
原创能力 <— 网络中心性	0.239	0.073	3.281	0.001	0.224
原创能力 <— 关系质量	0.381	0.07	5.44	***	0.379
原创能力 <— 关系强度1	0.255	0.046	5.495	***	0.346
原创能力 <— 关系强度2	0.068	0.054	2.19	0.045	0.068
原创能力 <— 网络异质性	0.017	0.073	0.235	0.814	0.012
网络能力 <— 网络中心性	0.142	0.06	2.375	0.018	0.14
网络能力 <— 关系质量	0.431	0.068	6.359	***	0.449
网络能力 <— 关系强度1	0.099	0.039	2.535	0.011	0.142
网络能力 <— 网络异质性	0.079	0.059	2.102	0.031	0.087
网络能力 <— 关系强度2	0.75	0.043	2.472	0.637	0.781
网络能力 <— 原创能力	0.241	0.069	3.48	***	0.253
网络能力 <— 网络规模	0.053	0.046	1.133	0.257	0.065
动态能力 <— 网络规模	0.013	0.036	0.361	0.718	0.015

续表

	因素负荷	S.E. 值	C.R.	P	标准化因素负荷
动态能力 <— 网络中心性	0.095	0.047	2.026	0.043	0.089
动态能力 <— 网络异质性	−0.007	0.045	−0.16	0.873	−0.005
动态能力 <— 关系质量	0.158	0.055	2.061	0.039	0.168
动态能力 <— 关系强度1	0.22	0.033	6.744	***	0.302
动态能力 <— 关系强度2	−0.013	0.033	−0.398	0.69	−0.017
动态能力 <— 原创能力	0.405	0.059	6.826	***	0.408
动态能力 <— 网络能力	0.241	0.071	3.419	***	0.232
创新绩效 <— 原创能力	0.595	0.098	6.089	***	0.558
创新绩效 <— 网络能力	0.127	0.078	1.986	0.044	0.113
创新绩效 <— 动态能力	0.283	0.107	2.634	0.008	0.263

注：*** 表示指标变量的因素负荷均在 P<0.001 的水平上显著。

该结构模型的卡方值为 1970.713（自由度 DF=908），卡方与自由度的比值为 2.170，小于 3。RMSEA 的值为 0.067，大于 0.05，NFI 值为 0.826，TLI 值为 0.888，CFI 值为 0.897，虽然低于 0.9，但是非常接近。该结构方程模型整体适配程度较低，需要修正。同时模型拟合结果表 4-17 显示，变量之间共有 6 条路径在 P<0.05 的水平上不显著，其 C.R. 绝对值小于 1.96 的参考值，未通过假设检验。非标准化估计值模型图显示没有出现负的误差方差，但路径系数出现负值，与原先理论建构的符号不同，这些路径应删除。参照吴明隆（2009）、荣泰生（2009）等的观点，本书删除了网络异质性对原创能力、网络规模对网络能力、网络规模对动态能力、网络异质性对动态能力、关系强度2对动态能力、关系强度2对网络能力这 6 条不显著路径，删除规则是按 P 值从大到小逐一删除不显著路径，然后重新计算，再根据计算结果删除 P 值最大不显著路径。删除后的结构模型如图 4-10 所示。

笔者根据 AMOS 提供的修正信息对模型予以进一步修正，结合模型理论分析结论，建立了多组残差之间的联系，详见图 4-10。修正模型非标准化估计值模型图显示没有出现负的误差方差，路径系数均为正值，且与原先理论建构的符号相同。修正模型拟合结果如表 4-18 和表 4-19 所示，该结构模型的卡方值为 1632.925（自由度 DF=910），卡方与自由度的比值为 1.794，小于 3。RMSEA 的值为 0.047，小于 0.05，NFI 值为 0.913，TLI 值为 0.923，CFI 值为 0.930，大于 0.9，接近 1。修正模型的各项拟合指数表明符合适配标准，可见模型的总体拟合情况较好。

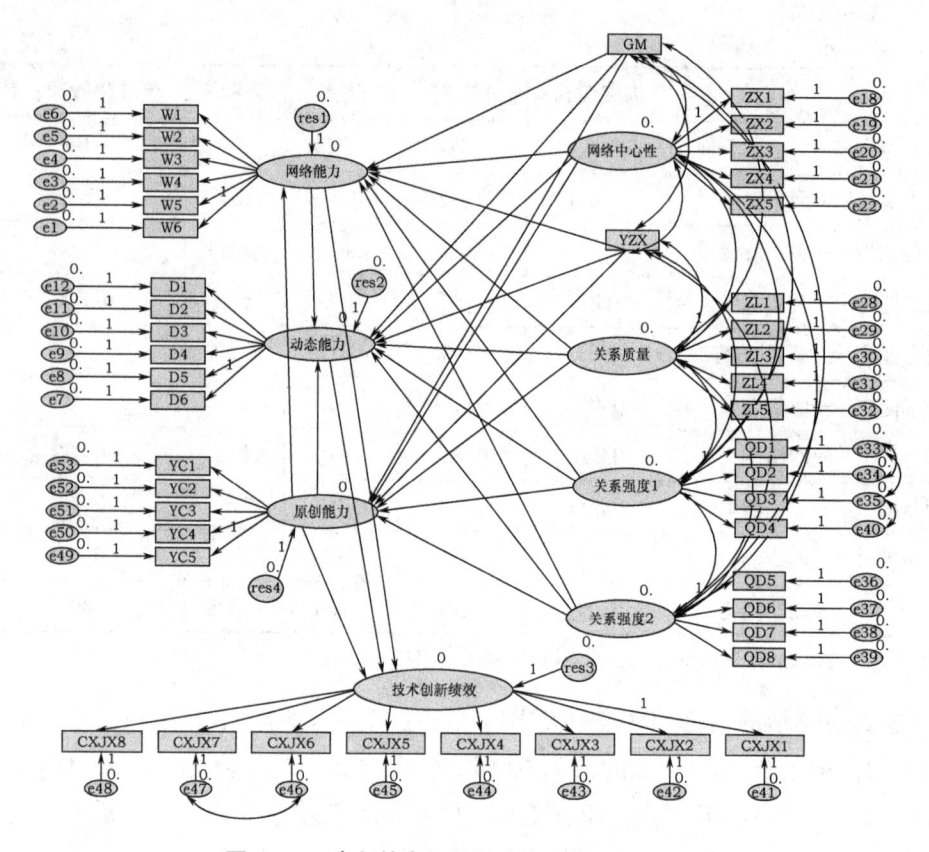

4 创新网络对企业技术创新动态能力的影响路径分析

图 4-10 高新技术行业影响作用路径修正模型

表 4-18 高新技术行业模型修正后拟合结果（N=239）

	因素负荷	S.E.值	C.R.	P	标准化因素负荷
原创能力 <——网络规模	0.134	0.059	2.103	0.018	0.141
原创能力 <——网络中心性	0.236	0.072	3.259	0.001	0.221
原创能力 <——关系质量	0.383	0.070	5.462	***	0.380
原创能力 <——关系强度1	0.254	0.046	5.497	***	0.345
原创能力 <——关系强度2	0.071	0.053	2.15	0.044	0.075
网络能力 <——网络中心性	0.170	0.056	3.057	0.002	0.140
网络能力 <——关系质量	0.434	0.068	6.387	***	0.451
网络能力 <——关系强度1	0.101	0.039	2.601	0.009	0.143
网络能力 <——网络异质性	0.087	0.053	2.219	0.025	0.085
网络能力 <——原创能力	0.233	0.069	3.385	***	0.244
动态能力 <——网络中心性	0.101	0.043	2.313	0.021	0.095
动态能力 <——关系质量	0.162	0.053	2.078	0.037	0.173

续表

	因素负荷	S.E.值	C.R.	P	标准化因素负荷
动态能力 <— 关系强度1	0.219	0.032	6.815	***	0.3
动态能力 <— 原创能力	0.403	0.059	6.871	***	0.406
动态能力 <— 网络能力	0.241	0.07	3.458	***	0.232
创新绩效 <— 原创能力	0.591	0.097	6.095	***	0.554
创新绩效 <— 网络能力	0.126	0.078	1.990	0.041	0.114
创新绩效 <— 动态能力	0.287	0.107	2.686	0.007	0.267

注：*** 表示指标变量的因素负荷均在 P<0.001 的水平上显著。

表4-19 高新技术行业初始模型和终模型的拟合指数比较（N=239）

指标名称		适配标准	初始模型拟合	终模型拟合	终模型评估
绝对拟合指标	χ^2（卡方）	越小越好，p>0.05	1970.713 0.000	1632.925 0.054	较佳
	CMIN/DF	小于3	2.170	1.794	佳
	GFI	大于0.9	0.856	0.936	佳
	RMSEA	小于0.05，越小越好	0.067	0.045	优良
相对拟合指数	NFI	大于0.9，越接近1越好	0.826	0.913	较佳
	TLI	大于0.9，越接近1越好	0.888	0.923	佳
	CFI	大于0.9，越接近1越好	0.897	0.930	佳
信息指数	AIC	越小越好	2314.713	1680.925	较佳

4.8.2 传统制造行业分析

本节在创新网络—技术创新动态能力—创新绩效的影响作用路径初始模型的基础上，探讨传统制造行业企业创新网络的结构特征和关系特征对企业技术创新动态能力各维度的影响效应及技术创新动态能力对企业技术创新绩效的影响效应。173份传统制造行业企业的调查数据初始模型拟合结果如表4-20所示。

4 创新网络对企业技术创新动态能力的影响路径分析

表 4-20 传统制造行业初始模型拟合结果（N=173）

	因素负荷	S.E. 值	C.R.	P	标准化因素负荷
原创能力 <— 网络规模	0.012	0.091	0.054	0.681	0.032
原创能力 <— 网络中心性	0.345	0.117	2.945	0.003	0.295
原创能力 <— 关系质量	0.349	0.106	3.276	0.001	0.290
原创能力 <— 关系强度 1	0.268	0.068	3.944	***	0.316
原创能力 <— 关系强度 2	0.056	0.112	0.501	0.616	0.047
原创能力 <— 网络异质性	0.077	0.123	0.624	0.533	0.046
网络能力 <— 网络中心性	0.226	0.102	2.215	0.027	0.185
网络能力 <— 关系质量	0.726	0.124	5.844	***	0.581
网络能力 <— 关系强度 1	0.020	0.059	0.333	0.739	0.022
网络能力 <— 网络异质性	-0.012	0.103	-0.115	0.909	-0.007
网络能力 <— 关系强度 2	0.324	0.102	3.169	0.002	0.260
网络能力 <— 原创能力	0.120	0.079	1.995	0.049	0.116
网络能力 <— 网络规模	-0.007	0.076	-0.091	0.928	-0.006
动态能力 <— 网络规模	-0.081	0.053	-1.519	0.129	-0.087
动态能力 <— 网络中心性	0.147	0.074	2.001	0.045	0.142
动态能力 <— 网络异质性	-0.203	0.072	-2.810	0.005	-0.139
动态能力 <— 关系质量	0.092	0.099	0.932	0.351	0.087
动态能力 <— 关系强度 1	0.262	0.045	5.843	***	0.35
动态能力 <— 关系强度 2	0.011	0.074	0.153	0.878	0.011
动态能力 <— 原创能力	0.322	0.07	4.624	***	0.365
动态能力 <— 网络能力	0.215	0.098	2.205	0.027	0.254
创新绩效 <— 原创能力	0.486	0.106	4.574	***	0.548
创新绩效 <— 网络能力	0.146	0.075	1.946	0.052	0.171
创新绩效 <— 动态能力	0.204	0.125	1.625	0.104	0.203

注：*** 表示指标变量的因素负荷均在 P<0.001 的水平上显著。

该结构模型的卡方值为 2059.564（自由度 DF=908），卡方与自由度的比值为 2.268，小于 3。RMSEA 的值为 0.071，大于 0.05，NFI 值为 0.786，TLI 值为 0.812，CFI 值为 0.864，低于 0.9。可见该结构方程模型整体适配程度较低，模型需要修正。同时，模型拟合结果表 4-20 显示变量之间共有 8 条路径在 P<0.05 的水平上是不显著的，其 C.R. 绝对值小于 1.96 的参考值，未通过假设

检验。非标准化估计值模型图显示没有出现负的误差方差，但路径系数出现负值，与原先理论建构的符号不同，这些路径也应删除。参照吴明隆（2009）、荣泰生（2009）等的观点，本书删除了网络规模对原创能力、关系强度2对原创能力、网络异质性对原创能力、关系强度1对网络能力、网络异质性对网络能力、网络规模对网络能力、网络规模对动态能力、关系强度2对动态能力8条路径。网络异质性对动态能力的影响虽然显著，但是路径系数是负数，与原先理论建构的符号不同，也应该删除。删除规则是按P值从大到小逐一删除不显著路径，然后重新计算，再根据计算结果删除P值最大不显著路径。删除9条不显著路径后的结构模型如图4-11所示。

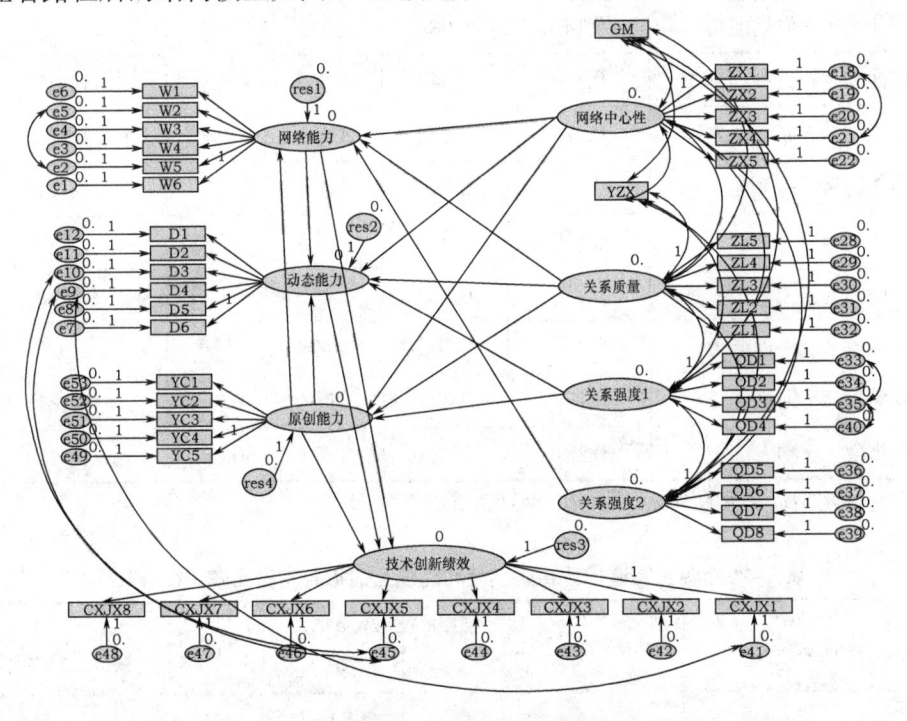

图4-11 传统制造行业影响作用路径修正模型

笔者根据AMOS提供的修正信息对模型予以进一步修正，结合模型理论分析结论建立了多组残差之间的联系，如图4-11所示。修正模型非标准化估计值模型图显示没有出现负的误差方差，路径系数均为正值，且与原先理论建构的符号相同。修正模型拟合结果如表4-21和表4-22所示，该结构模型的卡方值为1672.818（自由度DF=906），卡方与自由度比值为1.846，小于3。RMSEA的值为0.048，小于0.05，NFI值为0.908，TLI值为0.917，CFI值为0.923，大于0.9，接近1。修正模型的各项拟合指数表明符合适配标准，模型的总体拟合情况较好。

表4-21 传统制造行业模型修正后拟合结果（N=173）

	因素负荷	S.E.值	C.R.	P	标准化因素负荷
原创能力 <— 网络中心性	0.377	0.096	3.931	***	0.341
原创能力 <— 关系质量	0.366	0.104	3.516	***	0.308
原创能力 <— 关系强度1	0.239	0.064	3.739	***	0.293
网络能力 <— 网络中心性	0.214	0.093	2.3	0.021	0.182
网络能力 <— 关系质量	0.742	0.118	6.296	***	0.586
网络能力 <— 关系强度2	0.315	0.085	3.709	***	0.250
网络能力 <— 原创能力	0.144	0.083	2.741	***	0.135
动态能力 <— 关系强度1	0.228	0.043	5.266	***	0.319
动态能力 <— 原创能力	0.320	0.073	4.409	***	0.365
动态能力 <— 网络能力	0.132	0.088	2.502	0.033	0.161
动态能力 <— 关系质量	0.179	0.095	1.978	0.031	0.172
动态能力 <— 网络中心性	0.086	0.068	1.255	0.045	0.088
创新绩效 <— 原创能力	0.472	0.106	4.469	***	0.525
创新绩效 <— 网络能力	0.152	0.074	2.054	0.040	0.181
创新绩效 <— 动态能力	0.221	0.125	2.771	0.037	0.215

注：*** 表示指标变量的因素负荷均在 $P<0.001$ 的水平上显著。

表4-22 传统制造行业初始模型和终模型的拟合指数比较（N=173）

指标名称		适配标准	初始模型拟合	终模型拟合	终模型评估
绝对拟合指标	χ^2（卡方）	越小越好，p>0.05	2059.564 0.000	1672.818 0.062	较佳
	CMIN/DF	小于3	2.268	1.846	佳
	GFI	大于0.9	0.790	0.915	佳
	RMSEA	小于0.05，越小越好	0.071	0.048	优良
相对拟合指数	NFI	大于0.9，越接近1越好	0.786	0.908	较佳
	TLI	大于0.9，越接近1越好	0.812	0.917	佳
	CFI	大于0.9，越接近1越好	0.864	0.923	佳
信息指数	AIC	越小越好	2403.564	1816.818	较佳

4.8.3 分行业假设支持情况讨论

从分行业板块进行模型验证的结果来看，高新技术行业和传统制造行业的研究假设支持情况有差异。高新技术行业的分析结果，不支持假设H2.8，显示创新网络异质性对技术创新投入和创新成果转化的影响并不显著。而假设H2.4、假设H2.6、假设H2.9、假设2.13和假设H2.15获得部分支持，即直接的正向影响路径不显著，但间接影响都是显著且正向的。从结果看，其他假设都通过了显著性验证，如表4-23所示。传统制造行业的分析结果不支持假设H2.4、假设H2.5、假设H2.6、假设H2.7、假设H2.8、假设H2.9和假设2.14，即创新网络的网络规模和异质性对企业网络能力、原创能力和动态能力的影响不显著，企业与相关机构之间的关系对技术创新投入和创新成果转化的影响也不显著。而假设H2.10和假设H2.15得到部分支持，即直接的正向影响路径不显著，但间接影响都是显著且正向的。

表4-23 研究假设支持情况分行业比较

假设内容	高新技术行业	传统制造行业
假设H1.1：网络能力<—原创能力	支持	支持
假设H1.2：动态能力<—网络能力	支持	支持
假设H1.3：动态能力<—原创能力	支持	支持
假设H2.1：网络能力<—网络中心性	支持	支持
假设H2.2：原创能力<—网络中心性	支持	支持
假设H2.3：动态能力<—网络中心性	支持	支持
假设H2.4：网络能力<—网络规模	部分支持	不支持
假设H2.5：原创能力<—网络规模	支持	不支持
假设H2.6：动态能力<—网络规模	部分支持	不支持
假设H2.7：网络能力<—网络异质性	支持	不支持
假设H2.8：原创能力<—网络异质性	不支持	不支持
假设H2.9：动态能力<—网络异质性	部分支持	不支持
假设H2.10：网络能力<—关系强度1	支持	部分支持
假设H2.11：原创能力<—关系强度1	支持	支持
假设H2.12：动态能力<—关系强度1	支持	支持
假设H2.13：网络能力<—关系强度2	部分支持	支持
假设H2.14：原创能力<—关系强度2	支持	不支持

续表

假设内容	高新技术行业	传统制造行业
假设 H2.15：动态能力 ←—关系强度 2	部分支持	部分支持
假设 H2.16：网络能力 ←—关系质量	支持	支持
假设 H2.17：原创能力 ←—关系质量	支持	支持
假设 H2.18：动态能力 ←—关系质量	支持	支持
假设 H3.1：创新绩效 ←—网络能力	支持	支持
假设 H3.2：创新绩效 ←—原创能力	支持	支持
假设 H3.3：创新绩效 ←—动态能力	支持	支持

从高新技术行业的模型拟合结果来看，假设 H2.4、假设 H2.6、假设 H2.9、假设 2.13 和假设 H2.15 得到部分支持，即直接的正向影响路径不显著，但间接影响都是显著且正向的。从模型的拟合结果来看，创新网络规模对外部创新网络的创建和外部创新知识、资源的利用直接影响并不显著，但是网络规模对企业自身进行创新投入和创新成果转化影响显著，而企业创新投入和创新成果转化对网络能力的影响是显著且正向的。因此可以认为，网络规模通过促进企业的创新投入和创新成果转化而对外部创新网络的创建和外部创新资源的利用产生间接的正向影响。这种间接影响的因素负荷可以通过计算得出，为上述 2 个路径的因素负荷的乘积：0.141×0.244=0.0344。从模型的拟合结果来看，高新技术行业创新网络规模对内外部创新知识、资源的有效整合和环境适应性调整直接影响并不显著，但是网络规模对企业自身的创新投入和创新成果转化影响显著，而企业创新投入和创新成果转化对动态能力和网络能力的影响是显著且正向的。因此可以认为，网络规模通过促进企业的创新投入和创新成果转化而对内外部创新知识、资源的有效整合和环境适应性调整产生间接的正向影响。这种间接影响的因素负荷可以通过计算得出，为上述前 2 个路径和后 3 个路径的因素负荷的乘积之和：0.141×0.406 + 0.141×0.244×0.232=0.0652。

从高新技术行业的模型拟合结果来看，创新网络异质性对内外部创新知识、资源的有效整合和环境适应性调整的直接影响并不显著，但是网络异质性对外部创新网络的创建和外部创新知识、资源的利用影响显著，而外部创新网络的创建和外部创新知识、资源的利用对动态能力的影响是显著且正向的。因此可以认为，网络异质性通过企业外部创新网络的创建和外部创新知识资源的利用对动态能力产生间接的正向影响。这种间接影响的因素负荷可以通过计算得出，为上述 2 个路径的因素负荷的乘积：0.085×0.232=

0.0197。

从高新技术行业的模型拟合结果来看,创新网络关系强度2对外部创新网络的创建和外部创新知识、资源的利用及内外部创新知识资源的有效整合,以及环境适应性调整的直接影响并不显著,但是其对企业自身进行创新投入和创新成果转化的直接影响是显著的,因此可以认为企业与相关机构的交往频率通过企业创新投入和创新成果转化对网络能力和动态能力产生间接的正向影响。这种间接影响的因素负荷可以通过计算得出,首先,关系强度2对网络能力的间接影响的因素负荷为:0.075×0.244=0.0183。其次,关系强度2对动态能力的间接影响的因素负荷为:0.075×0.406+0.075×0.244×0.232=0.0347。

从传统制造行业的模型分析结果看,假设H2.10和假设H2.15得到部分支持。从模型的拟合结果来看,创新网络关系强度1对外部创新网络的创建和外部创新知识、资源利用的直接影响并不显著,但是企业与相关企业的交往频率对企业自身的创新投入和创新成果转化的影响显著,而企业创新投入和创新成果转化对外部创新网络的创建和外部创新知识、资源的利用的影响是显著且正向的。因此可以认为,企业与相关企业的交往频率通过企业创新投入和创新成果转化对外部创新网络的创建和外部创新知识、资源的利用产生间接正向影响。这种间接影响的因素负荷可以通过计算得出:0.293×0.135=0.0396。

从传统制造行业的模型分析结果看,创新网络关系强度2对内外部创新知识资源的有效整合以及环境适应性调整的直接影响并不显著,但关系强度1对外部创新网络的创建和外部创新知识资源利用的直接影响是显著的,而企业对外部创新网络的创建和外部创新知识、资源的利用对动态能力的影响是显著且正向的。因此可以认为,关系强度2通过对外部创新网络的创建和外部创新知识资源的利用对动态能力产生间接的正向影响。这种间接影响的因素负荷可以通过计算得出:0.25×0.161=0.0403。

▶ 4.9 模型分析小结

4.9.1 创新网络结构特征与技术创新动态能力的关系讨论

从总体情况的模型分析可以看出,在网络结构特征对技术创新动态能力的影响方面,创新网络中心性的影响最为显著,其对原创能力、网络能力和动态能力的影响因素负荷分别为0.269、0.198、0.084,同时,网络中心性对动态能力的影响可以通过原创能力和网络能力间接产生，其因素负荷分别是 0.269×0.380=0.102 和 0.198×0.19=0.038。网络规模对原创能力的影响显著（影响因素负荷为 0.151），而对网络能力和动态能力影响不显著（影响因素负荷分别为 0.013 和 -0.019），其中网络规模对动态能力的直接影响与原假设相反，这说明网络规模的扩大在某种程度上不利于外部创新网络的创建和外部创新知识资源的利用，不利于内外部创新资源的有效整合以及环境适应性调整，网络规模对原创能力的影响显著。这说明较大的网络规模会促进企业对创新进行投入和创新成果转化，这可能是由于较大的创新网络规模会对企业产生较大的创新压力，但是网络规模可以通过原创能力对动态能力和网络能力产生正向的间接影响。网络异质性对网络能力的影响显著（影响因素负荷为 0.141），而对原创能力和动态能力的影响不显著（影响因素负荷分别为 0.04 和 0.048），但是网络异质性可以通过网络能力对动态能力产生正向的间接影响。这说明网络异质性有利于外部创新网络的创建和外部创新知识、资源的利用，但对内外部创新资源的有效整合以及环境适应性调整影响不明显。模型分析结果表明，相比而言，企业的创新网络规模和网络异质性没有企业在创新网络中占据优势位置重要，占据创新网络的中心位置有利于企业提升技术创新动态能力和创新绩效。

具体到各行业板块，从模型分析中可以看出（如表 4-24 所示），高新技术行业和传统制造行业在网络结构特征对技术创新动态能力的影响上，仍然是创新网络中心性的影响最为显著。在高新技术行业，网络规模对原创能力的影响显著（影响因素负荷为 0.141），而对网络能力和动态能力的影响不显著（影响因素负荷分别为 0.065 和 0.013），这说明网络规模的扩大对外部创新网络的创建、外部创新知识和资源的利用、内外部创新资源的有效整合以及环境适应性调整的影响不大。网络规模对原创能力的影响显著，这说明较大的网络规模会促进企业对创新进行投入和创新成果的转化，这可能是由于较大的创新网络规模会对企业产生较大的创新压力，但是网络规模可以通过原创能力对动态能力和网络能力产生正向的间接影响。在高新技术行业，网络异质性对网络能力的影响显著（影响因素负荷为 0.085），而对原创能力和动态能力的影响不显著（影响因素负荷分别为 0.012 和 -0.005），但是网络异质性可以通过网络能力对动态能力产生正向的间接影响。这说明网络异质性有利于外部创新网络创建和外部创新知识资源的利用，但对创新投入和创新成果转化影响不明显。

表 4-24　创新网络结构特征对技术创新动态能力影响因素负荷的行业比对

	标准化因素负荷		
	总体情况	高新技术行业	传统制造行业
原创能力 <—网络中心性	0.269	0.221	0.341
网络能力 <—网络中心性	0.198	0.14	0.182
动态能力 <—网络中心性	0.084	0.095	0.088
原创能力 <—网络规模	0.151	0.141	不显著
网络能力 <—网络规模	不显著	不显著	不显著
动态能力 <—网络规模	不显著	不显著	不显著
原创能力 <—网络异质性	不显著	不显著	不显著
网络能力 <—网络异质性	0.141	0.085	不显著
动态能力 <—网络异质性	不显著	不显著	不显著

在传统制造行业，网络规模和网络异质性对原创能力、网络能力和动态能力的影响都不显著，这说明在传统制造行业，过大的网络规模和技术创新合作伙伴的多元化对提升企业技术创新动态能力的作用并不显著，甚至不利于企业提升技术创新动态能力（影响因素负荷存在负值）。模型分析结果表明，对于高新技术企业和传统制造企业，创新网络规模和网络异质性都没有企业在创新网络中占据优势位置重要，企业占据创新网络中的中心位置有利于企业提升技术创新动态能力和创新绩效。对高新技术行业企业而言，网络规模和网络异质性对技术创新动态能力提升的影响作用有限；对传统制造行业而言，网络规模和网络异质性可能在某种程度上不利于企业提升技术创新动态能力。

4.9.2　创新网络关系特征与技术创新动态能力的关系讨论

前述模型分析验证了创新网络的强关系特征对企业技术创新动态能力提升的显著影响。本书用关系强度和关系质量两个变量来测量强关系，关系强度又分为与相关企业的交往频率（关系强度1）以及与相关机构的交往频率（关系强度2）。关系强度1对原创能力、网络能力和动态能力的影响显著性通过了验证，关系强度2对原创能力和网络能力的影响显著性通过了验证，但对动态能力的影响没有通过显著性验证，关系质量对原创能力、网络能力和动态能力的影响显著性通过了验证。关系强度2对动态能力的影响没有通过显著性验证，这说明企业与相关机构的交往并没有有效促进企业内外部创新资源的有效整合以及环境适应性调整，这与网络异质性对内外部创新知识、资源的有效整合以及环境适应性调整影响不显著的结论一致。关系强度2可以通过原创能力和网络能力对动态能力产生正向的间接影响。企业与一级网络成员如供应商、客户、同行等的交往频率,以及与二级网络成员如科研院所、政府、中介、风险投资等的交往频率,都将促进企业对外部创新网络的创建和对外部创新知识、资源的利用,其影响因素负荷分别为 0.166 和 0.103。显然,企业与一级网络成员之间的交往更有利于对外部创新网络的创建和外部创新知识、资源的利用。企业与一级网络成员如供应商、客户、同行等的交往频率,以及与二级网络成员如科研院所、政府、中介、风险投资等的交往频率,都将促进企业对创新进行投入和创新成果转化,其影响因素负荷分别为 0.298 和 0.171。因此,对于企业创新投入和创新成果转化而言,企业与一级网络成员之间的交往更有利。

在创新网络关系特征对技术创新动态能力的影响分析中,关系质量的影响要大于关系强度,关系质量对原创能力、网络能力和动态能力的影响因素负荷分别为 0.320、0.474 和 0.218,关系强度 1 对原创能力、网络能力和动态能力的影响因素负荷分别为 0.341、0.166 和 0.212,而关系强度 1 对动态能力的间接影响低于关系质量对动态能力的间接影响。关系强度 2 对原创能力和网络能力的影响因素负荷分别为 0.171 和 0.103,对动态能力的影响不显著。可见相比关系强度 1 和关系强度 2,关系质量更有利于企业外部创新网络的创建和对外部创新知识、资源的利用,更有利于促进企业对创新进行投入和创新成果转化,同时也更有利于企业对内外部创新知识、资源的有效整合和对环境的适应性调整。从上述分析来看,企业在创新网络中的关系强度没有关系质量重要,关系质量更能提升企业技术创新动态能力,也即创新网络成员之间的联系频率没有创新网络成员之间的信任与情感水平重要。相比与相关机构(二级网络成员)的联系,企业与一级创新网络成员(相关企业)的联系对提升企业技术创新动态能力的影响作用更大。

具体到各行业板块的模型分析,在创新网络关系特征对高新技术行业企业技术创新动态能力的影响上,关系质量对原创能力、网络能力和动态能力的影响显著性通过验证,关系强度 1 对原创能力、网络能力和动态能力的影响显著性通过验证;关系强度 2 对原创能力的影响显著性通过验证,对网络能力和动态能力的影响没有通过显著性验证。这说明高新技术企业与相关机构(科研院所、政府、中介、风险投资等)的交往,并没有有效促进企业对外部创新网络的创建和对外部创新知识、资源的利用,也没有促进内外部创新资源的有效整合和对环境的适应性调整。关系强度 2 可以通过原创能力和网络能力对动态能力产生正向的间接影响。总体来说,高新技术企业与一级网络成员(供应商、客户、同行等)的交往频率(关系强度 1)比与二级网络成员(科研院所、政府、中介、风险投资等)的交往频率(关系强度 2)更有利于企业技术创新动态能力的提升（如表 4-25 所示）。表 4-25 还显示，对于高新技术行业企业而言，关系质量的影响要大于关系强度，关系质量更有利于企业外部创新网络的创建和对外部创新知识、资源的利用，更有利于促进企业对创新进行投入和创新成果的转化，同时也更有利于企业对内外部创新知识、资源的有效整合以及对环境进行适应性调整。

表 4-25　创新网络关系特征对技术创新动态能力影响因素负荷的行业比对

	标准化因素负荷		
	总体情况	高新技术行业	传统制造行业
原创能力 <—关系质量	0.320	0.380	0.308
网络能力 <—关系质量	0.474	0.451	0.586
动态能力 <—关系质量	0.218	0.173	0.172
原创能力 <—关系强度1	0.341	0.345	0.293
网络能力 <—关系强度1	0.166	0.143	不显著
动态能力 <—关系强度1	0.212	0.300	0.319
原创能力 <—关系强度2	0.171	0.075	不显著
网络能力 <—关系强度2	0.103	不显著	0.250
动态能力 <—关系强度2	不显著	不显著	不显著

在创新网络关系特征对传统制造行业企业技术创新动态能力的影响上，关系质量对原创能力、网络能力和动态能力的影响显著性通过验证，关系强度1对原创能力和动态能力的影响显著性通过验证，但对网络能力的影响没有通过显著性验证；关系强度2对网络能力的影响显著性通过验证，对原创能力和动态能力的影响显著性没有通过验证。这说明传统制造行业企业与相关企业（供应商、客户、同行等）的交往对促进企业对外部创新网络的创建和对外部创新知识、资源的利用影响有限，即与相关机构（科研院所、政府、中介、风险投资等）的交往并没有有效促进传统制造行业企业对创新进行投入和创新成果的转化，也没有促进企业对内外部创新资源的有效整合和对环境的适应性调整。总体来说，传统制造企业与一级网络成员的交往频率比与二级网络成员的交往频率更有利于企业技术创新动态能力的提升（如表 4-25 所示）。表 4-25 还显示，在创新网络关系特征对传统制造企业技术创新动态能力的影响上，关系质量的影响要大于关系强度。因此对传统制造企业而言，关系质量更有利于企业外部创新网络的创建和外部创新知识资源的利用，更有利于促进企业对创新进行投入和创新成果转化，同时也更有利于企业对内外部创新知识、资源的有效

整合以及对环境的适应性调整。

上述分析表明，对于高新技术行业企业和传统制造行业企业而言，关系强度没有关系质量重要，关系质量更能提升企业技术创新动态能力。对高新技术企业而言，关系强度1比关系强度2更重要，但对于传统制造行业企业而言，关系强度1对企业技术创新动态能力提升的影响相对有限。

4.9.3 技术创新动态能力与创新绩效的关系讨论

前面的研究分析已经验证了技术创新动态能力是由网络能力、动态能力和原创能力三个要素构成，技术创新投入和创新成果的转化是技术创新能力的基础原动力，这是由于企业要提升技术创新动态能力首先需要自身具备相应的技术创新能力。在动态环境下，企业进行技术创新还需要构建外部创新网络，充分利用外部创新网络资源，但对企业更为重要的是将内外创新资源进行有效整合，对创新环境进行适应性调整。在模型中，原创能力对网络能力的影响因素负荷是0.215，原创能力对动态能力的影响因素负荷是0.380，网络能力对动态能力的影响因素负荷是0.190。原创能力、网络能力和动态能力对技术创新绩效的直接影响都通过了显著性检验，其因素负荷分别是0.533、0.126和0.272，对企业技术创新绩效影响最为显著的是企业自身的创新投入和创新成果的转化，而外部创新网络对企业技术创新绩效的直接影响作用最小，企业创新投入和外部创新网络资源可以通过内外部创新资源的整合来间接作用于技术创新绩效，间接影响因素负荷为：0.380×0.272=0.103和0.190×0.272=0.052。因此原创能力对技术创新绩效的总影响负荷为0.636，网络能力对技术创新绩效的总影响负荷为0.178，动态能力对技术创新绩效的总影响负荷为0.272。

在企业技术创新绩效的影响因素中，企业自身的创新投入和对创新成果的转化是最为主要的因素，因为这是企业搜寻和筛选最终吸收外部创新网络知识以及有效整合内外创新知识、资源的基础。如果缺乏自身资源的支撑，即便企业具备丰富的外部创新网络资源，也不能有效识别吸收和整合利用。通过模型分析可以看到，技术创新动态能力三维度之间的路径关系在模型中得到验证和支持，证明了理论预设中创新投入→网络构建利用→内外资源整合→创新绩效的顺序依赖关系，同时也在一定程度上指明了技术创新动态能力自身的演化路径。具体到各行业板块的模型分析（如表4-26所示），高新技术行业和传统制造行业的技术创新动态能力三维度之间的路径关系和三维度对创新绩效的影响路径系数比较一致，证明了理论预设中创新投入→网络构建利用→内外资源整合→创新绩效的顺序依赖关系在不同行业板块中仍然适用。

表 4-26　技术创新动态能力与创新绩效影响因素负荷的行业比对

	标准化因素负荷		
	总体情况	高新技术行业	传统制造行业
网络能力 <— 原创能力	0.215	0.244	0.135
动态能力 <— 网络能力	0.190	0.232	0.161
动态能力 <— 原创能力	0.380	0.406	0.365
创新绩效 <— 原创能力	0.533	0.554	0.525
创新绩效 <— 网络能力	0.126	0.114	0.181
创新绩效 <— 动态能力	0.272	0.267	0.215

5 创新网络与企业技术创新动态能力协同演进分析

前面的研究主要从静态角度分析了创新网络对技术创新动态能力的影响作用方向与路径，本章将从创新网络动态演化的角度分析企业技术创新动态能力的提升演进，以及创新网络与技术创新动态能力协同演进对企业创新绩效的影响。

▶ 5.1 创新网络与技术创新能力协同演进研究概述

从笔者收集到的文献资料来看，针对创新网络与技术创新能力协同演进的专门研究还较为少见，有关两者协同演进的研究主要反映在相关研究的定性描述中，一是从静态角度通过分析创新网络及其特征变量对创新能力的影响作用来探讨两者的协同演进，相关内容可参见本书第4章研究内容；二是在创新网络演化或技术创新能力演化研究中体现创新网络与技术创新能力的协同演进。

本书第2章和第3章对企业技术创新能力的发展演进做出了较深入的阐述，从技术创新能力到技术创新动态能力，技术创新能力的内涵界定从单一维度到复合维度，从静态到动态演变，企业技术创新能力研究内涵的演化同企业技术创新内外环境的变化密切相关[1]，表2-2反映的就是技术创新过程模式、技术创新能力与创新环境协同演进的过程。学者们最早是从企业能力观、资源观、知识基础观、吸收能力观、要素观和过程观等单一维度对技术创新能力进行界定，后来发展到系统观，认为技术创新（能力）是系统的过程，受系统各要素的影响和制约，最后演进到技术创新动态能力。本书认为企业技术创新动态能力是一种多维度的综合能力，是企业对内外部知识和资源进行有效整合和利用，以

---

[1] 王昌林.创新网络与企业技术创新动态能力的协同演进——基于系统动力学的分析[J].科技管理研究，2018（21）.

及在创新内外环境交互作用下进行适应性重构和不断演进的能力，具有明确的流程或者管理支持其演进，发挥作用的过程是改变组织现有知识资源结构的过程。这一技术创新动态能力内涵界定从单一维度到复合维度，从静态到动态演变，说明企业技术创新能力研究内涵的演变同企业创新内外环境的变化密切相关。下面主要对创新网络演化以及创新网络与技术创新能力协同演进的相关研究情况进行分析。

5.1.1　创新网络演化研究

随着企业技术创新的复杂化、网络化和系统化趋势越来越明显，创新网络的发展也呈现出从松散向集中化、从简单向复杂化、从低级向高级演化的发展趋势。学界对创新网络演化的研究仍然借鉴了社会网络理论研究方法，从研究内容来看，对创新网络演化的研究从三个方面展开：一是演化动因及机理方面的研究；二是演化形态方面的研究；三是演化过程方面的研究。本书关注的是创新网络演化形态和演化过程，着重对创新网络形态结构演化进行分析。而已有创新网络结构演化研究也主要是从三个层面进行分析：一是从节点、整体网络结构层面分析创新网络拓扑结构的变化（网络中心度、网络规模、网络异质性、网络密度、凝聚系数、平均路径长度等）；二是关注创新网络的空间组织形态及演化轨迹；三是关注小团体节点结构的变化。如 Gay 和 Dousset（2005）用路径长度、簇系数和网络中心性（邻近中心性、中介中心性及度中心性）来描述网络结构，发现依据技术的演进过程，法国产业创新网络演化可分为几个阶段，每个阶段都具有无标度网络和小世界的特点，并呈现出不同的网络结构特征，每一个阶段网络的核心结点都是拥有核心技术的结点。Fleming 和 Frenken（2007）分析了核心企业对创新网络演化的作用，认为网络核心成员的进入是硅谷创新网络结构从分散向聚集转型的关键，而波士顿创新网络由于缺少关键核心企业的进入转型较为滞后。Johannes（2007）认为区域创新网络演化受累积机制和选择机制的影响，累积机制受初始环境与随后观察到的事件的影响，选择机制与网络成员采取的战略有关。Boschma 和 Frenken（2010）认为认知邻近性、社会邻近性、组织邻近性等是影响创新网络空间演化的重要因素。Cowan、Jonard 和 Zimmermann（2007）将创新网络划分为三种类型，并通过建模的方法描述了不同网络结构的特性，发现某些区域具有小世界网络的特性。Broekel 等通过运用 QAP（二次指派程序）和 ERG（指数随机图）模型进行分析，分析结果表明制度邻近和地理邻近对创新网络演化有较显著的影响，演化的重要影响因素还包括社会、认知和组织等因素。Ter Wal（2013）研究发现，信息技术领域创新网络演化过程中的网络平均路径长度逐步减小，而生命科学技术领域创新网络中区域外部联系强度较大,网络比较松散,平均路径长度较大。Turkina、Assche、Kali(2016)对集群网络结构演化进行研究,结果表明网络演化是由本地结构向沿着价值链分层的跨越地理边界的层级结构演化。Balland等还通过建立SAO(随机面向对象)模型,对商业网络和创新网络演化的影响因素进行分析,研究结果显示,对创新网络而言邻近性更为重要,对商业网络而言地位驱动更重要,根植性对两种网络均起到重要作用。

国内学者易将能、孟卫东、杨秀苔(2005)系统分析了区域创新网络结构和功能,并对区域创新网络的演化进行了分析,概括总结了区域创新网络功能和结构的阶段性特征,以及由低级向高级演化的区域创新网络各阶段的内涵特性。李丹丹、汪涛、周辉(2013)对知识网络的空间结构进行了研究,认为区域知识网络空间结构特征趋向于随机网络,而全球或国家知识网络空间结构演化表现为小世界网络。余雷、胡汉辉、吉敏(2013)通过对我国新兴产业创新网络演化的分析,指出我国战略性新兴产业创新网络在核心技术的驱动下,正逐步向自主价值链网络及资源利用网络阶段演化。余凌和郭岿(2014)从定性分析的角度分析了产学研创新网络演进与创新能力协同发展,认为合作创新网络演变过程包含从磨合期、协调期、规范期到发展期的演进路径,同时伴随着创新能力的提升。吕国庆、曾刚、马双等(2014)研究表明创新网络演化可以分为初始、裂变、集聚和重组四个阶段,地理邻近、社会邻近和认知邻近三种邻近性综合作用于创新网络结构与知识流动。刘国巍(2015)引入信息熵测度网络空间演化的有序度,对广西电子信息产业2001—2013年的产学研联合发明专利数据的分析表明,创新网络演化先后经历了混沌形成、无序扩张和有序发展三个阶段。郑胜华和池仁勇(2017)通过归纳和演绎方法分析核心企业合作能力激发创新网络的主动性行为,分析表明核心企业合作能力、创新网络和产业发展相互之间存在正向作用关系。刘国巍和张停停(2018)运用Agent理论设计仿真算法,并基于Netlogo构建创新网络空间格局演化仿真平台对创新网络空间格局的形成及演化进行分析,分析结果表明多元邻近更有利于创新网络区域内外部合作共生;社会邻近或技术邻近更有利于创新网络产生(绝对)空间集聚;社会邻近或技术邻近更有利于创新网络形成均匀型空间格局。

高霞和陈凯华(2015)研究表明我国信息通信技术产业合作创新网络的规模呈增大趋势,创新网络结构逐渐成为创新能力的关键决定因素,其演化特征的测度与评价也成为科技创新能力评价研究的新方向。阮平南、王文丽、刘晓燕(2018)对IBM专利合作网络数据进行了分析,研究表明在创新网络创生阶段,企业选择合作伙伴时主要考虑技术邻近性和组织邻近性,在成长阶段主要考虑地理邻近性,在成熟和衰退阶段主要考虑社会邻近性。周灿、曾刚、辛晓睿等（2018）运用 SAO 模型，借助 Ucinet 和 Stocnet 等分析工具分析了中国电子信息产业的创新网络演化，研究表明：中国电子信息产业创新网络趋向于具有较小的平均路径长度和较大的群集系数，地理邻近有助于隐性知识交流，可奠定创新网络演化的基础；社会邻近有利于增强双方互信，成为促进创新网络演化的重要因素。张路蓬、薛澜、周源等（2018）利用 Matlab 软件分别进行战略性新兴产业时间及空间演化仿真分析，研究发现随着创新网络规模的扩张，战略性新兴产业创新网络的平均路径长度逐步缩短，网络中技术、信息传播效率提升；随着创新网络规模的扩张，战略性新兴产业创新网络的聚类系数增大，网络技术资源的凝聚效果增强，技术扩散效率提升。

从以上分析可以看出，关于创新网络演化的研究成果大多是在最近几年出现的，这一领域的研究越来越成为学者们关注的一个热点和重点。研究的内容涵盖了创新网络演化的动因及其影响因素、创新网络演化的结构形态等。对于创新网络演化形态的研究，国内外学者都认可创新网络将随着企业技术创新的复杂化、网络化和系统化趋势呈现从松散向集中化、从简单向复杂化、从低级向高级演化的发展趋势，具体体现为创新网络结构特性方面的变化（网络中心度、网络规模、网络异质性、网络密度、凝聚系数、平均路径长度等）。

5.1.2 创新网络与技术创新能力协同演进研究

研究创新网络与技术创新动态能力的协同演进是从动态角度研究两者之间的时空演化，但已有的研究大多是从静态角度去分析创新网络和创新能力之间的相互作用与相互影响，如 Ahuja（2000）、Burt（2002）、任胜钢等（2011）、林少疆等（2016）、向永胜和古家军（2017）等，从创新网络特征变量对企业创新能力的影响入手展开研究，从创新网络结构特征（中心度、结构洞、网络规模、网络异质性）和创新网络关系特征（关系强度和关系质量）对企业创新能力的影响展开研究。从研究结论来看，大部分研究认可创新网络对企业创新能力具有显著的正向影响作用。而从创新能力入手探讨创新网络影响作用的研究相对较为少见，如 Bratkovic 和 Ruzzier（2009）、Kostopoulos 和 Bozionelos（2011）、胡斌等（2015）、张裕稳等（2015）、欧阳秋珍和陈昭（2016）、胡珑瑛和张自立（2007）等，研究结果都表明企业创新能力对外部创新合作和创新网络的发展具有影响作用。

已有创新网络与创新能力协同演进的研究，主要体现在创新能力的发展演化和创新网络的演化过程研究中。如在第 2 章和第 3 章的研究中，技术创新能力内涵的界定从单一维度到多维度，从只关注内部要素到认为企业技术创新是一个系统的过程，再到技术创新动态能力，体现出能力的更新与环境适应性是

5.1 创新网络与技术创新能力协同演进研究概述

企业技术创新能力内涵革新的决定性因素,企业技术创新动态能力是一种多维度的综合能力,是企业对内外部知识和资源进行有效整合和利用以及在创新内外环境交互作用下进行适应性重构、不断演进的能力。正如我国学者王敏和陈继祥(2008)提出"二元性创新研究框架",并指出"动态能力是二元性创新的核心",其核心是技术创新与环境的动态适应性。陈力田(2015)也认为创新绩效提升的前提是技术创新能力与环境相适应。而部分针对创新网络演化的研究中也体现了创新网络与创新能力的协同演进,如孙玉涛和刘凤朝(2014)运用哈肯模型对国际贸易网络进行了分析,结果表明创新能力是网络演化的关键影响要素。高霞和陈凯华(2015)认为创新网络结构逐渐成为创新能力的关键决定因素,其演化特征的测度与评价也成为科技创新能力评价研究的新方向。李煜华、王月明、胡瑶瑛(2015)分析了创新能力与技术领域相似性特征对创新网络演化的影响,认为创新能力与技术领域相似性可使企业更容易吸收外部知识,促进企业外部技术交流与合作研发,从而促进创新网络的演化。张路蓬、薛澜、周源等(2018)引入技术创新能力与技术领域相似性属性,剖析了战略性新兴产业创新网络的形成过程及演化机理,基于能力择优与相似性择优机制,利用 Matlab 软件分别进行了战略性新兴产业的时间及空间演化仿真分析,研究结论在一定程度上刻画了技术创新能力在创新网络演化过程中的影响作用,也在一定程度上体现出技术创新能力与创新网络协同演化的过程。

有部分学者从协同创新与创新能力提升方面进行相关联研究,也在一定程度上反映了创新网络与创新能力协同演进的过程。如陈红喜、侯召兰、曹刚(2015)基于一元回归分析模型的实证研究表明,协同创新对于提升创新能力有显著效果,对于提升创新能力的效果实现存在时滞。潘宏亮(2017)对环境规制与协同创新耦合作用下高新技术企业的创新能力演化进行研究,以 218 家企业作为分析样本,研究结果表明:命令控制对技术协同、能力协同和企业创新能力演化具有显著正向影响;市场引导对技术协同、能力协同及企业创新能力演化具有显著正向影响;信息披露仅对技术协同有显著正向影响,而与能力协同、企业创新能力演化并无显著相关关系;技术协同、能力协同分别对企业创新能力有显著正向影响。常西银和孙遇春(2018)通过对上海市多家典型企业的网络协同创新合作运行状况进行调查分析研究,认为协同创新合作网络已成为企业创新发展的重要创新模式,企业网络协同创新能力与企业间知识扩散共享具有十分密切的相互作用关系。

从笔者收集的文献资料来看,从动态视角展开的对创新网络与创新能力协同演进的研究还较为少见,已有研究大多是定性描述。如余凌和郭岿(2014)从定性分析的角度分析了产学研创新网络演进与创新能力协同发展,认为合作创新网络演变过程包含从磨合期、协调期、规范期到发展期的演进路径，同时伴随着创新能力的提升。孙玉涛和刘凤朝（2014）运用哈肯模型对国际贸易网络进行了分析，结果表明创新能力是网络演化的关键影响要素。目前的研究较少从定量角度对创新网络和技术创新能力协同演进的时空变化过程进行深入刻画，本书拟采用系统动力学分析方法，在技术创新动态能力理论构建和创新网络对技术创新动态能力影响路径研究的基础上，展开对创新网络与技术创新动态能力协同演进的深入刻画。

5.2 系统动力学分析方法及其在创新能力相关领域的运用

系统动力学（System Dynamics）是由麻省理工学院教授 Forrester 在系统理论的基础上于 1956 年创建的。Forrester 教授认为系统动力学是借助现代数字计算运用反馈学说来解开复杂的非线性系统的一种方法，是认识和分析复杂问题、分析研究信息反馈系统的一种方法，可用于分析研究社会、经济、生态和生物等一类复杂大系统问题。系统动力学在社会发展研究方面的应用非常广泛，如王其藩（1991）建立的中心城市技术开发与经济增长的 SD 模型，研究了上海市科技、教育、经济三者的协调。另外，系统动力学也广泛应用于工业企业管理、商业研究领域，如企业流程仿真、商业决策支持、商业预测与预警、企业子系统研究等。

企业创新系统是一个复杂的非线性系统，在企业创新诸多领域使用系统动力学方法也是一个必然选择。从文献分析来看，许多学者对创新驱动与经济发展、创新能力及其演化、技术创新过程等的研究采用了系统动力学方法。而使用系统动力学方法研究创新能力的成果也较为丰富，从研究对象来看有对国家创新能力、区域创新能力和企业创新能力的研究；从研究内容来看有对创新能力演化机理和演化过程的刻画研究、对创新能力影响因素的研究、对创新能力提升的政策措施的研究等几个方面。利用系统动力学方法对创新能力形成机理及演化过程进行刻画分析的研究较多，如刘凤朝和冯婷婷（2011）在对国家创新能力形成机理进行分析的基础上，构建了国家创新能力系统动力学模型，探讨了政府科技投入、人才培养、知识产权保护以及税收优惠等对国家创新体系产出的影响。陈力田、许庆瑞和吴志岩（2014）通过构建从搜寻知识到创造知识的系统动力学模型，研究认为技术创新能力沿着"吸收能力主导吸收、集成能力为主吸收、集成和原创能力高水平均衡发展"的路径重构升级。张军和许庆瑞（2015）通过建立企业知识积累与创新能力演化规律之间动态关系的系统动力学模型，分析认为企业知识历时性积累对创新能力提升具有边际递增的贡献作用，企业能力刚性不是来源于知识积累本身，而是来源于知识积累方式，知识积累对创新能力演化的贡献作用存在"临界规模"效应，因此企业需要对知识积累进行长期投资。

利用系统动力学方法分析创新能力影响因素的研究较为丰富，如董媛媛、张寒松和赵刚（2009）在应用层次分析法对企业原始创新能力的影响因素进行权重分析的基础上，从系统动力学的视角构建企业原始创新能力的系统模型。何园和张峥（2016）通过构建系统动力学模型，对影响技术创新能力的关键因素进行了动态模拟分析。研究表明系统动力方法与战略地图结合使用是技术创新能力模拟研究的有效方法，创新成果转化为知识产权和政府扶持对提升技术创新能力具有重要作用。李煜华、荣爽、胡兴宾（2017）运用系统动力学方法分析得出增加要素的投入、增强产学研合作强度等对自主品牌汽车销量具有显著的正向影响，但是政府的支持可能会不利于企业创新。

利用系统动力学方法对创新能力提升进行策略性研究的也比较多。例如周青、陈畴镛和王崇峰（2009）利用系统动力学方法进行研究，指出研发联盟、标准联盟和自主创新能力协调发展是实现自主创新能力培育的关键。李盛竹和马建龙（2016）通过构建国家科技创新系统动力学模型，分析表明在国家科技创新能力提升进程中，企业研发投入和研发人员投入起决定性作用，政府的知识产权保护是提升创新能力的重要手段。杨洪涛和左舒文（2017）使用系统动力学方法构建天津区域创新系统模型，模型分析发现了政府教育投入、政府和企业研发投入对区域创新能力的不同影响效应，并发现良好的创新环境能够迅速显著地提升区域创新能力。王进富和张耀汀（2018）通过构建科技创新政策对区域创新能力影响机理的系统动力学模型，分析了不同科技创新政策对区域创新能力的影响，研究发现科技创新政策利用不同的政策工具会产生显著的效果差异。

采用系统动力学方法对创新网络进行研究的相对较少，且主要是对创新网络运行进行模拟分析。吴传荣、曾德明、陈英武（2010）通过建立刻画高技术企业技术创新网络发展的系统动力学模型，分析表明协作研发、标准化以及知识转移是高新技术企业技术创新网络发展的关键影响因素。焦媛媛、米捷和胡琴（2015）通过构建物联网创新网络发展的系统动力学模型，揭示了物联网创新网络发展的内在规律，并提出了提升物联网创新能力的相应措施。蔡坚和杜兰英（2015）通过构建创新网络运行系统动力学模型，研究表明：转移知识量随着知识整合吸收能力的提高具有边际递增的特性，转移知识量随着网络关系能力参数的提高不断递增，但呈现出边际递减的特性。

从文献资料分析来看，系统动力学非常适用于对创新系统这一复杂的非线性系统的分析，采用系统动力学方法分析创新能力的研究成果也较为丰富，但还缺乏采用系统动力学方法系统分析创新网络与创新能力协同演进或者共同演化的相关研究。本书将采用系统动力学方法对创新网络与技术创新动态能力的协同演进进行深入刻画和分析，并揭示了两者的协同演进如何提升企业技术创新动态能力，以获取更好的创新绩效。

5.3 创新网络与技术创新动态能力协同演进的因果关系分析

本节将对基于知识流动的创新网络—技术创新动态能力协同演进的一般过程，以及协同演进对创新绩效的影响作用关系进行分析，得到创新网络—技术创新动态能力—创新绩效相互作用的因果关系图。

5.3.1 基于知识流动的创新网络—技术创新动态能力—创新绩效作用过程分析

5.3.1.1 企业技术创新的过程实质是知识流动的过程

从知识流动的角度对企业技术创新进行的研究是非常丰富的，大部分学者认可知识是技术创新的基础，技术创新活动和创新网络活动实质上是知识流动的结果。国外学者 Grant（1996）和 Fleming（2001）就认为从当前技术创新过程可以看出，知识是创新的基础，知识重构是企业创新不竭的源泉。当代企业技术创新表现为一种知识积累或学习的过程，关注系统集成和网络模式中的学习和知识交换过程，而对知识资源进行整合集成并进行知识创造的关键是企业技术创新（动态）能力和知识积累或学习。国内学者魏奇锋和顾新（2013）提出产学研协同创新的过程实质是各创新主体之间的知识流动过程，在此基础上建立了 SCA 理论模型——产学研协同创新的知识流动模型，并将知识流动分为知识共享、知识创造与知识优势形成三个阶段。张军和许庆瑞（2015）认为创新能力演化的实质是知识流动和积累的过程，企业知识历时性积累对创新能力提升具有边际递增的贡献作用，企业能力刚性不是来源于知识积累本身，而是来源于知识积累方式。No、An 和 Park（2015）提出了一种基于 BM 技术的知识流动分析的结构化方法，并提出了三种类型的知识流动模式。赵炎、冯薇雨和郑向杰（2016）利用半导体行业的联盟数据，使用负二项回归模型，从耦合角度出发探索知识流动、派系对合作创新绩效的影响。研究发现派系作为调节变量，负向调节知识流动和企业创新能力。阮平南和顾春柳（2017）以生物医药行业为研究对象，通过对 96 个企业的定性比较分析，对协同创新过程中知识流动的核心作用路径及微观作用路径进行深入研究，认为知识流动是企业创新成果产出的重要影响因素，同时也认为知识流动受到创新网络结构特征的影响。

已有研究表明，知识流动也是创新网络活动的基础。知识流动主要是指知识在创新主体驱动下被转移、共享、整合及学习的过程，创新网络组织在技术创新过程中进行知识共享、流动及扩散是合作创新过程中的重要活动。如 Dyer 和 Nobeoka（2000）深入分析了丰田公司研发系统与供应商的知识共享促进其供应商提升的过程，并对企业与供应商之间的知识流动进行了分析，认为网络关系能力是成功知识流动形成的关键。朱贻文、曾刚和曹贤忠等（2017）从经济地理学空间视角分析了创新网络与知识流动的关系，认为知识流动是创新活动的基本形式，创新可看作知识流动的结果。贾卫峰、楼旭明和党兴华（2017）深入分析了节点知识流动对创新网络结构演变的影响，还从复杂适应系统（CAS）视角分析了创新网络中的知识流动方式和过程，揭示了创新网络知识流动的规律，并认为创新网络中核心企业地位形成的关键因素是企业间的知识流动过程和方式。基于以上分析，笔者认同企业技术创新过程的实质是知识流动的结果，进结合企业技术创新流程实地调研结果形成了基于知识流动过程的企业技术创新过程，如图 5-1 所示。其中，企业内源性知识增长是指由企业技术创新资源的投入而引致的知识增长，以及技术创新投入与已有知识碰撞形成的新增知识。

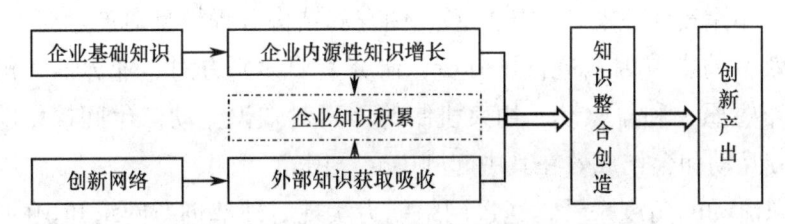

图 5-1　基于知识流动的企业技术创新过程

5.3.1.2　网络能力与外部创新网络知识内部化

现代企业技术创新需要识别创新网络中的价值和机会，协调和利用网络关系并塑造和改善企业的网络位置，进而获取外部创新网络知识资源，最终促进企业技术创新，而这正是企业技术创新动态能力中的网络能力实现的功能。网络能力能够有效促进企业搜寻、获取并吸收外部创新网络的知识和资源，从而促进企业技术创新。王益锋和王晓萌（2016）研究表明科技型小企业的网络能力对信息获取、知识获取和资金获取均有显著的正向影响，网络能力在信息获取和知识获取与技术创新绩效之间起部分中介作用。Dyer 和 Nobeoka（2000）对企业与供应商之间的知识流动进行了分析，认为网络关系能力是成功知识流动形成的关键。Kostopoulos 和 Bozionelos（2011）认为网络开拓能力的重点是搜寻、识别可能的替代知识（信息），使组织在变幻莫测的市场环境中保持新的发展状态，有助于切实提升企业的创新能力。马柯航（2015）认为网络整合能力和网络调适能力对显性知识资源获取和隐性知识资源获取都具有正向影响，隐性知识资源获取与企业创新绩效显著正相关。

企业知识流动还会受到外部环境因素和内部环境因素的影响，企业外部环境因素主要是指创新网络的各种因素，包括市场环境、国家政策、网络结构、合作关系等。安小风、张旭梅和张慧涛（2009）通过供应链知识流模型，分析了供应链知识流动的影响因素，研究认为知识共享机制等因素对供应链知识流动具有重要的影响作用。曹兴、徐焕均和刘芳（2009）通过构建企业内部知识网络的知识流动网络结构模型，从知识网络的角度分析企业内部知识流动的影响因素，研究认为企业内部知识网络结点间的知识流动使知识得以在网络中共享和扩散，结点与子网间知识的循环流动会形成子网知识增量，子网间的知识流动最终可提升企业的技术核心能力。张宝生和王晓红（2012）通过问卷调查和结构方程模型对虚拟科技创新团队知识流动意愿的影响因素展开研究，研究表明制度机制、网络氛围、节点特征以及网络结构等都会对创新团队知识流动产生较大的影响。阮平南和顾春柳（2017）研究认为知识流动受创新网络结构特征的影响，如合作网络的知识流动受节点属性、网络结构和关系程度三者交互作用的影响，同时主体知识存量及密切合作是实现知识流动的重要保障。徐玫、朱卫未和淦贵生（2017）通过问卷调查和结构方程模型对产学研协同创新知识流动效率的影响因素进行了分析，研究表明学研方对企业方的了解程度、企业方合作意愿、利益驱动、约束机制等因素对知识流动产生间接影响作用，而合作双方互动和合作成效在其中起到中介作用。

从知识流动的角度来看，通过网络能力实现对外部创新网络知识的搜寻获取和吸收利用，是企业实现技术创新的关键之一，而对外部知识的搜寻获取和吸收利用在本书中被称为外部知识的内部化过程。

5.3.1.3 原创能力与企业内部知识积累

企业对技术创新的持续投入，能够使企业具备一定的自有基础知识，进而形成一定的知识积累，这是企业吸收利用外部知识，整合内外部知识，获得技术创新产出的基础。企业技术创新动态能力中的原创能力需要企业有积极的技术创新政策，保持对技术创新的持续投入，形成完善的创新管理流程等，而这有助于企业内部知识存量的积累以及企业知识吸收和知识整合，是企业技术创新知识流动的基础。Postrel（2002）认为对于知识组合来说，共同知识和努力程度是重要影响因素，但对知识组合最根本性的障碍还是低能约束（低专业能力）。Szulanski（1996）的研究也表明知识接收者缺乏吸收能力和保持能力是知识转移整合的主要障碍。胡珑瑛和张自立（2007）研究表明创新联盟成员的创新投入不能都投入到合作创新中，成员对自身独立创新活动的投入是保证联盟稳定性的必要条件。张可军（2011）研究归纳出影响团队知识整合的四类关键因素：渠道、氛围、动机和能力。能力因素主要解决知识的认知离散问题，也就是说，在知识整合的过程中，企业自身的能力是主要的影响因素之一。孙晓宇和陈伟（2012）对R&D联盟知识整合进行了研究，认为技能水平是R&D联盟知识整合有效实施的基础和关键。许庆瑞、吴志岩和陈力田（2013）从能力本质的核心（知识）入手，研究认为企业技术创新是一个动态知识累积过程，不能一蹴而就，应该站在技术知识的战略研究角度，应该有方法、有规划，这样才能从量变到质变，实现创新绩效的创收。张志华和陈向东（2016）从学习和能力的视角探究协同创新绩效的影响因素和提升路径，实证分析结果表明，探索式学习和利用式学习、自主创新能力和协同创新能力均对协同创新绩效具有显著的正向影响，自主创新能力和协同创新能力在组织学习方式和创新绩效的关系中具有中介作用。综合以上研究结论分析，从知识流动的角度来看，原创能力能够实现内部知识积累，而这是企业实现知识流动和知识创造的基础。

5.3.1.4 动态能力、技术创新动态能力与企业知识整合和创造

已有研究和前述章节的分析表明，现代企业还需要不断整合技术创新内外部知识和资源，及时更新现有知识，实现技术创新各方面的协同，以适应技术创新动态环境和提升技术创新绩效，进行知识创造进而获取创新产出。企业通过技术创新动态能力中的各个维度不断整合技术创新内外部知识，及时更新现有知识，实现知识创造，才能获取技术创新产出。其中动态能力维度在知识整合和创造过程中起关键作用。王敏和陈继祥（2008）指出二元性创新需要构建动态能力，需要企业在相对成熟的市场与新市场中利用现有结构、能力和知识资源通过识别能力、吸收能力、重构能力创造出新的结构、知识和新的资源配置，最终实现维持性创新和破坏性创新。辛晴（2011）指出动态能力是企业在不断变化的环境中对内外部知识进行处理的过程性能力，动态能力在变异阶段表现为对外部知识的搜寻识别，在选择阶段表现为对新知识的筛选评估，在保留阶段表现为内外部知识的转化和整合。马柯航（2015）研究发现，只具有感知能力不能为企业带来很好的业绩，只有感知能力与企业的流程、资源有机结合在一起，才能为企业赢得竞争优势。黄海艳和武蓓（2016）研究了交互记忆

系统、动态能力与创新绩效的关系，并运用多元回归方法对长三角地区 229 份有效问卷进行了实证分析，研究结果表明：动态能力在交互记忆系统的专长性和创新财务绩效的关系中起部分中介作用，在专长性和创新成长绩效的关系中起完全中介作用。杜俊义、熊胜绪和王霞（2017）通过问卷调查实证分析了动态能力、环境动态性、创新绩效三者之间的关系，结果表明，中小企业的动态能力对创新绩效具有显著的正向作用。关于知识整合和创新能力的关系，詹勇飞与和金生（2009）研究认为企业创新能力成长阶段与知识整合方式之间存在逻辑上的匹配。李玥、刘希宋和喻登科（2010）研究认为科技成果转化与知识整合存在着相互促进的关系。对于技术创新与环境的匹配性，陈力田（2015）对企业技术创新能力与环境适应性重构进行了实证研究，认为技术创新能力需要根据环境做出适应性动态重构。汤勇力、曹兴洋和胡欣悦等（2018）研究认为企业内部研发活动和探索型创新策略对产学研知识互动的程度都有正向影响。另外，企业所需知识的属性也会影响企业参与多元化的产学研知识互动。

从知识流动的角度来看，对内外知识的整合以及知识创造是实现技术创新产出最为关键的环节，而技术创新动态能力，特别是动态能力维度有助于企业吸收外部知识，及时更新现有知识，整合内外部知识以实现知识创造，最终获取企业技术创新产出。

以上分析表明，首先，企业需要具备一定的自有基础知识，形成一定的知识积累，这是企业技术创新的基础，需要企业有积极的技术创新政策，保持对技术创新的持续投入，形成完善的创新管理流程等；其次，企业要具备对外部创新网络的协调、构建能力，因为有效处理外部创新网络合作关系可帮助企业占据优势网络位置，获取更多知识和信息等创新网络资源；最后，企业还需要通过不断整合技术创新内外部知识与资源，及时更新现有知识，实现技术创新各方面的协同，以适应创新动态环境和提升技术创新绩效，最终获取创新产出。

基于以上分析，本书构建了基于知识流动的企业技术创新动态能力、创新网络与创新绩效交互作用模型，如图 5-2 所示。模型显示了企业技术创新过程是内外知识交互作用的过程，而在知识创造和外部知识内化过程中起关键作用的是技术创新动态能力三要素。三大要素的逻辑驱动，促使内部知识和创新网络交互作用，最终实现技术创新动态能力的重构与不断演进。

5.3.2 基于知识流动的协同演进因果关系分析

本书在基于知识流动的企业技术创新动态能力、创新网络与创新绩效交互作用框架模型的基础上，以知识内部积累、创新网络知识内化以及创新能力演

5.3 创新网络与技术创新动态能力协同演进的因果关系分析

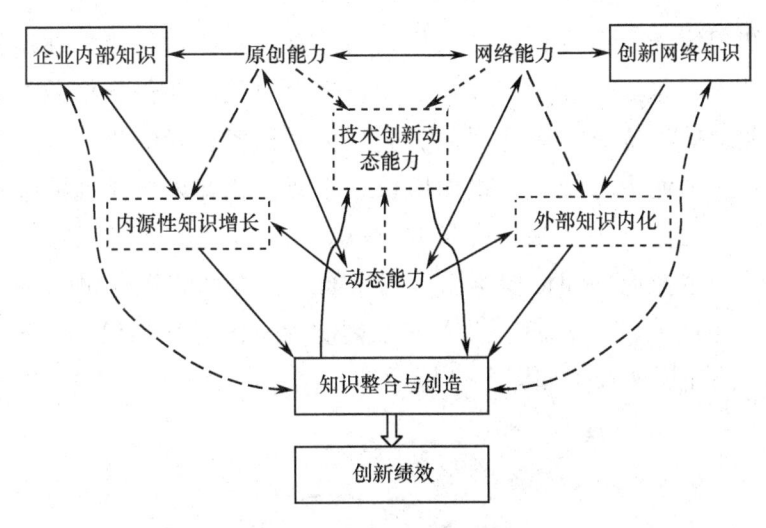

图 5-2　基于知识流动的企业技术创新动态能力、创新网络与创新绩效交互作用模型

化为焦点，整合知识管理理论和能力演化理论，设计了可呈现出创新网络知识内部化、内部知识积累、知识创造、技术创新动态能力以及创新绩效的演化过程模型。研究复杂的非线性的技术创新系统，采用系统动力学方法是非常有效和适用的，因此在图 5-2 的框架模型基础上，新模型又包括三个互动的子系统，它们之间相互作用和影响，形成一个有机总体。

5.3.2.1　企业内源性知识增长与企业内部知识积累回路

总体来说，企业技术创新过程中必然会存在知识缺口，企业的知识缺口取决于企业技术创新发展战略以及企业已有知识存量。从知识管理理论来看，企业填补知识缺口的方式有三种：一是依靠企业对技术创新的投入实现内源性知识增长；二是外部知识内化（外部知识搜寻、获取、消化和吸收）；三是企业在内外知识的整合过程中进行知识创造（如图 5-2 所示）。较高的企业绩效和创新战略期望，将导致企业加大对技术创新的投入，以填补企业的知识缺口。企业对技术创新的投入将因对内部知识和外部知识的侧重点不同而形成不同的企业技术创新发展战略，内部导向型战略侧重于内部知识增长，重视自身技术创新投入和自主创新能力建设；外部导向型战略侧重于外部知识的消化吸收，重视对外部知识的搜寻和获取，更倾向于外部知识搜寻获取能力的建设。因此在模型中，创新战略和创新决策将决定企业对技术创新的投入方向和水平，创新战略决定企业总体的技术创新投入水平，创新决策决定了企业技术创新投入方向，外部导向型战略趋向于对外部技术知识获取的投入，内部导向型战略趋向于对自身技术能力建设的投入。企业加大对自身技术创新能力的投入，必然会提升企业的原创能力。企业自身对技术创新的投入引致的知识增长，以及技术创新投入与已有知识碰撞形成的新增知识，叫企业内部知识存量。内部知识存量的增长将会引致企业创新绩效的提升，从而带来企业绩效的提升，企业因而又会加大对技术创新的投入，这是一个正反馈。同时，企业内部知识存量的增长会导致企业知识异质性的降低，从而降低新增知识对企业内部知识存量的贡献作用，这是一个负反馈。企业内源性知识增长与企业内部知识积累因果回路如下：内部知识存量→创新绩效→企业绩效（知识缺口）→创新投入→原创能力→内源性知识增长→（知识异质性）→内部知识增长（如图5-3所示）。

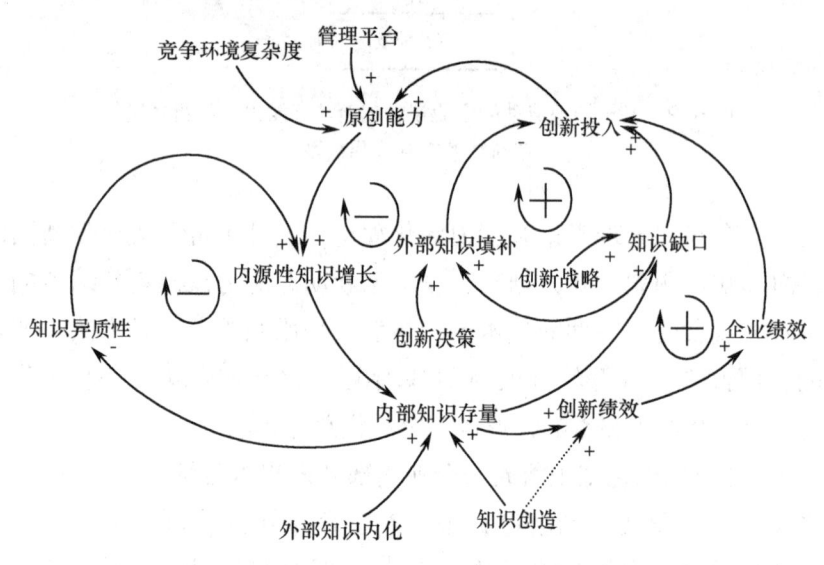

图 5-3 企业内源性知识增长与企业内部知识积累反馈回路

5.3.2.2 企业外部知识内化反馈回路

企业外部知识内化是指企业对外部创新网络知识的搜寻获取以及消化吸收。企业外部知识的内化取决于企业创新网络（外部）知识的可获得性、知识筛选以及创新网络知识存量三个因素。这三个因素都和企业对外部创新网络的构建、维护和协调紧密相关，而企业对网络能力的投入建设力度将决定企业创新网络的规模特性，这也将影响到企业外部知识的可获得性、知识筛选和创新网络知识存量。外部知识可获得性主要由企业在创新网络中的地位以及与其他成员之间的关系所决定。筛选外部知识主要受创新网络规模、创新网络异质性的影响，同时也受企业自身对外部知识的搜寻、筛选能力的影响。从知识管理理论角度出发，外部知识的可获得性与对外部知识筛选与企业技术创新中的知识缺口也相关。企业外部知识内化反馈回路如下：外部知识内部化→内部知识存量→创新绩效→企业绩效（知识缺口）→对外技术协作投入→网络能力→创新网络规

模特性提升→知识可获得性→（知识筛选）→（创新网络知识存量）→外部知识内部化反馈（如图 5-4 示）

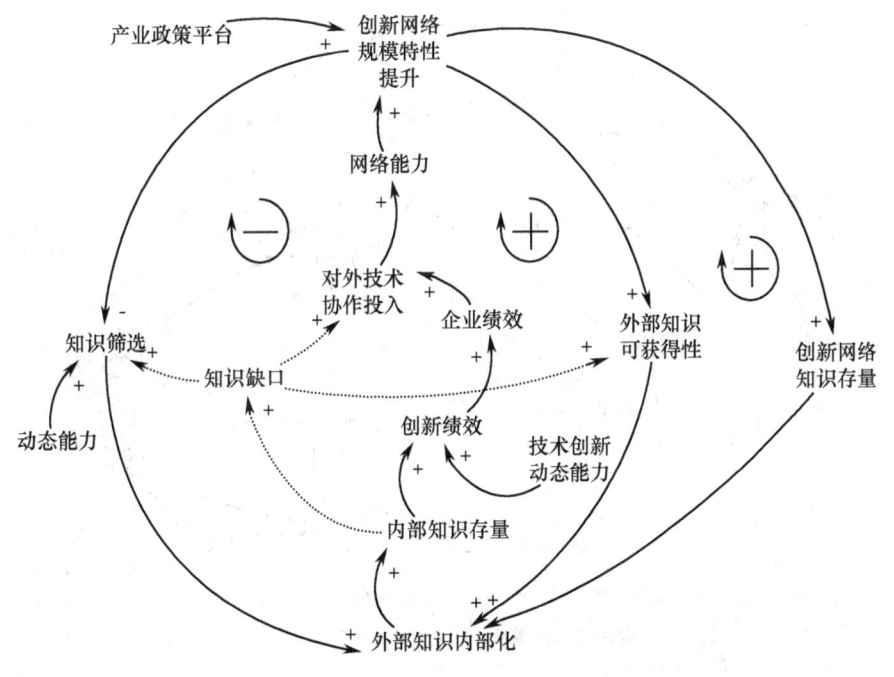

图 5-4　企业外部知识内化反馈回路

5.3.2.3　知识创造与企业技术创新动态能力提升反馈回路

创新网络知识内部化、内部知识积累、知识创造与企业技术创新动态能力及其各维度之间关系密切。已有研究表明企业技术创新成果表现为知识创造的过程，而知识创造是企业技术创新动态能力与企业内外部知识交互作用的结果（如图 5-2 所示）。因此，创新绩效是知识创造的结果，是知识创造持续积累的结果。一般来讲，创新绩效能够促进企业绩效的提升，从而促使企业提升对自身技术创新和外部技术协作的投入，进而有效提升企业的原创能力和网络能力。企业绩效的提升也能够有效提升企业对外部环境的适应力，同时，企业通过经验性学习会不断提升自身对外部动态环境的适应力，进而使企业动态能力得到有效提升。企业技术创新动态能力由原创能力、网络能力和动态能力构成，构成要素的有效提升将促进企业技术创新动态能力的有效提升，反过来又促进企业知识创造，并提升企业内部知识存量。但是企业内部知识存量的增加会降低企业知识异质性，从而对企业知识创造产生一定的负面效应，这是一个负反馈回路。知识创造与企业技术创新动态能力提升反馈回路如下：技术创新动态能力→知识创造→创新绩效→企业绩效→创新投入（对外技术协作投入）→原创能力（网络能力）→技术创新动态能力；技术创新动态能力→知识创造→创新绩效→环境适应力→动态能力→技术创新动态能力；知识创造→企业内部知识存量→知识异质性→知识创造（如图5-5所示）。

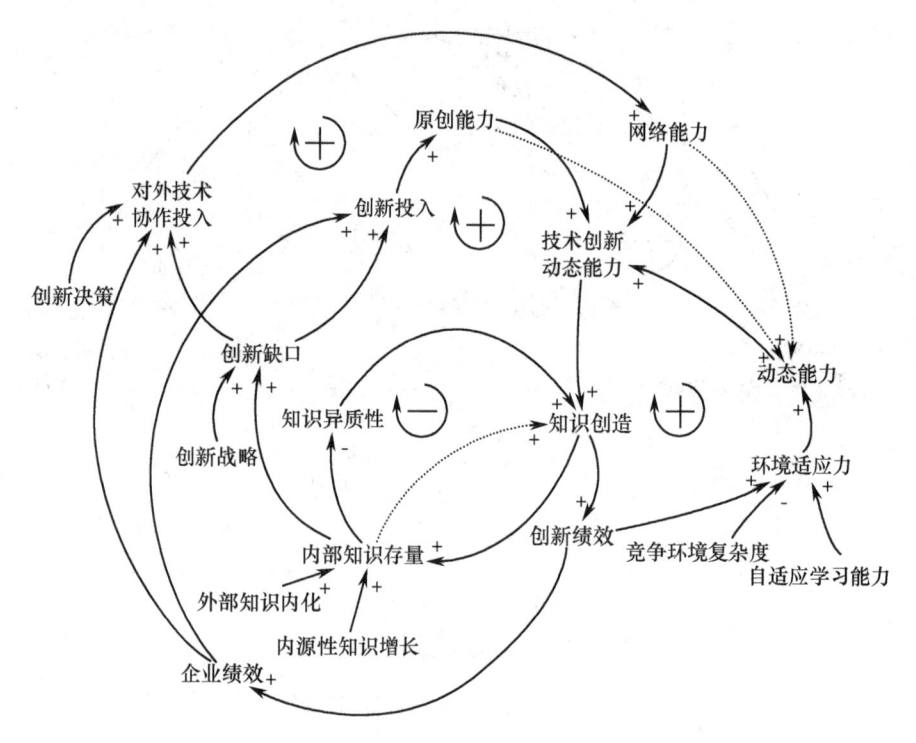

图 5-5 知识创造与企业技术创新动态能力提升反馈回路

5.4 系统动力学模型构建

上述3个反馈主回路共同影响企业创新网络演化、企业知识积累与企业技术创新动态能力演化。笔者在此基础上设计了系统动力学流图，如图5-6所示。与上述因果关系回路相对应，模型设计包含3大子系统，模型中共有4个状态变量、8个速率变量、24个辅助变量和10个外生常量（其中5个为模型设定可调节政策变量）。

5.4.1 创新网络与网络能力子系统

5.4.1.1 创新网络知识存量与外部知识内化

在模型中，创新网络的演进表现为创新网络知识的流动（积累）以及创新网络结构关系特性的变动。创新网络知识存量是企业所处创新网络的创新知识积累，在模型中是状态变量，随着创新网络的演化而变化。为方便理解，以下

5.4 系统动力学模型构建

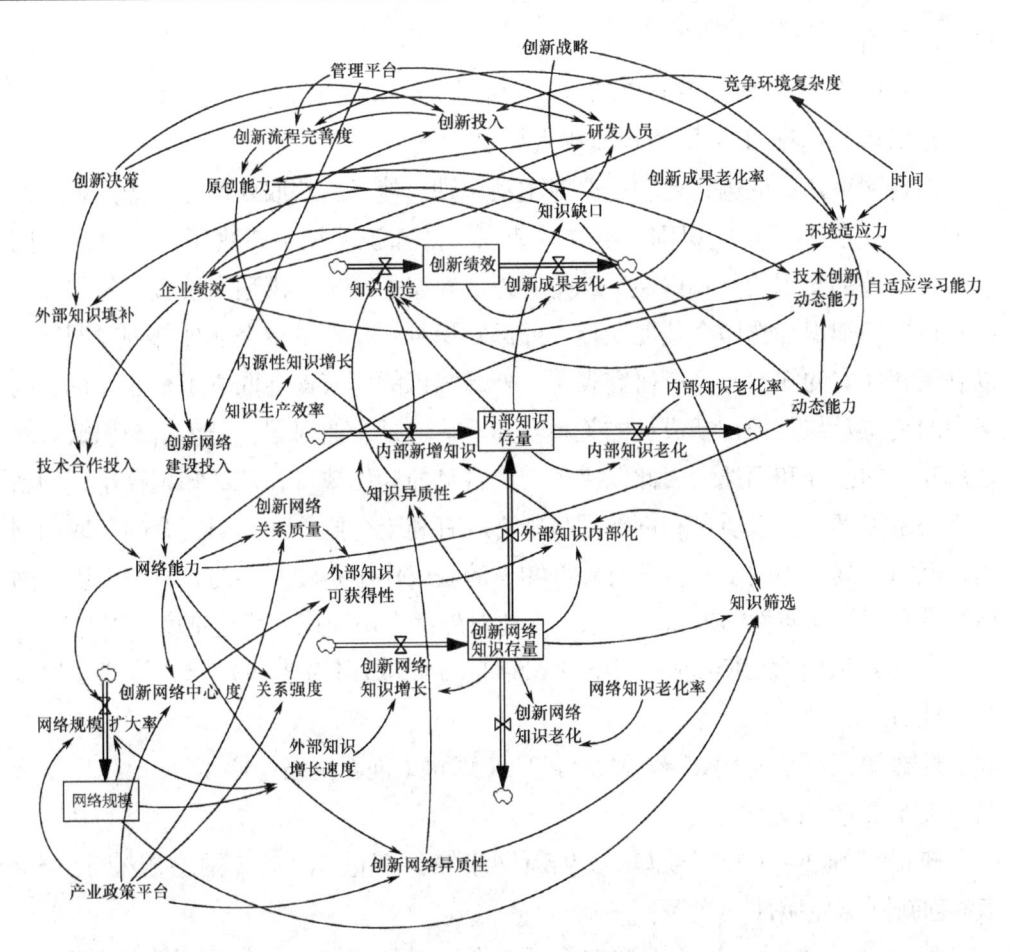

图 5-6 基于知识流动的企业创新网络—技术创新动态能力—创新绩效系统动力学流图

系统动力学仿真方程公式均采用差分方程形式进行表述。

创新网络知识存量.K=创新网络知识存量.J+DT×(创新网络知识增长.JK-创新网络知识老化.JK-α×外部知识内部化.JK)

方程中的后缀 K 代表当前时刻，J 代表前一时刻，L 代表下一时刻，JK 代表从前一时刻变化到当前时刻，KL 代表从当前时刻到下一时刻，DT 代表仿真步长，一般 DT=JK=KL。

创新网络知识存量内化并不意味着知识存量减少，因此有 α=0，创新网络知识的老化是创新网络拥有的知识中不再适应企业创新需要的部分，每年以一定比例老化，其中网络知识老化率为常量，模型设定为常数 0.1。

创新网络知识老化.JK=创新网络知识存量.J×网络知识老化率

创新网络知识增长同创新网络演化发展密切相关，已有研究表明创新网络的演化表现为创新网络的结构和关系特征的变化。在模型中，为简化分析，创新网络知识的增长与创新网络规模是成比例扩大的，这也与实地访谈的结论相符。因此有：

创新网络知识增长.JK= 创新网络知识存量.J× 知识增长速度.JK

知识增长速度.JK= 网络规模扩大率.JK/ 网络规模.J

创新网络知识的内化过程是企业主动识别、搜寻、获取外部知识的过程，而前面的分析表明，企业识别、搜寻、获取外部知识的结果取决于两个方面的因素，一是外部知识的可获得性，二是对外部知识的筛选。模型中设置了外部知识可获得性和知识筛选两个辅助变量。外部知识可获得性是指企业外部创新网络可以利用和获取的知识，已有研究表明，外部知识的可获得性取决于企业在创新网络中的地位及与其他创新成员的关系。知识筛选是企业根据自身创新知识缺口对外部知识的搜寻和筛选，因此取决于企业自身的知识缺口和外部知识存量。创新网络关系强度、关系质量和创新网络中心度有利于企业外部知识资源的获取和利用，但网络规模和网络异质性对外部知识的获取作用是较复杂的。一般来讲，网络规模和网络异质性的提高，会增加企业对外部有用知识的筛选难度。因此有：

外部知识内化.JK= 创新网络知识存量.J×（知识筛选.J）$^{\gamma_1}$×（外部知识可获得性.J）$^{\gamma_2}$

外部知识可获得性.K=（关系强度.K）$^{\gamma_3}$×（创新网络中心度.K）$^{\gamma_4}$×（创新网络关系质量.K）$^{\gamma_5}$

知识筛选.K=（知识缺口.K/ 创新网络知识存量.K）/ [（网络规模.K）$^{\gamma_6}$×（1+ 创新网络异质性.K）$^{\gamma_7}$]

其中，$\gamma_1 \sim \gamma_2$ 是知识筛选和知识可获得性对外部知识内化的影响权重系数，$\gamma_1+\gamma_2=1$。为简化模型分析，其取值为：$\gamma_1=\gamma_2=0.5$。$\gamma_3 \sim \gamma_5$ 是创新网络关系质量、关系强度、中心度等对外部知识可获得性的影响权重系数，$\gamma_3+\gamma_4+\gamma_5=1$。为简化模型分析其取值为：$\gamma_3=\gamma_4=\gamma_5=0.33$。$\gamma_6 \sim \gamma_7$ 是网络规模和创新网络异质性对知识筛选的影响权重系数，$\gamma_6+\gamma_7=1$。为简化模型分析，其取值为：$\gamma_6=\gamma_7=0.5$。

依据前述章节的研究分析，关系强度等企业创新网络特征的参数取决于企业的创新网络构建与管理能力，也取决于外部产业环境，这里主要表现为政府对产业创新环境的支持和维护。模型中设置外生常量产业政策平台表示政府对创新网络构建的支持力度，取值可以为 0~1，1 代表支持力度最大。因此有：

关系强度.K=β_1× 网络能力.K× 产业政策平台

创新网络中心度.K=β_2× 网络能力.K× 产业政策平台

创新网络关系质量.K=β_3× 网络能力.K× 产业政策平台

创新网络异质性.K=β_4× 网络能力.K× 产业政策平台

创新网络规模.K= 创新网络规模.J+DT× 网络规模扩大率.JK

网络规模扩大率.KL=β_5× 网络能力.K× 产业政策平台 × 创新网络规模.K

其中 $β_1$~$β_5$ 是网络能力对创新网络特征变量的影响系数，有 $β_1+β_2+β_3+β_4+β_5=1$。参照本书 4.5 节和 4.6 节的研究结论，创新网络各特征变量与网络能力的影响系数经加权平均处理后，分别是关系强度（关系强度 1 与关系强度 2 的合并）、网络中心度、网络关系质量、网络规模、网络异质性的影响系数分别为 0.23、0.18、0.42、0.05、0.12[①]，因此 $β_1$~$β_5$ 可以取值为：$β_1=0.23$、$β_2=0.18$、$β_3=0.42$、$β_4=0.12$、$β_5=0.05$。

5.4.1.2 网络能力

网络能力是指企业构建和维护管理外部创新网络，并有效获取和利用外部创新知识的能力。企业网络能力的建设力度取决于企业的创新导向，当企业趋向于外部导向的技术发展策略时，就会非常重视网络能力的建设。企业从外部获取技术和知识的渠道主要是技术创新合作和主动搜寻获取。因此，模型中的网络能力主要取决于两个辅助变量：技术合作投入与创新网络建设投入。技术合作投入和创新网络建设投入都受到企业绩效的影响，一般绩效较好时，企业对外部技术合作和外部创新网络建设的投入都将加大。技术合作投入和创新网络建设投入也会受到外部知识填补的影响，外部知识填补取决于创新决策与知识缺口。知识缺口表示企业发展中技术创新存在的知识欠缺，创新决策表示企业知识缺口中从外部获得技术知识的比例，其值为 0~1，数值越大代表从外部填补企业知识缺口的比例越高。创新网络建设投入主要表现为企业对外部创新网络的构建和协调能力，它还受到企业本身管理水平的影响。因此有：

外部知识填补 $.K=$ 创新决策 $.K×$ 知识缺口 $.K$

技术合作投入 $.K=$（企业绩效 $.K$）$^{ω_1}×$（外部知识填补 $.K$）^{ω_2}

创新网络建设投入 $.K=$（企业绩效 $.K$）$^{ω_3}×$（外部知识填补 $.K$）$^{ω_4}×$ 管理平台

网络能力 $.K=a×$ 技术合作投入 $.K+b×$ 创新网络建设投入 $.K$

其中 a 和 b 表示技术合作投入和创新网络建设投入对网络能力的影响系数，$a+b=1$。为简化模型分析，$a=b=0.5$。$ω_1$~$ω_4$ 代表各参数的影响权重系数，有 $ω_1+ω_2=1$，$ω_3+ω_4=1$。为简化模型分析，$ω_1$~$ω_4$ 的取值分别是 $ω_1=ω_2=0.5$；$ω_1=ω_2=0.5$。

5.4.2 原创能力与内部知识积累子系统

5.4.2.1 内部知识积累

根据知识管理理论，企业内部知识的增长包括依靠自身力量实现的内部知

[①] 此处 $β_1$~$β_5$ 根据第 4 章中相关研究结论推导得到，具体是由表 4-12 中所显示的网络能力与创新网络各特征变量之间的影响路径系数（标准化因素负荷）得到，网络能力与创新网络各特征变量之间的影响路径系数分别是 0.194、0.474、0.166、0.138、0.097、0.013。采用加权平均处理后，将关系强度 1 与关系强度 2 合并为关系强度，得到 $β_1=0.23$、$β_2=0.18$、$β_3=0.42$、$β_4=0.12$、$β_5=0.05$。

识增长（也包括企业的知识创造）和企业对外部知识的吸收消化。笔者在模型中设置了企业内部知识存量状态变量，其系统动力学差分方程如下：

内部知识存量.K= 内部知识存量.J+DT×（内部新增知识.JK+ 外部知识内化.JK− 内部知识老化.JK）

内部知识老化.JK= 内部知识存量.J× 内部知识老化率

内部新增知识.JK=（内源性知识增长.J+ 知识创造.JK+ 外部知识内化.JK）×知识异质性.J

内部知识老化是企业已有知识存量中不再适应当前企业技术创新发展需求的部分，由常量内部知识老化率所决定。本模型中内部知识老化率设定数值为0.1。

内源性知识增长是指由企业技术创新资源的投入引致的知识增长以及创新投入与已有知识碰撞形成的新增知识。因此，内源性知识增长取决于企业原创能力与知识生产效率，本模型中知识生产效率是设定外部常量，其值代表企业对技术创新单位投入所新增的内部知识，在本模型中设定为0.2，因此有：

内源性知识增长.K= 原创能力.K× 知识生产效率

在本模型中，知识异质性是辅助变量，它代表着内源性知识增长、外部知识内化、知识创造和企业内部知识存量之间的异质性程度。笔者在对企业的实地调研访谈中发现，随着企业技术创新的发展，企业内部知识会呈现同质化的现象，即知识的异质性会出现逐渐降低的趋势。同时，企业所处外部创新网络的知识存量也会对知识异质性产生影响，外部知识存量越充足，多元化程度越高，则企业知识异质性将趋于增长，文献分析的结果也基本支持这一观点。本模型中知识异质性为辅助变量，取值可以为0~1，1代表知识异质性最大。因此有：

知识异质性.K=1− 内部知识存量.K/〔（1− 创新网络异质性.K）× 创新网络知识存量.K〕

5.4.2.2 原创能力

参照前述研究分析结论和现有相关研究结论可见，原创能力主要由技术创新投入、技术创新人员及其质量、技术创新流程和知识共享机制等构成。笔者在模型中建立了创新投入、创新流程完善度和研发人员3个辅助变量。

原创能力.K=（创新投入.K）^{§_1}×（创新流程完善度.K）^{§_2}×（研发人员.K）^{§_3}

$\S_1~\S_3$是创新投入等因素对企业原创能力的影响权重系数，$\S_1+\S_2+\S_3=1$。参照本书3.3节的研究结论，经加权平均处理后，创新投入对原创能力的影响系数为0.4，创新流程完善度对原创能力的影响系数为0.2，研发人员对原创能力的影响系数为0.4[①]，因此有§₁=0.4、§₂=0.2、§₃=0.4。

企业在技术创新发展中必然会存在知识缺口，企业技术创新的知识缺口是企业创新过程中缺少的知识。总体来说，企业技术创新过程中填补知识缺口的方式有两种：一是依靠内部知识积累和知识创造；二是外部知识内化，也就是外部知识消化、吸收。本模型中的创新决策辅助变量代表企业在填补知识缺口中的决策，取值为0~1，其值表示企业寻求外部知识填补创新知识缺口的比例。企业的创新投入（表现为物质资源）与研发人员投入是企业寻求从内部填补知识缺口的方法，因此企业的创新投入与研发人员投入的多少主要取决于变量知识缺口与创新决策。从文献研究和调研的结论来看，创新投入和研发人员与企业绩效具有密切联系，一般是企业绩效越好对创新资源的投入越高。竞争环境的不确定性也会强化企业对创新的投入，以使企业保持竞争优势。在技术创新过程中，研发人员的工作效率与企业管理平台相关，好的管理平台可以营造使研发人员更加努力工作的氛围，以使他们充分发挥才能。因此模型中设置管理平台外生常量，表示企业管理规范化以及管理制度的完善程度，取值为0~1，1代表完善程度最高。因此有：

创新投入 $.K=$ （企业绩效 $.K)^{\theta_1}\times$ ［知识缺口 $.K\times$（1-创新决策）］$^{\theta_2}\times$ 竞争环境复杂度$^{\theta_3}$

研发人员 $.K=$ （企业绩效 $.K)^{\theta_4}\times$ ［知识缺口 $.K\times$（1-创新决策）］$^{\theta_5}\times$ 管理平台$^{\theta_6}$

原创能力还与企业技术创新流程相关，根据已有研究成果的分析以及笔者实地访谈的分析可见，模型中所设置的创新流程完善度除了受企业本身的管理流程和管理规范性的影响外，创新流程本身对创新内外部环境的适应性改变是另一个主要影响因素。因此有：

创新流程完善程度 $.K=$ 管理平台$^{\theta_7}\times$（环境适应力 $.K)^{\theta_8}$

$\theta_1\sim\theta_8$ 代表各参数的影响权重系数，$\theta_1+\theta_2+\theta_3=1$，$\theta_4+\theta_5+\theta_6=1$，$\theta_7+\theta_8=1$。为简化模型分析，$\theta_1\sim\theta_8$ 的取值分别是 $\theta_1=\theta_2=\theta_3=0.33$；$\theta_4=\theta_5=\theta_6=0.33$；$\theta_7=\theta_8=0.5$。

企业技术创新的知识缺口是企业创新过程中缺少的知识，当企业寻求更高的创新绩效时，也意味着企业的知识缺口更大。在模型中，创新战略为外生常量，设定为企业技术创新绩效增长速度目标，其数值以创新绩效的增长率表示。

---

① 此处§₁~§₃是根据第3章中的相关研究结论推导得到，具体是由表3-22中所显示的原创能力与Y ①~YC5之间的影响路径系数（标准化因素负荷）得到，原创能力与Y ①~YC5之间的影响路径系数分别是0.770、0.743、0.844、0.788、0.809。采用加权平均处理后，根据各题项具体内容将Y ①和YC2合并确定研发人员的影响系数，将Y ③和YC4合并确定创新投入的影响系数，YC5可以单独确定创新流程完善度影响系数，经加权平均处理后，得到§₁=0.4、§₂=0.2、§₃=0.4。

从知识管理的角度来看，企业确定了相应的创新战略目标，实际上也就确定了企业技术创新过程中的知识缺口。而知识缺口除了与企业创新战略相关外，还与企业内部知识存量相关。因此有：

知识缺口 .K= 创新战略 × 内部知识存量 .K

5.4.3 动态能力、技术创新动态能力与创新绩效子系统

5.4.3.1 动态能力与技术创新动态能力

动态能力是企业整合内外知识、适应内外环境进行适应性更新的能力，这也是已有研究的主流观点。前述研究表明动态能力是建立在企业本身原创能力和对外协调、适应能力基础上的能力，因此在模型中，动态能力是由环境适应力、原创能力和网络能力所决定的辅助变量，即企业的环境适应力、原创能力和网络能力越强，其动态能力也越高。

动态能力 .K=（c× 网络能力 .K+d× 原创能力 .K）$^{\rho_1}$×（环境适应力 .K）$^{\rho_2}$

其中 c 和 d 是网络能力和原创能力对动态能力的影响系数，有 c+d=1，参照本书 4.5 节和 4.6 节的研究结论，经加权平均处理后，网络能力对动态能力的影响系数为 0.34，原创能力对动态能力的影响系数为 0.66[①]，因此有 c=0.34，d=0.66。ρ_1、ρ_2 是构成要素对动态能力影响权重系数，有 $\rho_1+\rho_2=1$，为简化模型分析，取 $\rho_1=\rho_2=0.5$。

环境适应力是企业对外部动态环境的适应力，也包括企业根据内外环境对自身能力进行更新重构的能力。从文献研究和调研的结论来看，企业都具备自适应学习能力，也即企业会不断从内外环境中吸收经验性知识，提升自身对环境的适应力。而环境适应力可以反映企业的这种经验性学习提升，因此会随着时间而积累提高。在模型中，环境适应力也与企业绩效相关，通常企业绩效越好，创新网络的知识可获得性越高，企业的环境适应力也越强。

环境适应力 .K= 企业绩效 .K / 竞争环境复杂度 .K+ 自适应学习能力 ×Time

自适应学习能力为外生常量，其值代表企业吸收内外环境中的经验性知识来提升自身对环境的适应力，是一种自学习能力，与企业文化、企业氛围以及对外部环境的反映等紧密相关。环境适应力不仅与企业绩效和外部环境复杂度相关，也与企业学习能力相关。

技术创新动态能力是由网络能力、动态能力和原创能力构成的多维度能力，根据前述章节的研究结论，模型中技术创新动态能力的计算公式如下。

[①] 此处 c 和 d 根据第 4 章中的相关研究结论推导得到，具体是由表 4-12 中所显示的动态能力与原创能力和网络能力之间的影响路径系数（标准化因素负荷）得到，这两个影响路径系数分别为 0.378 和 0.218。采用加权平均处理后，得到 c=0.34，d=0.66。

技术创新动态能力.K=h$_1$×动态能力.K+h$_2$×原创能力.K+h$_3$×网络能力.K

h$_1$~h$_3$ 是构成要素对技术创新动态能力的影响系数，有 h$_1$+h$_2$+h$_3$=1。根据本书 3.3 节的研究结论，经加权平均处理后，h$_1$~h$_3$ 可以取值为：h$_1$=0.35；h$_2$=0.34；h$_3$=0.31[①]。

5.4.3.2 企业创新绩效

根据本书 5.3 节的研究可以得到这样一个结论：企业技术创新是知识流动的过程，企业技术创新的结果体现为知识创造。也可以认为企业技术创新绩效是企业知识创造在企业经营或市场上的成功积累，因此有：

创新绩效.K= 创新绩效.J+DT×（知识创造.JK- 创新成果老化.JK）

创新成果老化是企业技术创新成果中不再适应市场，不再适应企业发展需求的部分，由常量创新成果老化率所决定，模型中这一常量被设定为 0.1。

创新成果老化.JK= 创新绩效.J× 创新成果老化率

企业技术创新结果体现为知识创造的过程，技术创新是指企业在对内外知识进行整合的基础上通过技术创新动态能力实现知识创造。在模型中，内外知识的整合体现为内源性知识增长和外部知识内化的整合过程，最终体现为企业内部知识存量。同时由于知识创造的过程具有较大随机性和偶然性，因此有：

知识创造.K=Random Uniform（0.8，1.2，0）× 内部知识存量$^{\mu_1}$× 技术创新动态能力$^{\mu_2}$

μ_1~μ_2 代表各参数的影响权重系数，有 μ_1+μ_2=1。为简化模型分析，μ_1~μ_2 的取值为 μ_1=μ_2=0.5。

竞争环境复杂度主要由企业所处行业的竞争环境所决定，具有较大随机性和变动性，同时也与企业发展阶段相关，通常随着发展经营规模扩大，企业所处的外部环境复杂度也越高。为简化模型，环境复杂度随企业发展而变化，其公式如下：

竞争环境复杂度 =Random Uniform（0.5，1.5，0）+0.1×Time

企业绩效的影响因素多且影响机制复杂，具有较大的不确定性。已有研究表明创新绩效对企业绩效具有较大的影响作用，同时企业绩效水平的变动受到环境不确定性的影响，当环境复杂度较高时，企业绩效将受到负面影响。因此模型中企业绩效公式如下。

企业绩效.K=Random Uniform（0.8，1.2，0）× 创新绩效.K/ 竞争环境复杂度.K

[①] 此处 h$_1$~h$_3$ 根据第 3 章中的相关研究结论推导得到，具体是由图 3-3 中所显示的动态能力、原创能力、网络能力和技术创新动态能力之间的影响路径系数得到，这 3 个影响路径系数分别为 0.84、0.96 和 0.92。采用加权平均处理后，得到 h$_1$=0.35；h$_2$=0.34；h$_3$=0.31。

5.5 模型仿真结果及分析

5.5.1 技术创新动态能力及创新网络演化仿真分析

本书的系统模型一共设立了5个外生决策变量参数，分别是创新战略、创新决策、管理平台、产业政策平台和自适应学习能力。创新战略和创新决策代表着企业制订的技术创新发展增长期望以及对技术创新发展方向的决策。创新战略初始值设定为0.1，也即企业寻求技术创新绩效增长率为10%；创新决策初始值设定为0.5，也即企业在内部技术发展和外部技术知识获取之间采取均衡性策略。管理平台代表企业管理规范化以及管理制度的完善程度，代表企业自身的管理水平，取值为0~1，1表示完善程度最高，管理平台初始值设定为0.6。自适应学习能力代表企业从内外环境吸收经验性知识来提升自身对环境的适应力，是一种自学习能力，其值代表企业通过经验积累每年对环境适应力的提高程度，初始值设定为0.05。产业政策平台代表政府对企业创新网络构建的支持力度以及产业政策对企业技术创新的支持力度，取值可以为0~1，1代表支持力度最大，初始值设定为0.6。

模型中设定的状态变量都是无量纲变量，数值大小只代表其存量变动幅度。假设企业内部知识存量初始值为1，外部创新网络知识存量初始值为10，创新网络规模以及企业创新绩效存量初始值都为1。

本书在模型仿真分析中采用美国Ventana Systems Inc.公司开发的Vensim PLE软件进行模型的仿真分析。取Initial Time=0, Final Time=20, Time Step=1, Units for Time：Year。模型仿真运行结果如表5-1，以及图5-7到图5-30所示。

图5-7显示，随着企业的发展壮大，企业所面对的竞争环境将变得更加复杂和多变，因此企业竞争环境的复杂度会出现震荡递增的趋势。从仿真图形可以看出，企业发展壮大的过程中必然会面临更复杂的竞争环境，而市场竞争的加剧会使企业绩效具有更强的不确定性，同时由于创新绩效具有较强的不确定性，会导致企业绩效出现震荡前行的特征（如图5-8所示）。

仿真图形图5-9到图5-15是企业网络能力与创新网络发展演化的仿真结果，从图中可以看出企业网络能力的提升演进能够有效促进创新网络的演化，随着企业网络能力的提升，企业创新网络规模呈现递增扩大的趋势，同时企业在创新网络中的地位也显著提升，与其他创新成员之间的关系强度得到加强，创新网络成员之间的相互信任和合作程度也得到提高，这体现为仿真图形中企业

5.5 模型仿真结果及分析

表 5-1 创新网络—技术创新动态能力—创新绩效模型仿真分析主要变量数据

单位：无

时间（年）	0	1	2	3	4	5	6	7	8	9	10	11	12	13	14	15	16	17	18	19	20
企业绩效	1.02	0.90	1.11	1.26	1.12	1.24	1.42	1.59	1.97	1.77	1.83	2.14	2.70	2.46	3.08	2.67	3.52	3.17	3.26	3.58	3.67
竞争环境复杂度	0.99	1.25	1.20	1.16	1.80	1.70	1.70	1.78	1.45	2.10	2.46	2.11	1.70	2.56	2.14	2.98	2.18	2.68	2.87	2.89	3.12
知识缺口	0.10	0.13	0.16	0.21	0.26	0.30	0.36	0.41	0.47	0.54	0.60	0.68	0.76	0.85	0.95	1.07	1.18	1.33	1.47	1.64	1.84
创新投入	0.04	0.05	0.07	0.08	0.14	0.15	0.19	0.23	0.24	0.33	0.41	0.42	0.45	0.66	0.75	0.91	0.98	1.11	1.31	1.64	2.03
研发人员	0.47	0.42	0.47	0.48	0.44	0.44	0.48	0.51	0.59	0.51	0.50	0.55	0.69	0.62	0.80	0.65	0.91	0.79	0.83	0.98	1.07
创新流程完善度	0.26	0.21	0.27	0.31	0.25	0.28	0.32	0.35	0.44	0.38	0.39	0.45	0.54	0.49	0.58	0.54	0.65	0.62	0.65	0.70	0.72
原创能力	0.25	0.23	0.27	0.29	0.28	0.29	0.33	0.37	0.42	0.41	0.44	0.48	0.56	0.61	0.74	0.73	0.89	0.88	0.98	1.19	1.39
技术合作投入	0.07	0.08	0.11	0.14	0.16	0.18	0.22	0.26	0.33	0.31	0.33	0.40	0.53	0.52	0.70	0.61	0.90	0.83	0.91	1.13	1.30
网络能力	0.06	0.07	0.09	0.11	0.13	0.14	0.17	0.21	0.27	0.25	0.27	0.32	0.42	0.41	0.56	0.49	0.72	0.66	0.73	0.91	1.04
网络规模	1.00	1.10	1.21	1.34	1.48	1.63	1.80	1.99	2.20	2.44	2.70	2.99	3.32	3.70	4.11	4.59	5.12	5.74	6.43	7.21	8.13
创新网络中心度	0.14	0.14	0.14	0.15	0.15	0.15	0.16	0.16	0.17	0.17	0.17	0.17	0.19	0.19	0.21	0.20	0.23	0.22	0.23	0.25	0.27
创新网络关系质量	0.34	0.34	0.35	0.35	0.36	0.36	0.37	0.38	0.40	0.40	0.40	0.42	0.45	0.45	0.50	0.47	0.55	0.53	0.55	0.61	0.65
创新网络知识存量	10.00	10.52	11.06	11.65	12.27	12.93	13.63	14.38	15.19	16.07	17.00	17.99	19.06	20.25	21.52	22.96	24.44	26.19	28.03	30.04	32.36
内部知识存量	1.00	1.34	1.64	2.10	2.57	3.04	3.56	4.11	4.70	5.35	6.04	6.77	7.58	8.54	9.52	10.67	11.78	13.30	14.75	16.41	18.41
知识异质性	0.90	0.87	0.85	0.82	0.79	0.76	0.74	0.71	0.69	0.66	0.64	0.62	0.59	0.57	0.55	0.53	0.50	0.48	0.46	0.43	0.41
外部知识内化	0.16	0.16	0.25	0.28	0.32	0.36	0.41	0.46	0.54	0.59	0.66	0.75	0.89	0.97	1.17	1.24	1.56	1.67	1.91	2.30	2.70
内源性知识增长	0.05	0.05	0.05	0.06	0.07	0.06	0.07	0.07	0.08	0.08	0.09	0.10	0.11	0.12	0.15	0.15	0.18	0.18	0.20	0.24	0.28
知识创造	0.09	0.11	0.15	0.15	0.15	0.20	0.20	0.22	0.23	0.28	0.32	0.35	0.39	0.41	0.38	0.38	0.54	0.45	0.57	0.55	0.67
动态能力	0.08	0.06	0.09	0.12	0.09	0.11	0.15	0.18	0.27	0.23	0.25	0.32	0.46	0.45	0.66	0.58	0.91	0.84	0.97	1.27	1.53
技术创新动态能力	0.18	0.16	0.19	0.21	0.21	0.22	0.25	0.29	0.35	0.34	0.36	0.41	0.51	0.54	0.69	0.66	0.87	0.84	0.94	1.17	1.38
创新绩效	1.00	1.04	1.11	1.21	1.30	1.38	1.51	1.63	1.77	1.91	2.10	2.31	2.54	2.80	3.07	3.30	3.51	3.88	4.13	4.49	4.82

143

5 创新网络与企业技术创新动态能力协同演进分析

创新网络中心性、关系强度、关系质量等特征变量随着网络能力的提高而出现近似线性的震荡递增趋势。图 5-15 显示了创新网络演化的各项特征的总体变化。

图 5-16 到图 5-20 是企业技术创新动态能力及其构成要素的发展演化的仿真结果，从中可以看出技术创新动态能力的发展呈现近似线性的增长。图 5-19

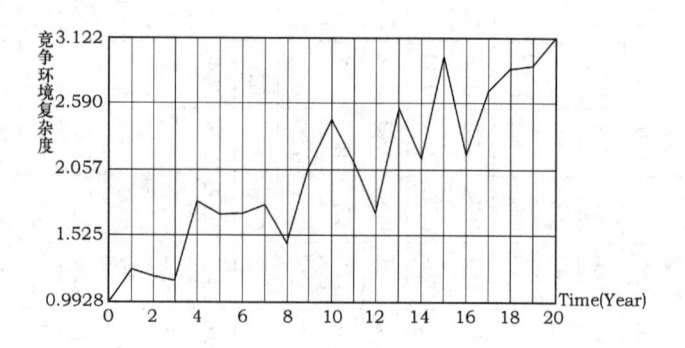

图 5-7　企业竞争环境复杂度模型仿真结果

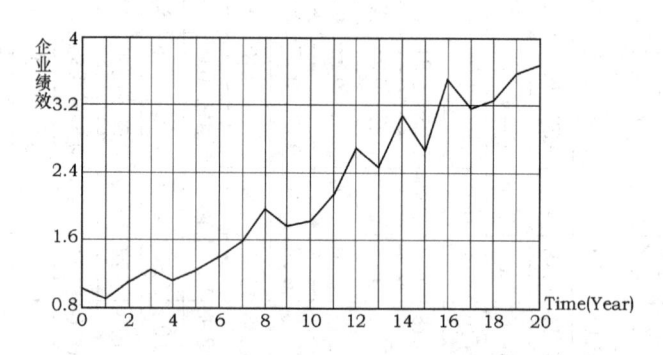

图 5-8　企业绩效模型仿真结果

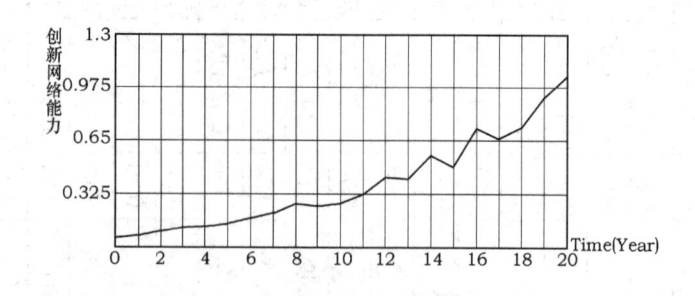

图 5-9　创新网络网络能力模型仿真结果

5.5 模型仿真结果及分析

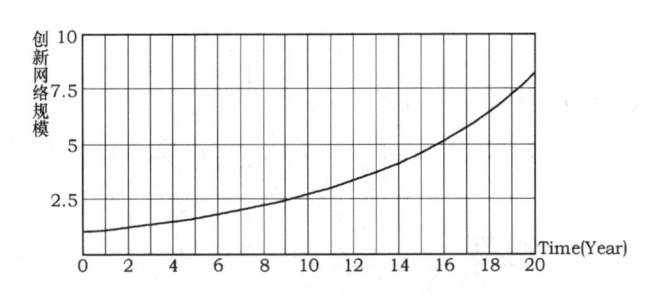

图 5-10 创新网络网络规模模型仿真结果

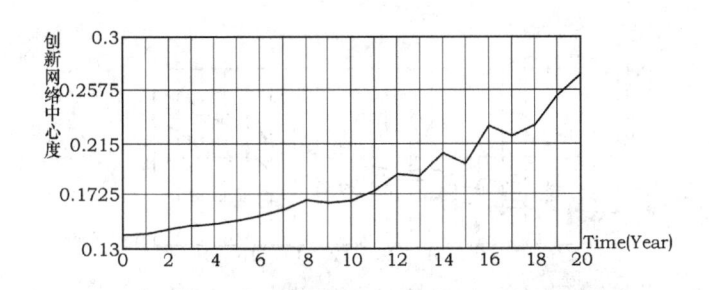

图 5-11 创新网络中心度模型仿真结果

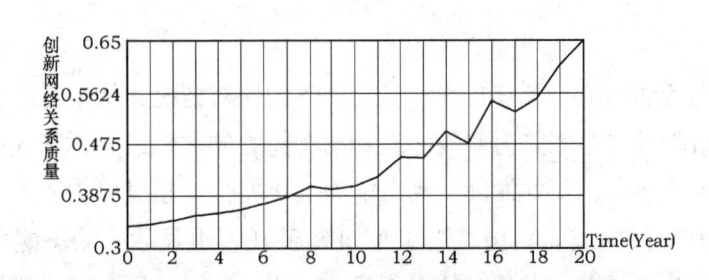

图 5-12 创新网络关系质量模型仿真结果

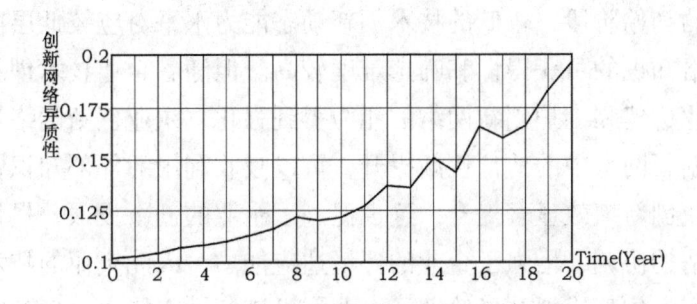

图 5-13 创新网络异质性模型仿真结果

5 创新网络与企业技术创新动态能力协同演进分析

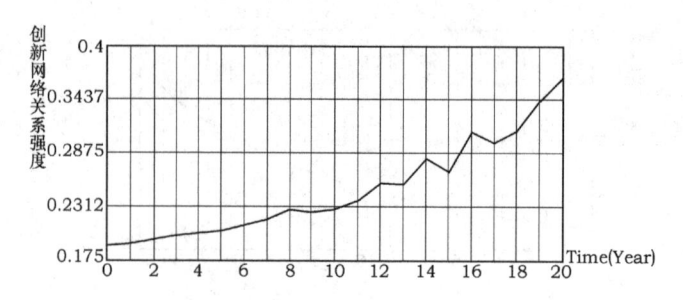

图 5-14 创新网络关系强度模型仿真结果

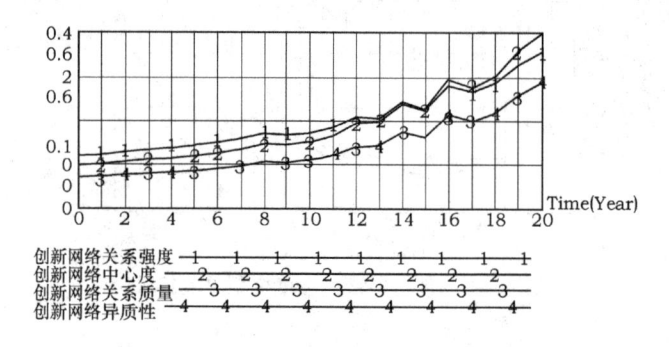

图 5-15 创新网络特征演化模型仿真结果

显示了技术创新动态能力及其各要素发展演化的比对情况，从中可以看出，在技术创新的初始阶段，原创能力对技术创新动态能力的贡献最大，其次是动态能力要素，随着企业技术创新的发展，动态能力的重要性将超过原创能力。企业技术创新动态能力及其构成要素仿真结果（如图5-19）也显示，动态能力要素提升速度高于其他两个要素，因此对技术创新动态能力的贡献呈现增加的趋势。

图 5-20 显示了企业创新网络与企业技术创新动态能力的协同演进过程，从仿真结果来看，企业创新网络与技术创新动态能力具有较高的协同发展趋势。在企业发展的初始阶段，较低的技术创新动态能力水平对应较低层次的创新网络，创新网络知识的可获得性和筛选难度较高。但随着企业技术创新动态能力的提升，企业构建和维护创新网络的能力得到强化，企业创新网络规模逐渐扩大，企业在创新网络中的地位逐渐提升，可以吸收利用的外部知识资源也越来越丰富，企业创新绩效显著提升，这也促进了企业的创新投入，强化了企业对外部创新网络的协调，增强了企业的环境适应能力，因此企业的技术创新动态能力得到提高。仿真模拟结果验证了企业技术创新动态能力与创新网络的协同演进发展路径，具体体现为：技术创新动态能力→创新网络构建与协调（创新

投入）→创新网络→外部知识内化→内外知识整合与创造→创新绩效→技术创新动态能力。

  图 5-21 到图 5-30 是企业基于知识流动的技术创新过程的发展演化仿真结果。仿真结果揭示了企业知识增长及其增长影响因素，以及创新绩效的增长及其增长驱动因素。企业的内源性知识增长、内部知识创造、外部知识内化都会推动企业内部新增知识增长，其中外部知识内化对企业新增知识增长的影响作用最为显著，但随着企业内部知识存量的增大，企业知识异质性下降，这在一

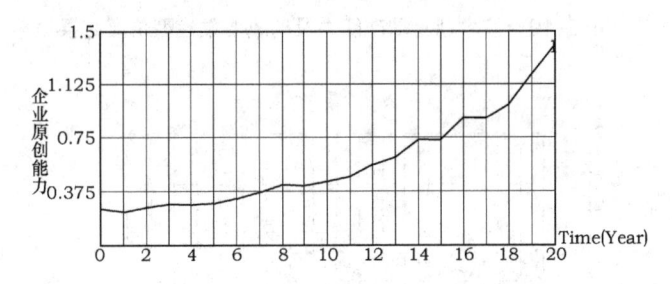

图 5-16 企业原创能力模型仿真结果

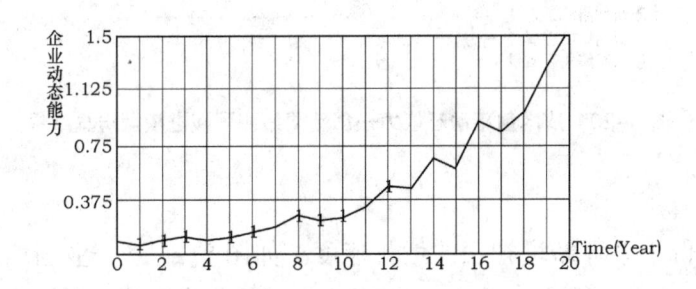

图 5-17 企业动态能力模型仿真结果

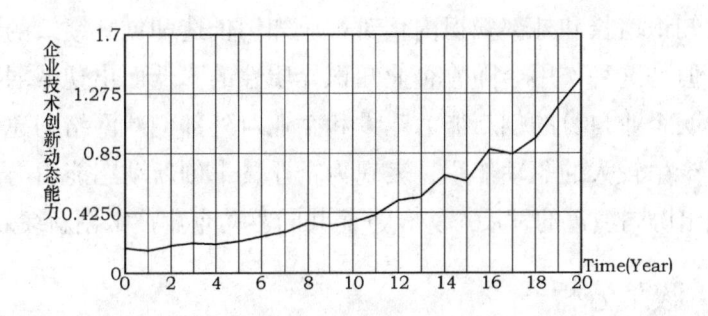

图 5-18 企业技术创新动态能力模型仿真结果

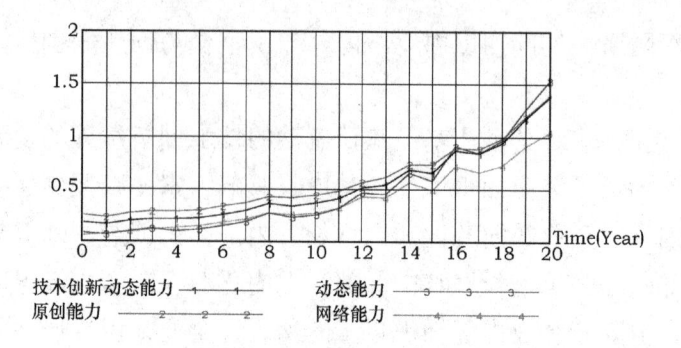

图 5-19 技术创新动态能力及构成要素模型仿真结果

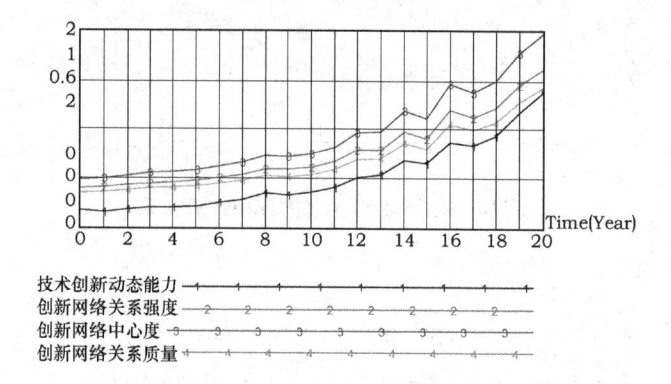

图 5-20 技术创新动态能力—创新网络协同演进模型仿真结果

定程度上降低了企业新增知识的增长速度。如图 5-28 是企业新增知识的各种影响因素与企业新增知识之间的相互影响作用的仿真图形。随着企业内部知识的增长以及企业技术创新动态能力的提高,企业知识创造和创新绩效呈现出近似线性的增长趋势。从仿真图形可以看出,在企业发展技术创新的各个阶段,企业内源性知识增长和外部知识内化对企业知识创造和创新绩效的驱动作用都非常显著,但是这种作用会随着企业知识异质性的降低而出现减弱趋势。模型仿真结果说明企业自身的创新能力建设和企业对外部创新网络的建设都会对企业技术创新产生较大的驱动作用,表现为企业技术创新动态能力与企业创新网络之间呈现出协同演进的发展态势,进而共同驱动企业技术创新绩效提升。

5.5.2 政策分析

在模型中,外生可调节变量为创新战略、创新决策、管理平台、产业政策平台和自适应学习能力。创新战略和创新决策代表着企业制订的技术创新发展

5.5 模型仿真结果及分析

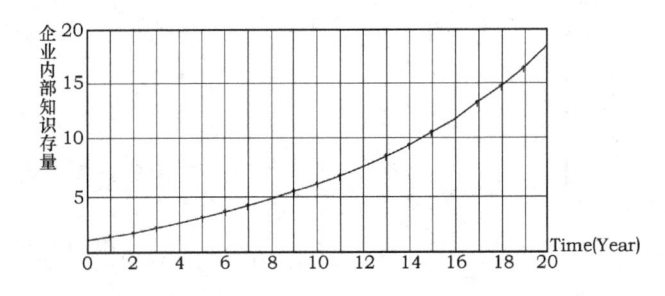

图 5-21 企业内部知识存量模型仿真结果

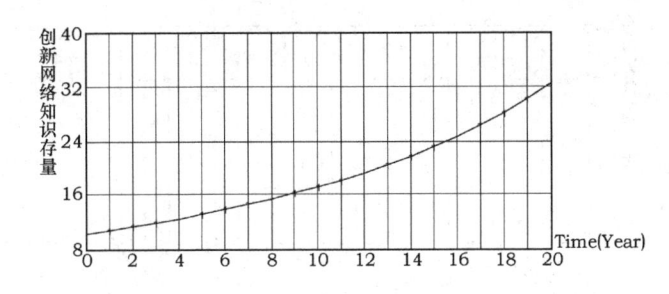

图 5-22 创新网络知识存量模型仿真结果

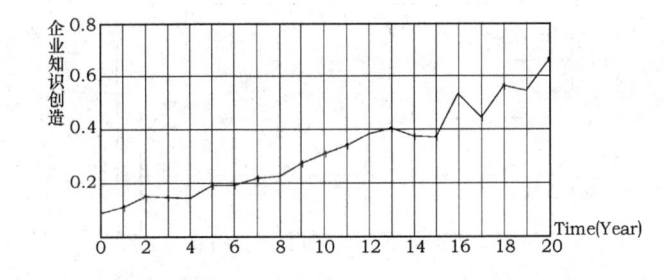

图 5-23 企业知识创造模型仿真结果

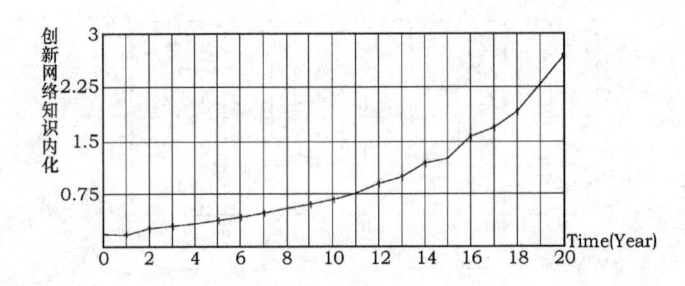

图 5-24 创新网络知识内化模型仿真结果

图 5-25 内源性知识增长模型仿真结果

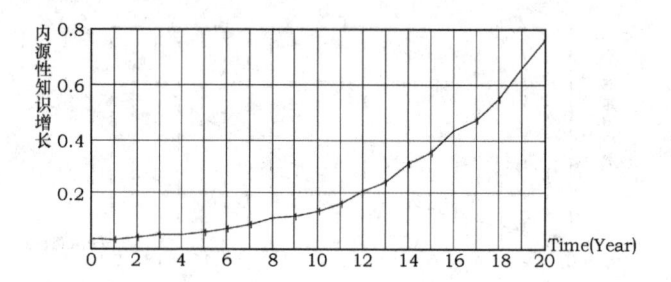

图 5-26 企业内部新增知识模型仿真结果

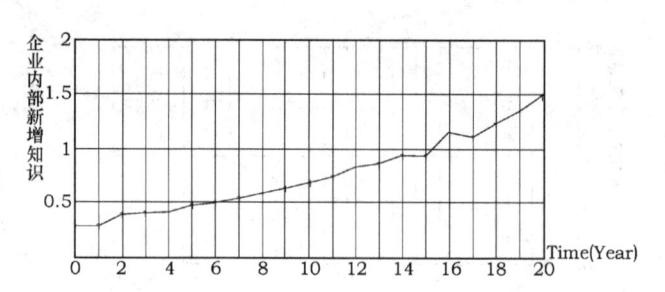

图 5-27 企业知识异质性模型仿真结果

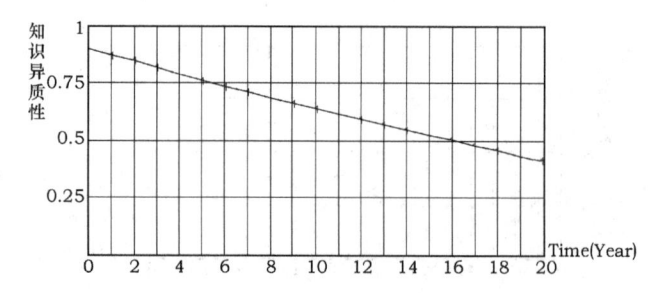

图 5-28 企业知识增长及其影响因素模型仿真结果

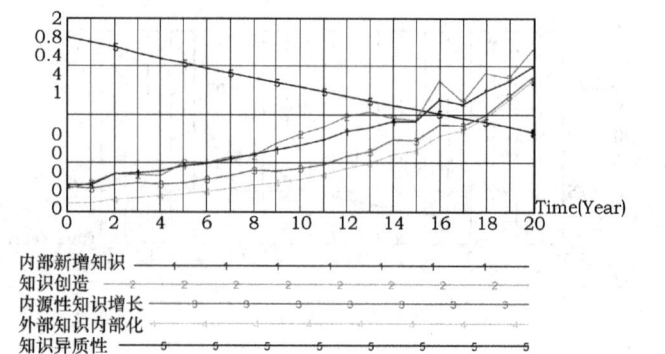

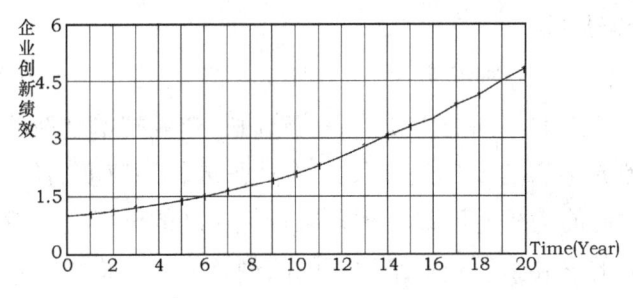

图 5-29 企业创新绩效模型仿真结果

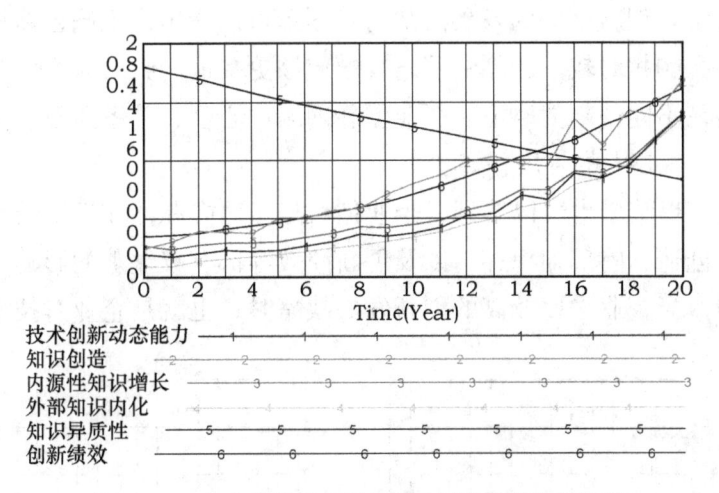

图 5-30 企业创新绩效及其驱动因素模型仿真结果

增长期望和对技术创新发展方向的决策。创新战略初始值设定为 0.1，即企业寻求技术创新绩效增长率为 10%；创新决策初始值设定为 0.5，即企业在内部技术发展和外部技术知识获取之间采取均衡性策略。管理平台表示企业管理规范化和管理制度的完善程度，代表企业自身的管理水平，取值为 0~1，1 代表完善程度最高，管理平台初始值设定为 0.6。自适应学习能力代表企业从内外环境中吸收经验性知识以提升自身对环境的适应力，是一种自学习能力，其值代表企业通过经验积累每年对环境适应力的提高程度，初始值设定为 0.05。产业政策平台代表政府对企业创新网络构建的支持力度，以及产业政策对企业技术创新的支持力度，取值可以为 0~1，1 代表支持力度最大，初始值设定为 0.6。下面我们分别调节创新战略、创新决策、管理平台、产业政策平台的值和自适应学习能力，观察这些决策变量对创新网络、技术创新动态能力和创新绩效的影响变化的规律。

5.5.2.1 创新战略

首先,将创新战略分别设定为 5%、10%、15%、20%,从仿真结果图 5-31 可以看出,当企业采取不同的创新发展战略时,企业技术创新动态能力的发展会呈现显著的差异(如图 5-31d 所示),企业采取较高速度的创新发展战略时,企业技术创新动态能力提升明显快于采取较低速度的创新发展战略。具体到技术创新动态能力的三要素,企业采取不同的创新战略,将影响企业对创新的投入,企业原创能力的发展也会呈现较显著的差异。同时,不同的创新战略也将影响企业对外部创新网络的维护和利用,这体现为在不同的创新战略下企业的网络能力和动态能力呈现不同的发展趋势。当企业采取不同的创新发展战略时,会显著影响企业创新网络的发展。从仿真图形可以看出,不同创新战略对创新网络规模的影响相对较小,创新网络规模应该更多地受到政府产业政策平台的影响。但是在不同创新战略下,企业创新网络中心度、关系质量、关系强度和网络异质性呈现较大的发展差异。

从仿真图形结果也可以看到,企业创新战略对内源性知识增长、外部知识内化、知识创造、内部知识存量以及创新绩效等都有较显著的影响。但从图中也可以看到,当企业采取较高的创新发展战略时,也就是企业对技术创新的投

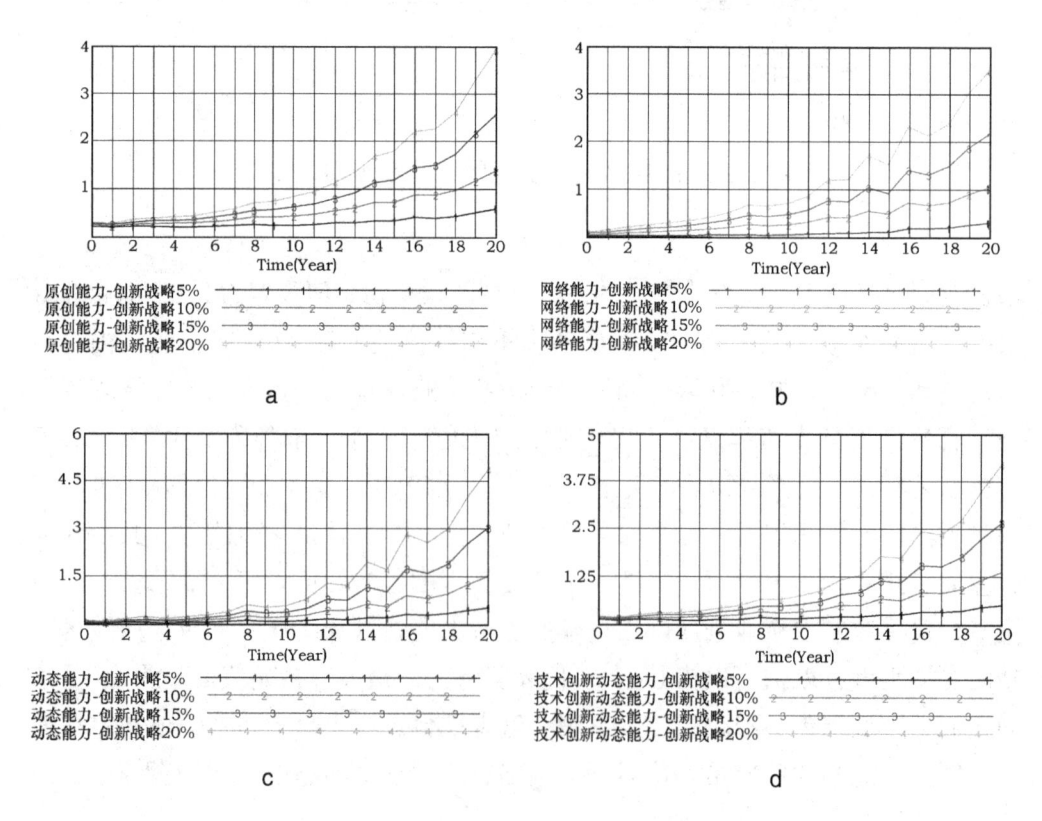

图 5-31 不同创新战略下模型仿真结果比较

5.5 模型仿真结果及分析

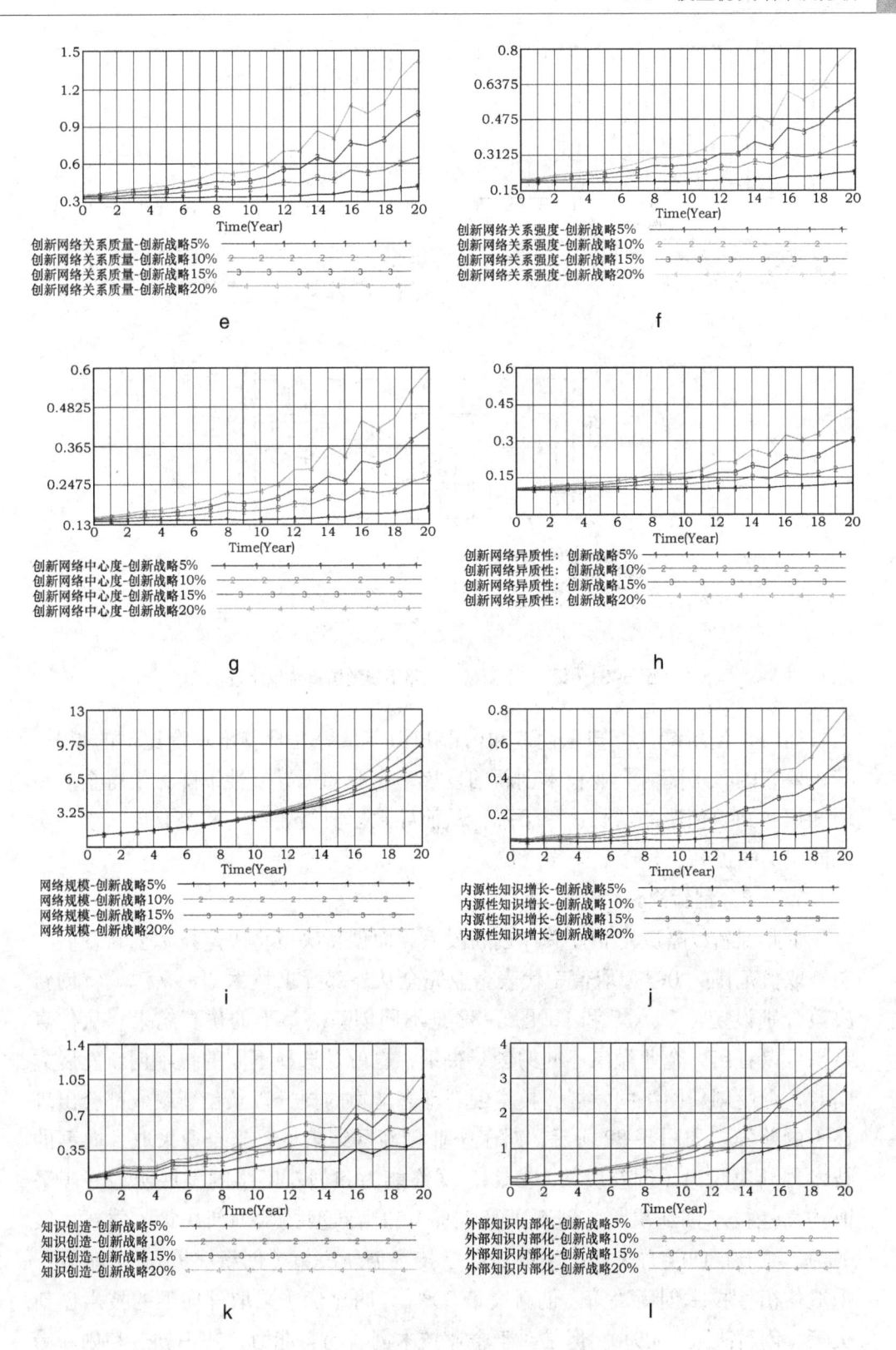

e

f

g

h

i

j

k

l

图 5-31（续） 不同创新战略下模型仿真结果比较

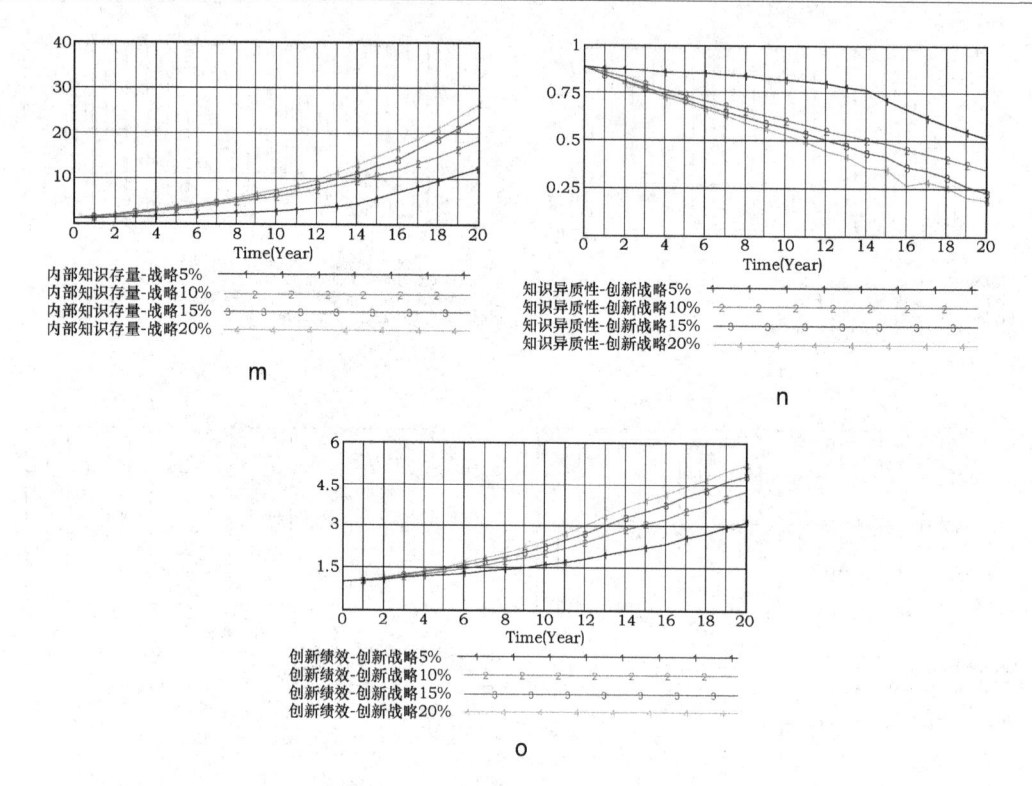

图 5-31（续） 不同创新战略下模型仿真结果比较

入较高时，创新绩效、知识创造和内部知识存量等并没有出现等比例的提升，其主要原因在于随着企业技术创新的发展，企业知识异质性下降，使得企业新增知识和知识创造的增长速率下降，从而导致创新绩效不能和企业创新投入实现同比例的提升。

5.5.2.2 创新决策

企业创新战略决定企业总体创新投入，而创新决策将决定技术创新发展方向，取值范围为0~1，取值1代表企业完全从外部寻求技术知识来源。将创新决策分别设定为0、0.5和1，图5-32是不同创新决策下的仿真结果。从仿真结果可以看出，企业做出不同的创新决策，也就是选择不同的技术创新发展方向时，企业创新网络的发展、技术创新动态能力的提升以及创新绩效都会出现显著的差异。如图5-32所示，对于企业创新网络来说，当企业采取外向型的技术创新决策时（创新决策100%），网络能力和创新网络的发展明显好于采取均衡性技术创新决策（创新决策50%）和内向型技术创新决策（创新决策0%）。对于原创能力来说，采取内向型技术创新决策（创新决策0%）略好于采取均衡性技术创新决策（创新决策50%），明显优于采取外向型的技术创新决策（创新决策100%）。但是对于企业技术创新动态能力、知识创造和创新绩效的发展来说，采取均衡性技术创新决策（创新决策50%）显著优于采取外向

5.5 模型仿真结果及分析

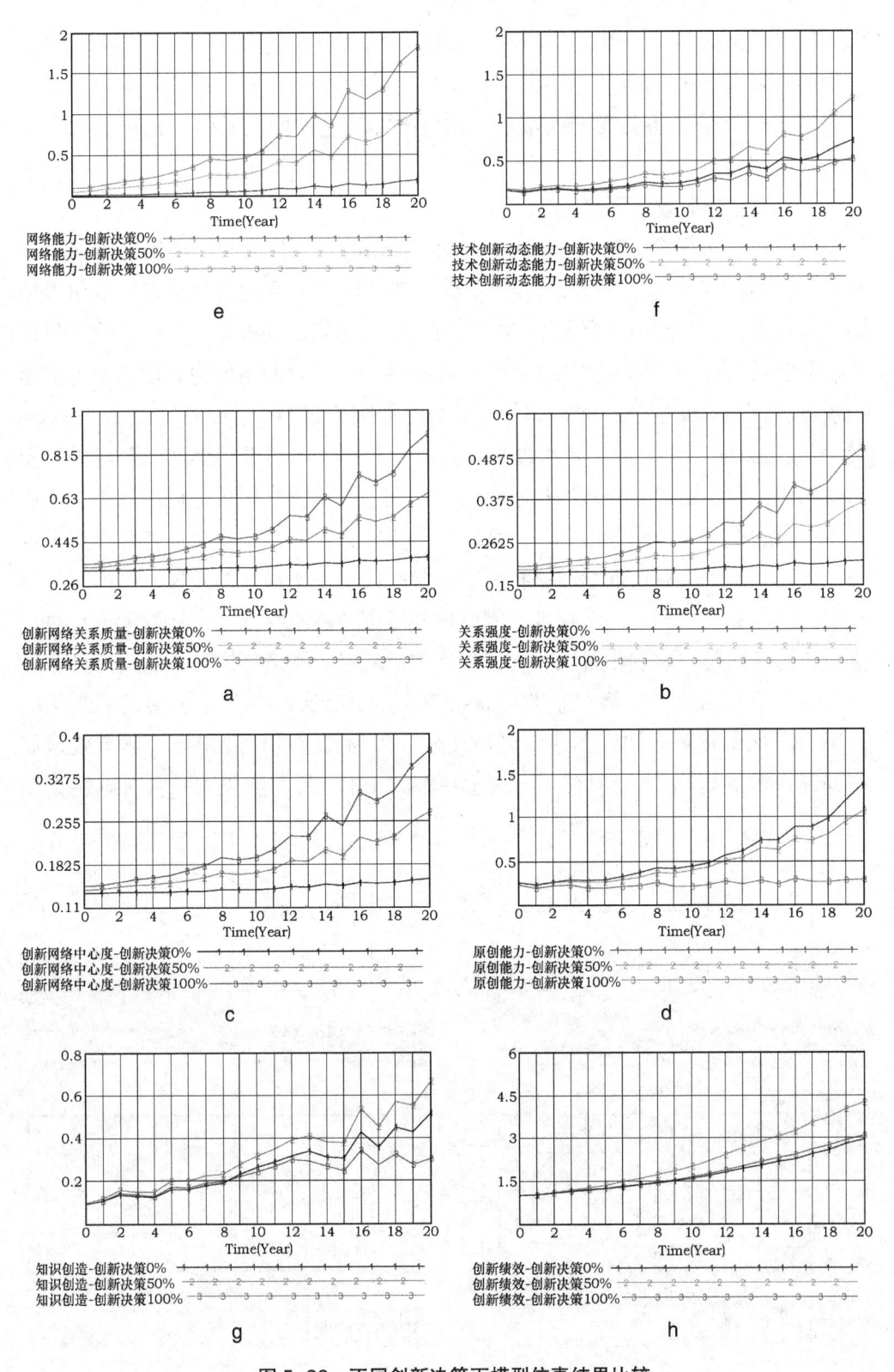

图 5-32 不同创新决策下模型仿真结果比较

型的技术创新决策（创新决策100%）和内向型技术创新决策（创新决策0%）。这说明企业在技术创新动态能力和技术创新的发展过程中，对于企业内外技术知识资源应该采取协调发展的策略，这样才能使企业的技术创新动态能力和创新绩效更好。

5.5.2.3 产业政策平台

将产业政策平台的值分别设定为0.3、0.6和0.9，代表政府政策对企业创新及创新网络的支持力度，图5-33是不同产业政策平台下的仿真结果。从仿真结果可以看出，产业政策平台的变动也会对企业技术创新动态能力产生影响。具体到技术创新动态能力的三要素，产业政策平台的变动对网络能力和动态能力的影响较显著，而对原创能力的影响并不显著（如图5-33-e、图5-33-f、图5-33-g所示）。这说明产业政策主要通过影响企业对外部知识的可获得性以及对内外知识资源的整合进而影响企业的技术创新动态能力。从仿真结果也可以看出，产业政策平台的变动会对企业的创新网络演化产生较大影响。由于企业外部产业平台的完善程度不同，企业创新网络特征在不同阶段呈现出显著的差异，例如网络中心度、网络关系质量、关系强度与网络规模等创新网络特征。产业政策平台对企业创新网络规模的影响相对较小，但相比创新战略对网络规模的影响较为显著。

产业平台的变动也会对企业创新绩效产生显著影响，其主要通过创新网络知识的内化影响企业知识创造和创新绩效，因为良好的产业平台能够有效地促进外部知识的内化，进而促进企业创新绩效提升。而产业政策平台对内源性知

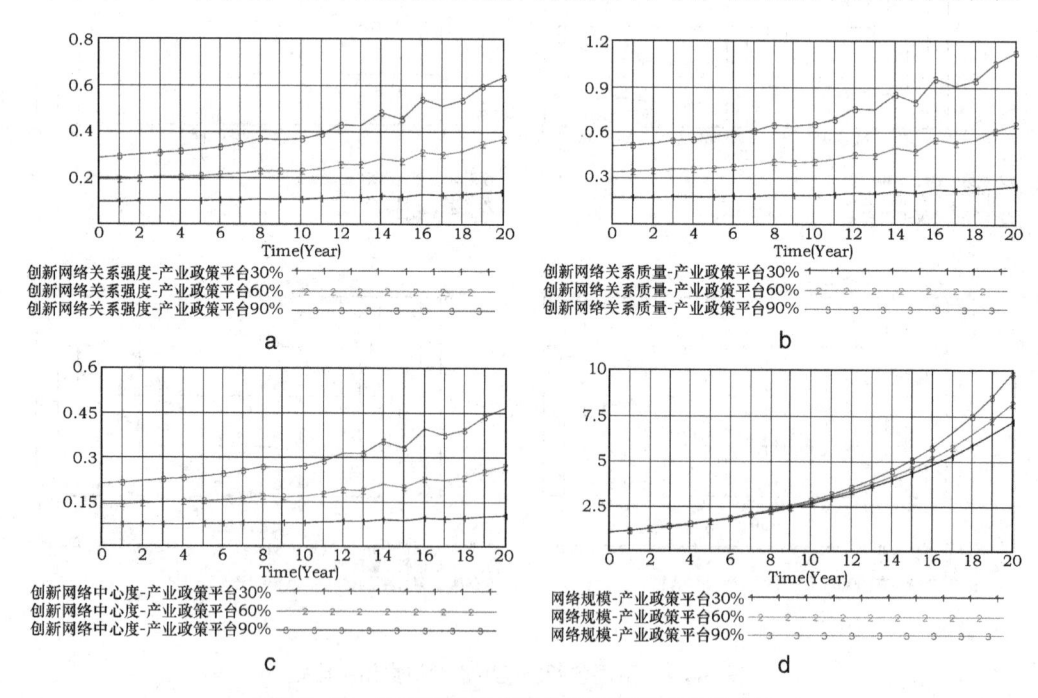

图 5-33 不同产业政策平台下模型仿真结果比较

5.5 模型仿真结果及分析

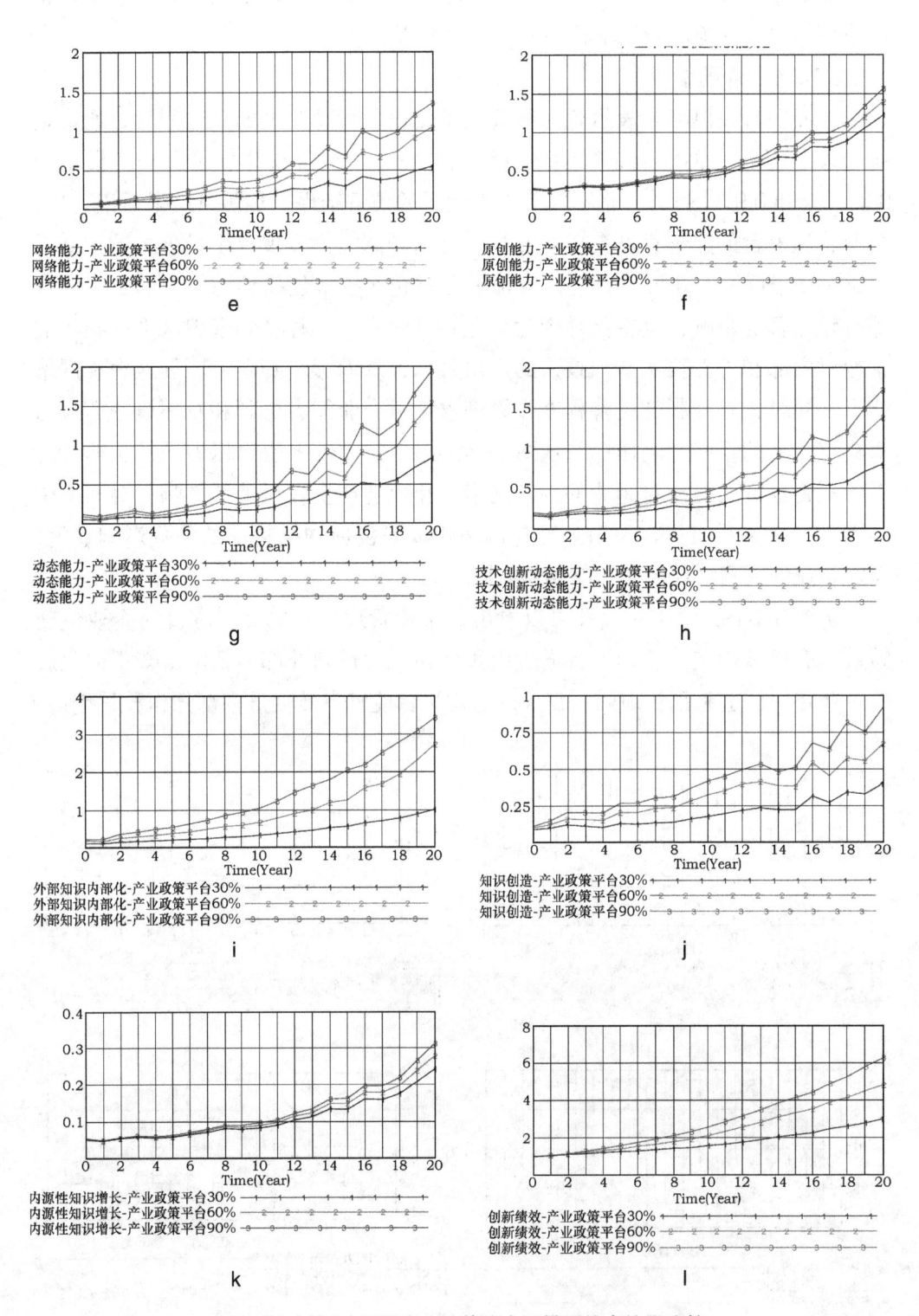

图 5-33（续） 不同产业政策平台下模型仿真结果比较

识增长的影响相对有限，如图5-33-f和图5-33-k所示，不同产业平台下，企业原创能力和内源性知识增长的差异相对有限。

5.5.2.4 管理平台

管理平台在模型中表示企业管理规范化以及管理制度的完善程度，通常企业管理制度越完善，企业的创新流程也越完善。笔者将管理平台分别设定为0.3、0.6和0.9，图5-34是不同管理平台下的仿真结果。从仿真结果可以看出，企业管理平台的完善程度会对企业技术创新动态能力发展产生显著影响，从图5-34-a到图5-34-d可以看到，管理平台对企业技术创新动态能力的三个维度都有较显著的影响，这主要是因为企业管理制度完善程度和管理水平都会影响企业对内部和外部技术知识投入的产出效率，从而影响到企业原创能力和网络能力。同时，管理制度完善程度和管理水平对企业能力更新和对环境的适应力都具有较大的正向影响作用。从图5-34-e到图5-34-h也可以看出，企业管理平台完善程度的变动对企业的创新网络演化也会产生较显著的影响，对网络中心度、网络关系质量、关系强度与网络规模等创新网络特征的演化影响显著，而对企业创新网络规模的影响相对有限。

从图5-34-i到图5-34-l可以看出，企业管理平台的完善程度对企业创新绩效也有显著影响，管理平台通过内源性知识增长和外部创新网络知识内化影响企业知识创造和创新绩效。良好的管理平台能够有效促进内部知识积累创造，

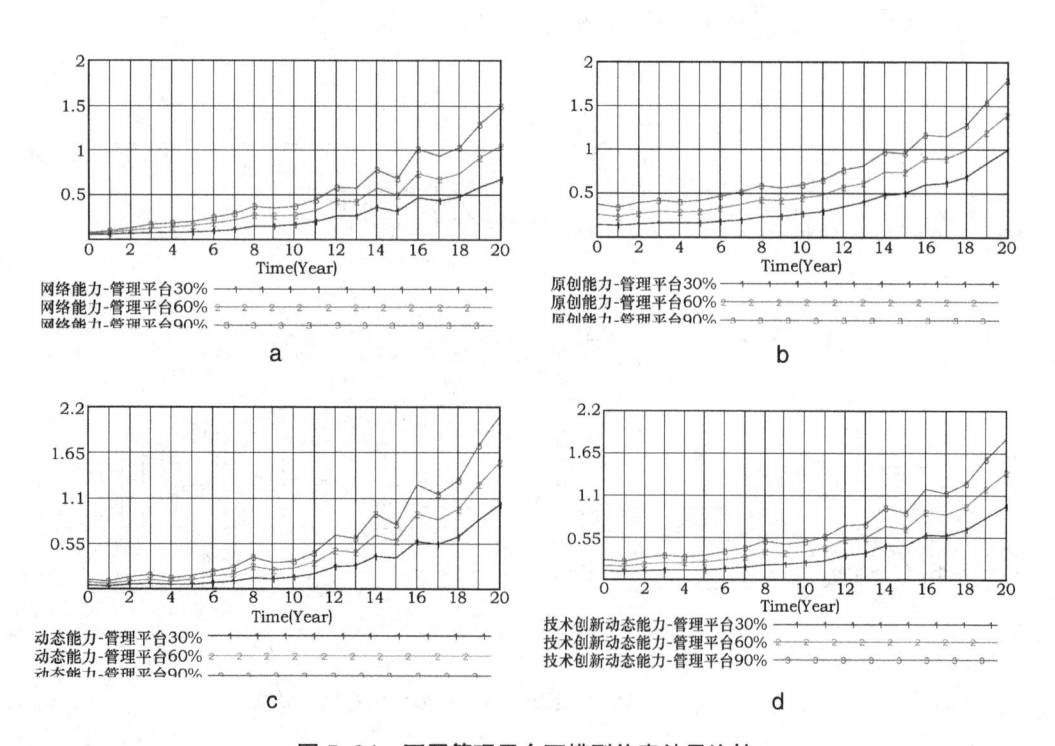

图 5-34　不同管理平台下模型仿真结果比较

5.5 模型仿真结果及分析

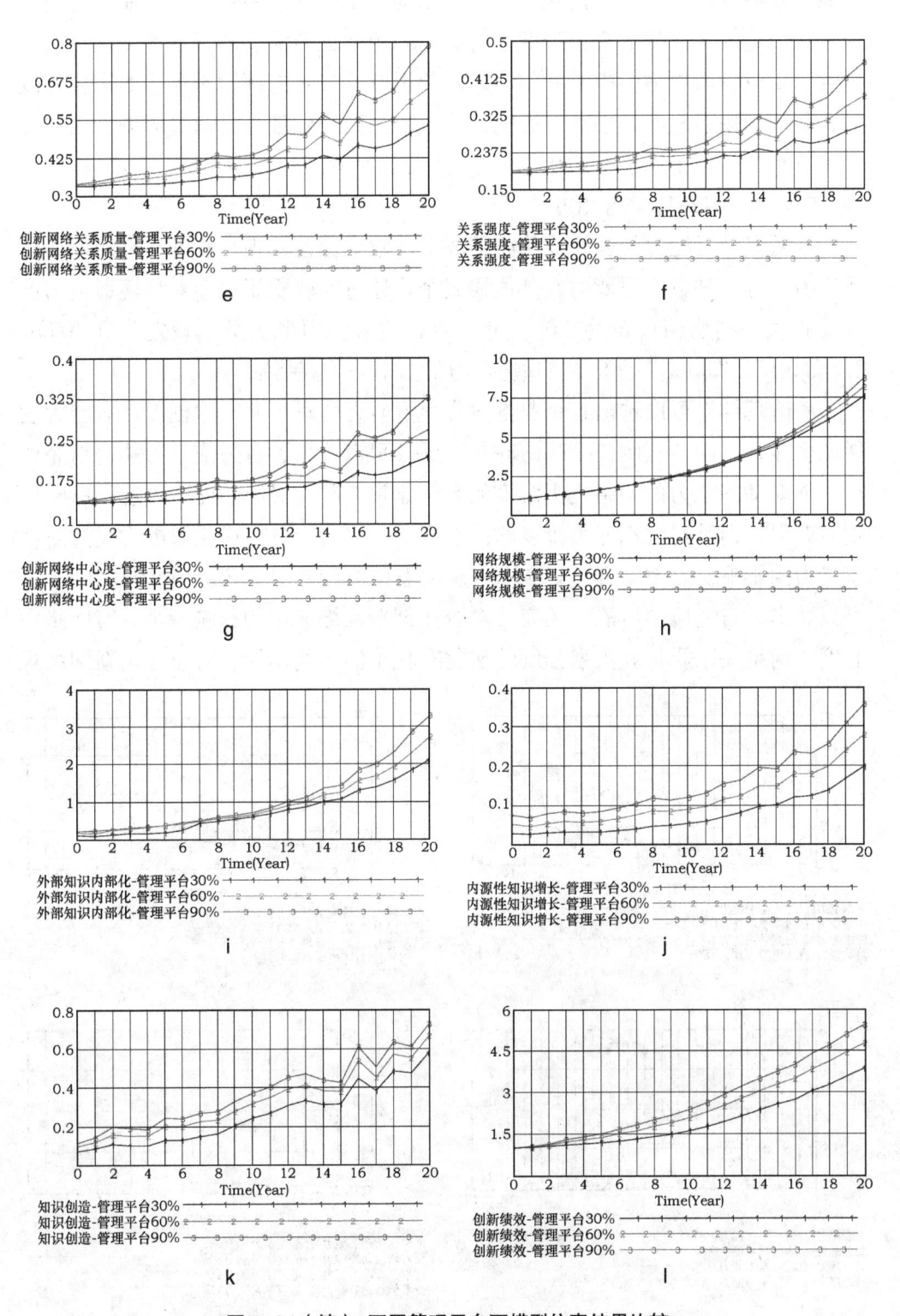

e

f

g

h

i

j

k

l

图 5-34（续） 不同管理平台下模型仿真结果比较

也能有效促进外部知识的内化,从而可以促进企业创新绩效提高。原因主要有两点:一是管理流程的完善程度直接影响到企业创新流程的完善程度,进而会影响到企业创新能力的提升和创新绩效的提升;二是内部管理流程的完善程度对企业知识创造具有较显著的影响,这主要是因为管理平台通过对创新人员研发积极性及其工作效率的影响进而对企业创新绩效产生影响作用。

5.5.2.5 自适应学习能力

自适应学习能力代表企业从内外环境吸收经验性知识来提升自身对环境的适应力,是一种自学习能力,其值代表企业通过经验积累每年对环境适应力的提高程度,初始值设定为 0.05。笔者将自适应学习能力分别设定为 0、0.05、0.1 和 0.15,图 5-35 是不同自适应学习能力下的仿真结果。

从仿真结果可以看出,企业自适应学习能力会对企业技术创新动态能力发展产生显著影响。从图 5-35-a 到图 5-35-d 可以看出,自适应学习能力对企业技术创新动态能力的网络能力维度的影响非常有限,对原创能力维度的影响也相对有限,但是对动态能力维度的影响则非常显著,自适应学习能力通过对动态能力的影响而有效提升企业技术创新动态能力。从图 5-35-e 到图 5-35-h 也可以看出,自适应学习能力的变动对企业创新网络演化的影响较小,对网络中心度、网络关系质量和关系强度的演化有较小的影响作用,对企业创新网络规

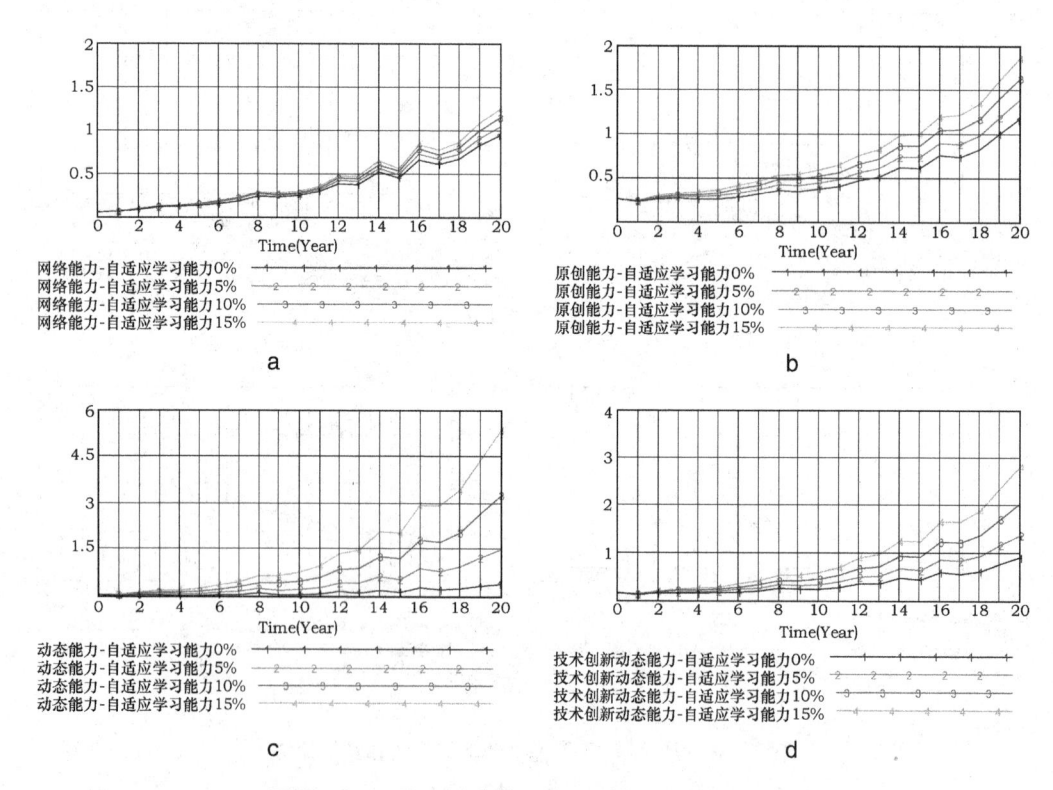

图 5-35 不同自适应学习能力下模型仿真结果比较

5.5 模型仿真结果及分析

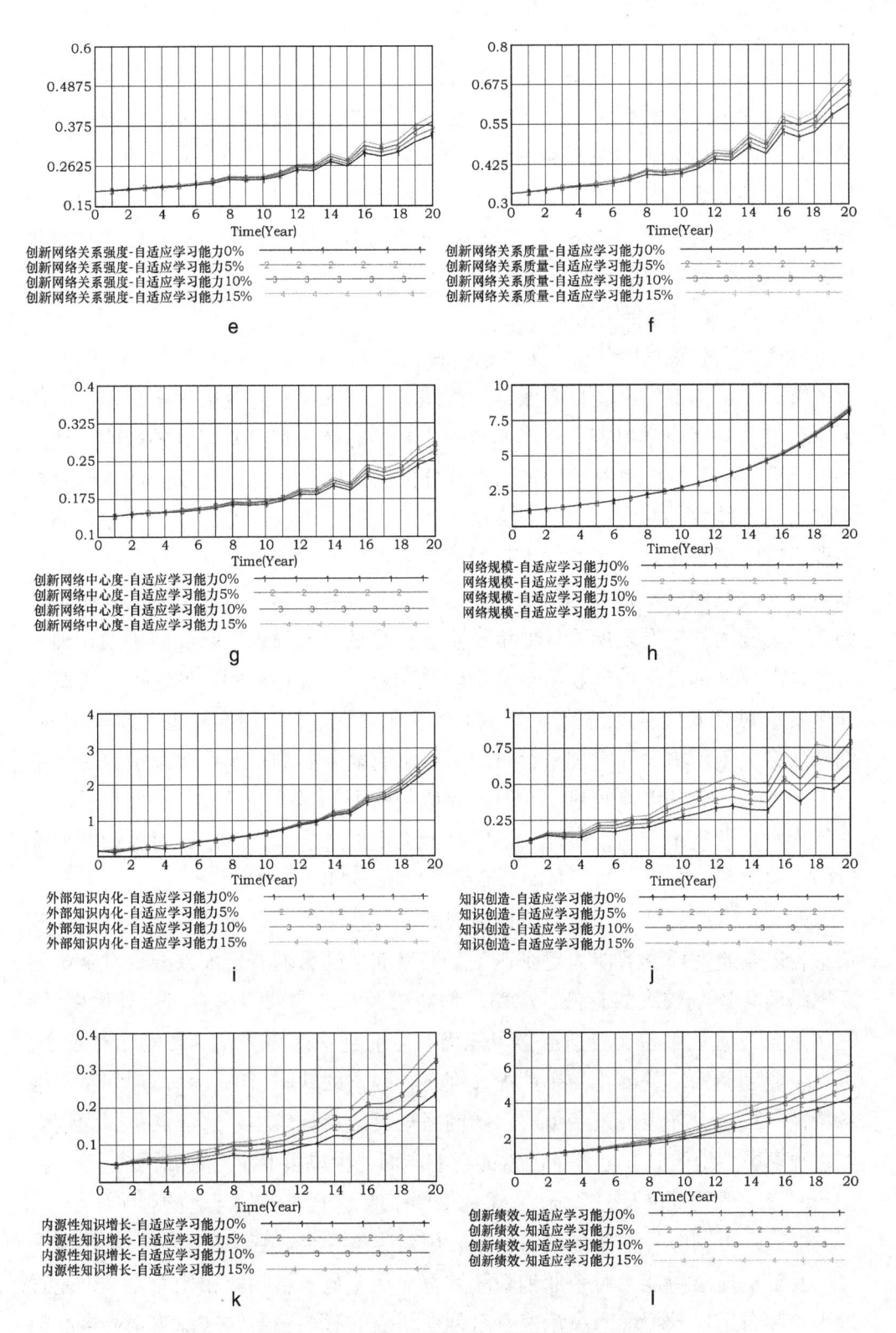

图 5-35（续） 不同自适应学习能力下模型仿真结果比较

模基本无影响。

从图 5-35-i 到图 5-35-l 可以看出，企业自适应学习能力对企业创新绩效也有显著影响。具体到创新绩效的各驱动因素中，自适应学习能力对内源性知识增长的影响较显著，主要通过提升知识整合效率和增强技术人员的适应性来促进内源性知识增长；对外部知识内化的影响相对有限，主要是通过提高知识筛选能力来提升外部知识内化；对知识创造的影响较为显著，主要是通过有效提升知识整合和知识的更新来驱动企业知识创造。

5.5.2.6 模型分析结论

通过模型的敏感性分析，可以初步得到以下结论。

第一，可调节外生变量企业创新战略、创新决策、企业管理平台、产业政策平台以及自适应学习能力对企业技术创新动态能力都具有显著的影响。从图 5-31 到图 5-35 中技术创新动态能力的分析结果可以看到，企业创新战略对技术创新动态能力的影响更为显著，这说明影响技术创新动态能力发展提升的最主要决定因素是企业自身对技术创新的发展期望及对技术创新的投入。五个可调节外生政策变量对技术创新动态能力都具有显著的影响，这也说明企业技术创新动态能力的提升发展不仅要依靠企业自身良好的投入策略和完善的管理平台，也需要外部良好的创新网络平台以及企业对内外环境的协调适配。可调节外生变量对企业技术创新动态能力构成三要素的影响作用实际也是有区别的，创新战略、创新决策和管理平台对三要素都有显著影响；产业政策平台对网络能力和动态能力的影响较显著，对企业原创能力的影响并不显著；而自适应学习能力对企业技术创新动态能力的网络能力维度影响非常有限，对原创能力维度的影响也相对有限，但是对动态能力维度的影响则非常显著。

第二，可调节外生变量企业创新战略、创新决策、企业管理平台、产业政策平台以及自适应学习能力对企业创新网络演化的影响有较大差异。对企业创新网络演化影响较大的有创新战略、创新决策和产业政策平台三个外生变量，其次是企业管理平台，自适应学习能力对企业创新网络演化的影响相对较小，可见企业创新网络的演化受企业内外部多种因素的共同影响。具体到创新网络各特性参数上，外生决策变量对创新网络规模的影响较小，这可能是因为创新网络规模更多地受到其他外部因素的影响。而外生决策变量对创新网络中心度、创新网络关系质量以及关系强度等创新网络演化特征都有较显著的影响作用。

第三，可调节外生变量创新战略、创新决策、企业管理平台、产业政策平台以及自适应学习能力对企业创新绩效都会产生显著影响。相比而言，企业管理平台和自适应学习能力决策变量对创新绩效的影响稍弱，这说明企业当前创新绩效的取得不仅需要良好的内部创新环境，也需要外部创新网络的支持。从创新绩效的传导机制来看，在影响创新绩效的直接因素中，企业创新战略和管理平台对企业内源性知识增长、外部知识内化以及知识创造都有较显著的影响，但产业政策平台对内源性知识影响较小，而自适应学习能力对外部知识内化的影响作用也有限。

第四，对于发展企业技术创新动态能力和创新绩效来讲，技术创新投入存在边际效益递减现象，也就是说，单纯依靠技术创新的投入不一定能有效提升技术创新动态能力和创新绩效。企业必须具备整合内外技术知识的能力和对内外技术创新环境进行适应性调整的能力，这样才能发挥各种创新资源的效能，提升创新绩效，这在模型仿真结果图5-31和图5-35中得到验证。在图5-31中创新绩效并不能与创新投入成比例提升，而在图5-35中自适应学习能力对企业技术创新动态能力的发展以及创新绩效的取得具有显著的影响效应，提升自适应学习能力可以有效提升企业技术创新动态能力和创新绩效。

第五，企业发展技术创新动态能力和取得良好创新绩效的关键之一是采取均衡性创新决策，也就是企业要在发展技术创新的过程中采取内部和外部协调发展策略。模型分析显示，对于企业技术创新动态能力和创新绩效的发展来说，均衡性创新决策显著优于外向型的创新决策和内向型的创新决策，这在仿真分析结论图5-32中得到验证。可见企业在技术创新动态能力和技术创新的发展过程中，对于企业内外技术、知识、资源和企业内外能力应该采取协调发展的策略。

5.6 创新网络演化与企业技术创新动态能力提升路径分析

综合上述系统动力学模型的分析结论可以看到，企业技术创新动态能力的发展和企业技术创新绩效的获得不是仅依靠单一的内部或者外部技术知识资源，也不是内部技术知识和外部技术知识的简单加总，而是企业外部创新网络与企业自身技术创新动态能力之间相互作用、相互依赖、协调发展的结果，它们之间存在协同演化的关系，企业创新绩效的提升是企业创新网络和技术创新动态能力协同演化的结果。一方面，企业创新网络的演化发展推动和制约着企业技术创新动态能力的发展，影响着企业技术创新动态能力发展的速度和轨迹，并推动着企业技术创新动态能力内涵构成的更新；另一方面，企业技术创新动态能力也能够有效促进企业创新网络的发展，推动企业创新网络的演化升级。

企业技术创新动态能力的提升发展可推动企业创新网络向更高级的模式演

化，具体体现在企业在创新网络中的嵌入程度得到大大提高。创新网络嵌入分为关系嵌入和结构嵌入，随着企业技术创新动态能力的提升，企业创新网络关系嵌入和结构嵌入程度不断提高。表现为创新网络结构特征和关系特征指标的提升，这将推动企业采用更高级的创新合作模式，取得更高的创新绩效。同时，创新网络嵌入程度的提高也会推动企业提升技术创新动态能力。随着企业技术创新的发展，企业创新更依赖外部创新网络，企业需要不断加强对外部知识的搜寻和吸收利用，这将推动企业不断提升自身的知识搜寻和吸收能力，不断强化整合知识的能力，以取得更高的创新绩效。

从动态演化角度来看，在企业创新战略的引导和外部政策的支持下，企业技术创新动态能力与创新网络形成了互动循环，企业创新绩效实现了持续增长。创新网络与企业技术创新动态能力的协同演进呈现出显著的螺旋式交互影响作用趋势，在这一过程中，企业内部创新战略导向、创新决策、企业自适应学习能力和管理平台完善程度以及企业外部政策环境是影响这一交互作用的关键因素。图 5-36 反映了创新网络与企业技术创新动态能力的协同演进过程。

在图 5-36 中，企业技术创新动态能力的形成和发展路径可以概括为三阶段：第一阶段是单维度技术创新能力，这一阶段的企业技术创新主要以模仿创新和利用创新为主；第二阶段是多维度创新能力的组合，这一阶段的企

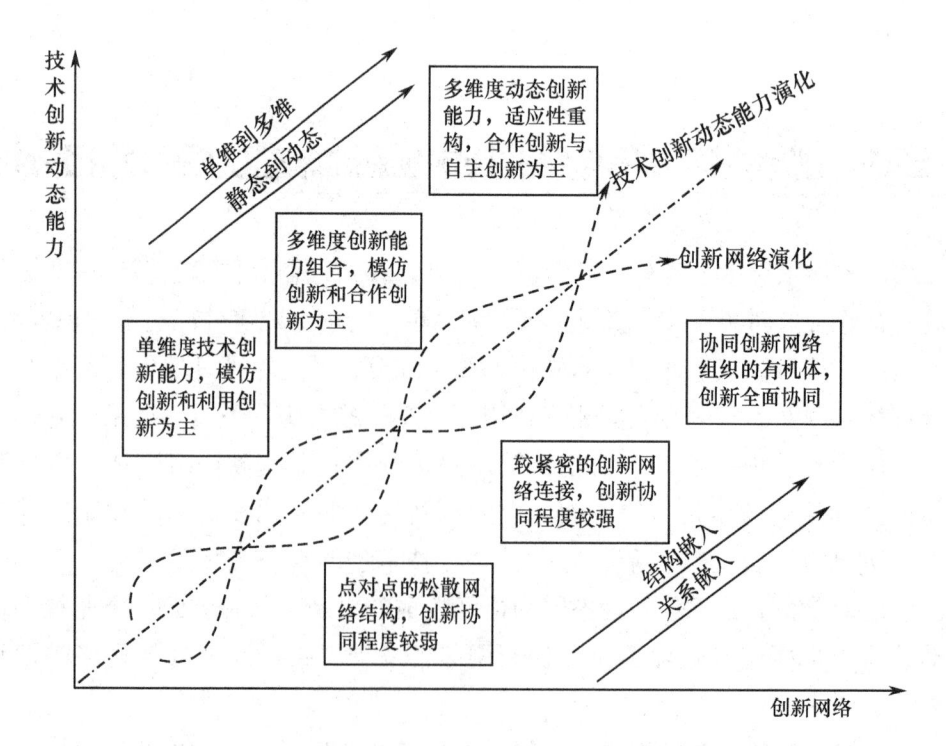

图 5-36 创新网络与企业技术创新动态能力的协同演进过程

业技术创新以模仿创新和合作创新为主；第三阶段是多维度的动态创新能力，这一阶段的企业技术创新具有环境适应性重构特征，以合作创新和自主创新为主。本书的理论研究和实证研究得出了企业"模仿创新—合作创新—自主创新"这一技术创新发展路径，实际上已有的研究大多也支持这一观点。如银路（2004）和傅家骥（1998）从技术角度将技术创新战略模式划分为"自主创新""合作创新""模仿创新"三种基本类型，并间接说明了企业技术创新从模仿创新、合作创新到自主创新的发展路径。吴贵生（2000）也提出技术创新战略可以划分为"引进消化吸收战略""市场细分和成本最小化战略""模仿创新战略"。本书针对国内先进企业，如中兴通讯和长安汽车的调查也得到类似的结论。如长安汽车技术创新发展经历了三个阶段：20世纪80年代到90年代是引进、消化、吸收阶段；20世纪90年代末期到21世纪初是联合开发阶段；21世纪初至今是以我为主的自主开发阶段。中兴通讯的技术创新发展也经历了模仿创新—合作创新—自主创新的发展路径。

创新网络与企业技术创新动态能力协同演进过程（如图5-36所示）表现出企业技术创新能力从单一维度到复合维度，从静态到动态，最后发展到技术创新动态能力的演化过程。同时，创新网络的演化也呈现出从简单到复杂，从低级到高级，从松散到紧密再到全面协同的创新网络演化过程。企业技术创新动态能力演化和创新网络的演化呈现出螺旋式交互影响、相互驱动的协同演进过程，这种协同演进过程将推动企业技术创新动态能力不断提升，这在本书第4章和第5章的分析中也得到了论证。企业技术创新发展路径与其创新网络环境和企业技术创新能力的演化是紧密相关的，与企业技术创新动态能力发展第一阶段相对应的是企业创新网络的初始构建阶段呈现出点对点的松散网络结构，与企业进行合作创新的主体之间关系松散，相互影响较小，协作关系较弱，各创新主体人员之间联系不紧密，各创新主体主要按照自己原来的工作模式进行创新合作，创新资源也处于分散状态，企业在创新网络中的中心度、关系强度和关系质量都较低，创新协同程度较弱。在企业创新网络的初级阶段，企业技术创新主要为模仿创新和生产改进等简单技术创新工作，因此这个阶段企业的技术创新能力表现为某种单维度的能力，如进行模仿创新需要的吸收能力或者技术改进需要的技术能力等利用创新能力，而缺乏对内外创新知识和资源的有效整合能力。

在企业创新网络的中级构建阶段，随着企业与其他创新主体之间的合作越来越频繁，主体之间的熟悉程度逐步增加，联系增多，创新主体之间的分工合作体系逐渐建立起来，创新资源在各主体之间也开始有了一定程度的分享，创新主体之间的协同创新程度有所提高，将逐步形成长期的紧密的协同创新模式，并以此为基础实现创新资源互补共享和创新优势互补，最终提升协同创新组织以及各创新主体的核心竞争力。从企业的角度来看，企业创新网络的网络中心度、网络关系强度和网络关系质量都有所提升。这一阶段企业的技术创新主要为模仿创新与合作创新，因此这个阶段企业的技术创新动态能力表现为多种创新能力的组合（以利用性创新能力为主，突破性创新能力较弱），同时，企业具备了一定的对内外创新知识和资源进行有效整合的能力。

企业创新网络发展到高级阶段，将形成协同创新网络组织的有机体，这时各创新主体往往具有较强的利益和目标一致性，具有较强的战略协同，创新人员相互之间的分工与合作灵活有序，或者组建联合研究机构，对企业创新绩效的推动作用较大，而且创新成果对创新主体的业绩往往具有非常大的影响，各创新合作主体形成一个协同创新网络组织的有机体，创新组织的影响力已经超越了原先各参与主体在该领域的影响力，这一阶段的协同创新程度非常高。从企业的角度来看，企业创新网络的网络中心度、网络关系强度和网络关系质量有显著的提升。这一阶段企业的技术创新主要以自主创新和合作创新为主，在全面协同创新网络下，这一阶段企业技术创新能力演变为技术创新动态能力。企业的技术创新动态能力是企业对内外知识和资源进行有效整合和利用的能力，其显著特点是企业能够在创新内外环境交互作用下进行适应性重构，不断发展。

▶ 5.7 研究小结

笔者运用系统动力学方法，通过建立基于知识流动的系统动力学模型，对企业技术创新动态能力、创新网络以及创新绩效之间的动态演化规律进行仿真分析，得出如下结论。

第一，理论和实证分析结果显示，企业技术创新过程是内外知识交互作用的过程，而在知识创造和外部知识内化过程中起关键作用的是技术创新动态能力三要素，三大要素的逻辑驱动和内部知识与创新网络的交互作用推动了技术创新动态能力的重构和不断演进。

第二，企业技术创新动态能力的提升发展不仅要依靠企业自身良好的投入策略和完善的管理平台，也需要外部良好的创新网络平台支持和企业对内外环境的协调适配。模型分析也表明影响技术创新动态能力发展提升的最重要决定因素是企业自身对技术创新发展的期望及对技术创新的投入。

第三，企业创新网络的发展演化受企业内外部多种因素的共同影响，可调节外生变量企业创新战略、创新决策、企业管理平台、产业政策平台以及自适应学习能力对企业创新网络演化的影响存在较大差异。对创新网络演化影响程度较大的有创新战略、创新决策和产业政策平台三个外生变量，其次是企业管理平台，自适应学习能力对企业创新网络的演化发展影响相对较小。

第四，对于发展企业技术创新动态能力和创新绩效来讲，技术创新投入存在边际效益递减现象，也就是说，单纯依靠技术创新投入不一定能有效提升技术创新动态能力和创新绩效。企业必须具备对内外技术知识整合的能力和对内外技术创新环境适应性调整的能力，这样才能发挥各种创新资源的效能，提升创新绩效。

第五，企业发展技术创新动态能力和取得良好创新绩效的关键之一是采取均衡性创新决策。企业要在发展技术创新过程中，对于企业内外技术知识资源和能力应该采取协调发展的策略，这样企业的技术创新动态能力和创新绩效才能取得较好结果。

第六，从动态演化的角度来看，企业创新绩效很大程度上取决于技术创新动态能力与创新网络协同演进的过程，具体作用路径为：技术创新动态能力→创新网络构建与协调（创新投入）→创新网络→外部知识内化→内外知识整合与创造→创新绩效→技术创新动态能力，这也表现出企业技术创新动态能力与创新网络相互驱动的逻辑关系。企业要取得好的创新绩效，不仅要有较高的技术创新动态能力和完善的创新网络平台，更关键的在于这两者之间的协同发展和演进，以及企业如何利用两者之间的逻辑驱动关系来促进创新绩效的提升。

第七，企业技术创新动态能力形成与提升是创新网络与企业技术创新动态能力协同演进的结果，企业创新网络的演化发展影响着企业技术创新动态能力的发展速度和轨迹，并推动着企业技术创新动态能力内涵构成的更新；同时，企业技术创新动态能力也能够有效促进企业创新网络的发展，推动企业创新网络的升级演化。如图5-36所示，企业技术创新动态能力与创新网络之间呈现出螺旋式交互影响、相互驱动的协同演进过程，企业技术创新动态能力的提升不再仅受限于企业内部因素，也不再只受限于企业自身技术创新投入和内部知识积累，而更多地受限于企业对内外资源的有效整合能力，以及企业根据内外环境做出适应性重构的能力，因此技术创新动态能力提升是企业创新网络和企业技术创新动态能力协同演进发展的结果。

6 基于创新网络协同的企业技术创新动态能力提升策略

现代企业技术创新是多要素互相匹配、彼此互动的非线性复杂过程,需要技术创新各要素的协同发展。企业创新网络的演化发展推动着企业技术创新动态能力的发展,影响着企业技术创新动态能力的发展速度和轨迹,并推动着企业技术创新动态能力内涵构成的更新;同时,企业技术创新动态能力也能够有效促进企业创新网络的发展,推动企业创新网络的演化升级。企业技术创新动态能力提升是创新网络与企业技术创新动态能力相互影响、相互驱动、协同演进的结果。本章将从协同创新理论入手,从外部创新网络与企业内部创新系统以及内外全面协同三个层面提出企业技术创新动态能力提升策略。

▶ 6.1 协同创新理论与企业技术创新动态能力提升策略思路

6.1.1 协同创新理论

协同理论是20世纪70年代由斯图加特大学教授、著名物理学家Haken于1976年系统论述提出。协同创新理论是协同理论与技术创新理论的结合,技术创新是一个动态的复杂非线性系统,协同理论的引入能够帮助研究者们更全面地从动态角度分析技术创新活动的时空演变规律,进而通过分析各个体、各要素间的协同作用揭示技术创新的活动过程。"协同创新"一词是由国外学者Peter Gloor研究提出并且不断进行深化发展形成的定义。国外学者Cowan、Jonard和Zimmermann(2007)认为协同创新是创新各子系统产生共同进化和共生现象的过程。Aokimasahi研究认为协同创新是创新系统各主体,如企业、高等院校和科研机构等通过相互合作、相互作用产生一种协同效应,从而实现各成员提升发展潜能,实现整体效应大于各个体简单加总的合作过程。国内学者朱凌、许庆瑞和王方瑞（2006）研究提出了全面创新理论：全要素、全员、全时空、全面协同的创新，强调实现 2+2>5 的协同效应。徐莉、杨晨露（2012）研究认为协同创新是高等院校、科研机构与企业以创新资源共享为前提条件，以资源融合、成果互惠、利益分配以及风险分担为准则形成的分工合作契约。周正、尹玲娜、蔡兵（2013）研究认为协同创新活动本质是基于主体间优势资源互补与整合，以及产学研彼此间核心能力的互补与融合。疏腊林、危怀安、聂卓等（2014）研究认为通过技术创新主体之间的结合，形成产学研多元主体之间互动的网络协同创新模式，对现有资源进行更加合理化的整合，将产生"1+1+1>3"的非线性效用。

  从笔者收集到的文献来看，将协同理论应用于技术创新领域的研究成果相对比较丰富，从研究层面区分有国家创新系统、区域创新系统、产业创新体系和微观企业等层面的协同创新研究。对于国家协同创新层面的研究不多，如陈劲（2011）对中国科研体制的发展方向和发展道路进行了分析，认为要解决中国科研效率低下的问题其出路在于进行协同创新提升国家科研能力。侯普光（2013）在对协同创新理论进行分析的基础上，提出了协同创新和国家创新体系的建设方法体系和基本思路，并提出了相关的评估方法和模型。对于区域协同创新和产业协同创新的研究成果比较丰富，如崔松虎和刘莎莎（2016）以京津冀高技术产业集群为研究对象，从协同创新理论出发提出了京津冀高技术产业协同创新评价指标体系，并对目前京津冀高技术产业协同创新现状进行了深入的剖析。刘军、王佳玮和程中华（2017）利用中国省级面板数据分析了产业聚集对多主体之间协同创新效率的影响，结果表明协同创新效率在地理分布上呈现出明显的空间异质性。韦文求、林雄和盘思桃等（2018）以广东省专业镇为分析对象，从内在驱动力的视角分析得出广东区域协同创新的四种模式：龙头企业带动型、校地合作驱动型、公共创新平台驱动型、多要素综合驱动型，并在对四种模式的特征、协作模式等进行比较分析的基础上，提出协同创新网络的治理机制。

  关于微观企业层面协同创新的研究也是非常丰富的，包括对企业技术创新内部协同的研究和对以企业为中心与其他外部成员单位协同创新的研究。关于企业内部协同创新的研究包括从整体协同模式的视角进行的研究，和对企业内部人员、创新要素与业务职能等之间协同关系的研究；企业外部协同研究包括对外部协同模式与创新网络要素协同的研究，如企业与其他企业（供应商、经销商、研发联盟成员企业等）协同创新的研究，也包括企业与其他非企业单位（高校、科研院所、金融机构、产业平台等）之间协同创新的研究。对于企业内部人员协同研究，如李兆友（2000）研究表明只有企业内部不同职能人员之间具有良好的沟通合作，技术创新才能取得较好的绩效，并特别指出研发人员和生产制造人员、市场营销人员等成员之间的协同性是技术创新成功的关键。Clark（2002）研究表明不同职能部门人员之间拥有的不同教育和专业背景是不同职能部门人员之间不协同的主要原因。但Damanpoar（2006）的研究却提出了不同的观点，认为企业内部成员之间的高度差异化可以形成企业创新高绩效，而创新团队成员之间的差异化不足是不利于协同性的。对于企业协同创新模式的研究，如彭纪生和吴林海（2000）研究发现企业组织文化、制度以及技术协同和匹配度是影响现代企业技术创新成败的关键因素。辛冲和冯俊英（2011）以医药制造业为例对企业组织和技术协同性进行研究，研究表明企业组织与技术的协同创新关系可划分为组织主导、技术主导以及平衡型三种类型。谢雨鸣和邵云飞（2013）从企业技术发展的规律出发，将企业协同创新模式分为三种：战略型、组织型和契约型。对于企业职能和要素协同的研究，如Koberg、Levien和Harman（2004）研究表明企业内部职能部门间的协同机制与突破性创新和渐进性创新都具有正相关性。陈劲和王方瑞（2005）指出企业技术和市场的联合创新能够加速技术创新序参量的形成，从而有效降低企业技术创新风险，实现企业技术创新价值的创造和实现。郑刚和陈骁骅（2015）以大华技术公司为研究对象，探讨企业技术要素与市场要素协同机制对企业技术创新的影响。研究表明技术要素与市场要素协同呈层次性和动态性特征，企业技术与市场要素协同是技术创新成功的关键。对于企业外部协同创新的研究，如楼高翔、曾赛星和郑忠良（2008）研究表明由于创新环境的复杂化，单个企业无法有效完成技术创新，因此需要技术联盟，以降低风险和更灵活地应对复杂多变的技术环境。Kayano和Chihiro（2008）通过对美国和日本两国创新联盟的研究，认为企业创新联盟成员之间相互影响，联盟成员之间的协同关系具有一种异构协同作用，不仅有合作关系，还有竞争的关系。张波（2010）认为企业与外部的协同创新模式有校企协作、产学研协作、政产学研协作、产业集聚以及区域创新系统等，并对协同模式进行了深入分析。潘郁、陆书星和潘芳（2014）从信息生态学的观点出发，分析了产学研技术创新网络的影响因素，并构建了产学研创新网络生态模型，提出了技术创新网络生态模型架构和各因子的触发图例。韩周、秦远建和王荖祥（2016）认为企业协同创新网络形成具有其必然性，但在实践中仍然存在着许多问题需要多方进行协同合作才能解决。王海军和冯军政（2017）利用桥接模块化理论和产学研用协同创新理论，结合案例研究分析了生态型产学研用协同创新网络的构建。研究表明：以需求为导向、以领导企业为核心，融合大学、科研院所、供应商等创新主体在内的生态型产学研用协同创新网络有利于加强能力互补和协调分工。

6.1.2 企业技术创新动态能力提升策略总体思路

从笔者收集到的文献资料来看，已有针对企业创新能力提升策略的研究从不同角度，如从投入产出角度、创新环境、政产学研、政府政策、创新平台等角度提出相应的发展策略，但已有的提升策略研究存在如下两点不足：一是主要是从静态角度提出相应对策，提出的策略可能对某个发展阶段的企业有指导作用，但对处于不同发展阶段的企业技术创新不具备普适性；二是大部分策略研究都是从某个角度或者针对某个方面所提出，所提策略系统性较差。如赵修渝和皮俊锋（2009）针对重庆产业集群企业技术创新中存在的问题与不足，从创新投入的角度提出需要通过提高科技资源对技术创新的满足度、加大金融机构对技术创新的支持力度、健全产业集群内合作机制、强化企业内部创新激励机制等措施来提升企业技术创新能力。姜卫韬（2012）从企业家社会资本的视角分析企业创新能力提升，通过分析企业家社会资本和企业创新能力的作用关系，从联系紧密化、联系细分化和联系差异化三个方面给出了企业创新能力提升策略。刘小丹、陈志军和徐示波（2015）在分析中小科技企业三种协同创新模式的基础上，针对产业集群中的中小科技企业技术创新中存在的问题，从创新环境的角度提出加强协同性的策略。周翔宇、张阳和唐震（2016）以源创新、流创新和始创新理论为依据，分析了欧洲企业网络与企业创新能力提升的协同关系，从组织结构和协同创新机制角度提出了相应的企业创新能力提升策略。金仲、宋青瑾和郭琼等（2013）在分析辽宁高端装备制造企业技术创新存在的问题和发展瓶颈的基础上，提出辽宁高端装备制造企业技术创新能力提升策略应从三方面着手：搭建基础平台、完善政策环境、加强企业培育。

上述章节对企业技术创新动态能力的影响因素及其与创新网络协同演进进行了深入分析，如图6-1所示。据此可以得出结论：企业技术创新动态能力的提升是技术创新动态能力与创新网络协同演进的结果，技术创新动态能力的提升路径受到企业内外多种因素的制约和影响。企业内外因素相互作用、协同作用于技术创新动态能力，技术创新动态能力的提升具有一定的路径依赖性。

本书将从协同创新理论入手，在前述章节研究结论的基础上，基于创新网络与企业技术创新动态能力协同演进路径，提出技术创新动态能力提升的全面协同的系统化策略。全面协同是指企业技术创新动态能力提升是企业内外部因素协同的结果，包括企业内部各要素协同和外部创新网络协同，以及内外部因素相互协同。基于全面协同的企业技术创新动态能力提升策略思路框架如图6-2所示。

6.1 协同创新理论与企业技术创新动态能力提升策略思路

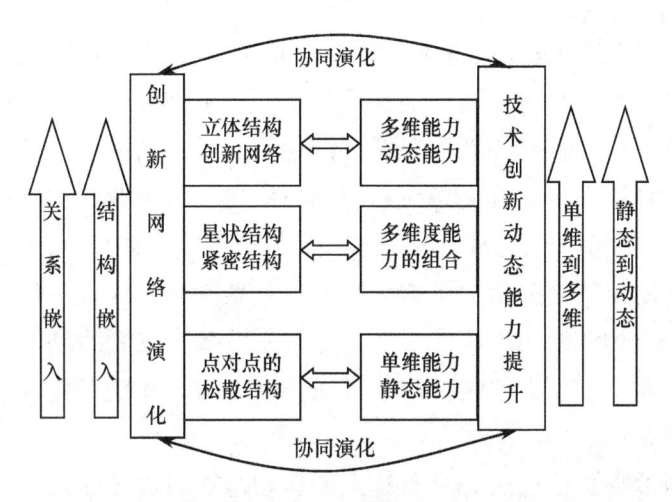

图 6-1　创新网络—技术创新动态能力协同演化与企业技术创新动态能力提升

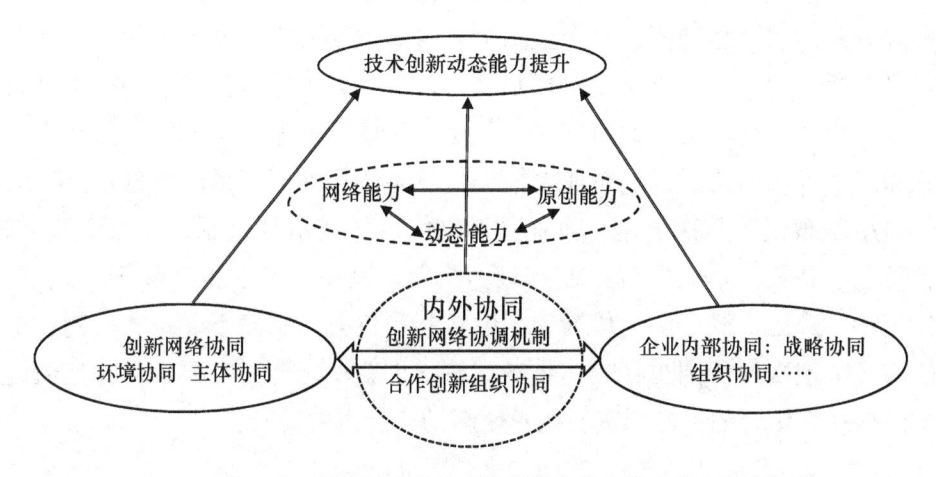

图 6-2　基于全面协同的企业技术创新动态能力提升策略思路框架

全面协同策略第一层次是技术创新动态能力提升的创新网络协同策略。首先需要构建有利于企业技术创新动态能力提升的宏观环境，包括深化面向创新驱动的科技体制改革，发挥市场在科技资源配置中的决定性作用，强化企业的创新主体地位等；其次需要构建有利于企业技术创新动态能力提升的创新网络环境，包括建立企业技术创新发展的政策保障体系，促进企业技术创新环境与创新平台的建设；最后需要建立以企业为核心的协同创新网络，创新网络各主体要素包括企业、高校和科研院所、用户、政府、中介机构、金融机构等，需要围绕核心企业构建各主体协同创新联系。

全面协同策略第二层次是企业技术创新动态能力提升的企业内部协同策略。从企业自身来看，技术创新动态能力提升需要企业各个方面协同匹配，包括企业（创新）战略、企业文化、组织结构、职能、人员、技术创新投入和技术创新要素等因素的协同。这种协同要求在上述章节的理论分析中已经得到验证。

其中，人员协同是指企业各职能各专业人员能够有效实现知识共享、信息沟通，各职能各专业人员的数量和质量能够满足组织技术创新的要求，在知识构成上能够形成有效互补；技术创新各要素协同是指技术创新的技术知识、人员、创新流程、创新管理平台等各要素能够协调一致地推动企业技术创新发展和技术创新动态能力提升；职能协同是指企业各职能部门（如市场、生产、采购等）在组织战略和创新战略的指引下能够协同一致地参与企业技术创新活动；组织和文化协同是指企业组织结构和组织文化与企业技术创新活动的协同；企业各方面只有在企业（创新）战略统领下全面协同起来，才能有效推动企业技术创新动态能力的提升。

全面协同策略第三层次是企业技术创新动态能力提升的内外协同策略。企业要与创新网络全面协同起来，首先要选择合适的基于创新网络的协同创新组织模式。协同创新组织模式是企业结合自身的创新要素，通过与相关企业、高校科研院所、中介机构以及政府相互合作，各行为主体协作形成的技术创新组织模式。企业与创新网络的协同并不仅是一种模式或者一个网络，而是由多种模式和多个子网络构成的，企业要根据自身条件和外部市场环境选择合适的协同创新组织模式。其次要建立企业创新网络的协调治理机制，包括信任机制、声誉机制、协商机制、制度机制和权力机制。其中，制度机制属于正式机制，信任机制、声誉机制、协商机制、制度机制和权力机制属于非正式机制。全面协同的三个层次的协同也将具体影响到技术创新动态能力三要素，并且通过三要素的相互作用、相互协同实现技术创新动态能力的提升。

▶ 6.2 企业技术创新动态能力提升的创新网络协同策略

6.2.1 构建有利于企业技术创新动态能力提升的宏观环境

企业技术创新绩效的提高和技术创新动态能力的提升有赖于创新网络与企业创新能力的协同，但笔者在调研过程中发现创新网络存在一定的"系统失灵"现象，即创新网络缺乏有效联系和互动，各成员自成体系，分散重复，各自为政，相互不匹配，整体运行效率不高，技术开发不能有效协同，高校等科研机构的成果转化不充分，这些问题使得创新网络系统不能有效发挥作用，不能有效促进技术创新。因此，要提升企业技术创新绩效和技术创新能力，首先要完善创新网络的运行机制，从战略层面对创新网络进行顶层设计，建设和完善国家创新体系，建立面向创新驱动的新型科技体制。

6.2.1.1 深化面向创新驱动的科技体制改革

2018年5月28日,习近平总书记在出席中国科学院第十九次院士大会、中国工程院第十四次院士大会时发表重要讲话,指出要"全面深化科技体制改革,提升创新体系效能,着力激发创新活力","科技体制改革要敢于啃硬骨头,敢于涉险滩、闯难关,破除一切制约科技创新的思想障碍和制度藩篱"。早在2015年,我国就提出以构建中国特色国家创新体系为目标,全面深化科技体制改革。2016年5月,我国又提出了科技创新和体制机制创新两个轮子相互协调、持续发力的"双轮驱动"战略。我国要围绕实施创新驱动发展战略,持续地系统推进科技体制改革,促进科技与经济融通创新,激发创新创业活力,促进科技成果转移转化,释放科技推动经济社会发展的新动能。科技体制改革在实施创新驱动发展战略中的引领作用已突显,成为全面深化改革的关键环节。

6.2.1.2 发挥市场在科技资源配置中的决定性作用

我国科技体制改革要坚持发挥市场在资源配置中的决定性作用。围绕建立技术创新市场导向机制,加强国家科技计划管理,推进军民融合创新体系建设,创建国家实验室,推动大众创业、万众创新。在科技资源管理上,加强宏观统筹,解决我国长期以来存在的科技资源"碎片化""孤岛现象"等问题。新时期国家科技计划管理主体架构和新型科技计划体系初步成形,要针对长期以来存在的科研项目、经费管理与科技创新规律不适应的问题,进一步完善科技管理制度,使科技项目和经费管理更加科学化,实行以知识价值为导向的分配政策,突出体现科研人员的智力劳动价值[①]。我国要把集中力量办大事的体制优势与发挥市场配置资源的决定性作用有机结合起来,使政府职能加快向创新服务转变,在科技资源配置上则要充分发挥市场的作用,形成推动创新驱动发展的制度优势。

6.2.1.3 强化企业的创新主体地位,融入全球创新网络

强化企业的创新主体地位是实现创新市场导向的前提和基础。以满足市场需求为出发点是企业创新活动最本质特征的体现,这与高校、科研院所等创新主体是有本质区别的。企业创新主体地位的强化,将使越来越多的创新活动面向市场。同时,强化企业的创新主体地位也是提升国家和区域创新能力的重要保障。强化企业的创新主体地位,提升企业的创新引领能力,关键在于激发企业的创新活力和内生动力。一要激发企业创新动力,二要着力培育龙头骨干企业,三要助力科技型中小微企业快速成长,四要着力培育企业创新支撑网络。

当前创新全球化深入发展,全球创新版图加速重构要求进一步提高科技创

---

① 陈宝明,文丰安.全面深化科技体制改革的路径找寻[J].改革,2018(7).

新对外开放力度,深度融入全球创新网络。要破除制约科技开放发展的体制机制障碍,面向全球构建开放创新体系,深度参与全球科技治理,加强创新能力开放合作,为主动布局和积极利用国际创新资源创造更好的体制机制环境。

6.2.2 企业技术创新动态能力提升的创新网络环境协同

6.2.2.1 建立企业技术创新发展的政策保障体系

第一,政府政策导向由"选择性"政策为主向"普惠性"政策为主转变。

政府应该把重点放在为企业发展创造更好的市场环境上,而不是放在激励政策上,因为政策的激励远不如市场需求、同行竞争和新技术对企业创新的推动作用大。因此,政府简政放权,深化改革,做好市场监管工作,为企业创造一个良好的市场环境比实施一些激励政策更为重要[①]。政府应该营造一个有利于企业技术创新的社会经济环境,引导企业将更多的资源投入到技术创新中。同时,政府也要适当发挥监控、约束和强制作用,如可以通过财政补贴、减免税收、给予相关奖励并通过政府采购等方式引导企业进行技术创新,构建适当的激励保障政策。

当前我国对于企业技术创新的政策支持主要集中在"选择性"激励政策上,但在实际应用中却存在诸多问题,"选择性"激励政策往往需要企业申报,这会导致企业将主要精力放到申报条件上,而不是放到企业技术创新上。如在调研访谈中有企业和行业协会反映,按照企业研发经费比例达标给予的减免等激励政策,往往存在不公平现象,对于高新技术产业,特别是中小企业而言这是很容易达标的,但是对于传统产业中的大型企业而言,是很难达到要求的。而很多实际未达标企业也会想方设法"达标",导致数字造假等现象出现。对于政府的扶持激励政策,即便是对企业技术创新的支持政策,"普惠型"的减税政策也比"选择性"的财政支持政策更为有效。笔者在调研访谈中也发现,访谈企业普遍认为当前税收偏高,企业技术创新中普遍存在"研发投入太高、风险太大"的障碍性因素,资金投入与财务压力直接影响到企业的技术创新成效。因此政府采取"普惠型"减税政策更有利于促进企业技术创新。

第二,进一步完善企业技术创新的政策环境。

首先,加强企业技术创新政策引导。政府应先通过宏观经济政策、产业政策等引导并激励企业适应当前的市场竞争环境,引导企业技术创新发展方向;然后通过制定相关财政、金融、税收、土地等政策,支持和保护企业技术创新活动的健康发展,为企业技术创新提供有利的外部环境;最后协调企业技术创

---

① 中国企业评价协会.中国企业自主创新评价报告(2013)[M].北京:中国发展出版社,2013.

新过程中产业之间、地域之间的矛盾与冲突。企业是技术创新的主体，政府应引导企业进行技术创新活动，通过财政投入给予研发企业适当的政策性补贴，解决企业研发经费不足的问题。同时完善知识产权保护制度，对企业研发成果进行政策保护，降低企业进行技术创新的风险。

其次，出台具体的技术创新激励政策。对企业来讲，外部的技术创新激励政策是必要的，这是提高企业技术创新独立性，降低企业技术创新成本的有效举措。为完善企业技术创新的政策环境，加快企业技术创新的步伐，国家应尽快出台相关的政策文件，完善现有的税收激励、金融政策、创业投资和政府采购等政策法规。

最后，大力推进产学研合作，加强政府在协同创新中的作用。企业的技术需求能够推动高等院校与科研院所的研究水平，促进资源和要素的跨界流动，从而促进成果转化，而这又反过来鼓励企业进行技术创新，推动高校与企业结成战略联盟。基于此，必须突破产学研合作中的体制、机制障碍，把科教兴国、创新兴企作为产业发展的第一需要，同时还要加强政府在协同创新中的作用。

6.2.2.2 促进企业技术创新环境与创新平台的建设

第一，营造有利于企业技术创新的社会环境。

为了落实科学发展观，建设创新型国家，实现创新驱动的发展战略转型，必须为我国企业技术创新创造良好的外部环境。早在2014年，李克强同志提出"大众创业、万众创新"的号召，鼓励推动大众创业、万众创新，以此激发各族人民的创业精神和创新潜能，让人们在创造财富的过程中更好地实现精神追求和自身价值。通过广泛开展对创新精神和创新文化的宣传，可以建立开放、平等、包容、公平公正的社会环境，在国内形成崇尚创新、追求知识的良好社会环境氛围。

第二，构建企业技术创新的法律保障体系。

企业技术创新法律保障体系是一个庞大、复杂、多元、多层次的协调体系，涉及技术创新成果的产生、转化、交易、知识产权保护、财税、金融、社会服务等诸多环节。我国当前针对企业技术创新的法律条文比较丰富，但是在促进企业技术创新的立法方面还存在如下问题：一是法律保障体系不健全，很多立法散见于有关立法，如涉及知识产权保护的相关规定就体现在专利法、著作权法、商标法等多部法律条文中，如我国虽然建立起了对企业技术创新保障的有关法律框架，但针对技术创新诸多关键领域缺乏专门的立法规定。二是相关立法规定操作性不强，影响了实施效果。要通过制定权力清单，改革审批制度、产权制度和财税政策等，进行财政扶持法律制度、税收扶持法律制度、投融资法律制度、风险投资制度、构建担保法律制度等立法工作，进行知识产权保护问题以及支持技术创新的社会服务体系问题等方面的专门立法工作,帮助和保护企业技术创新,引导企业创造和运用新科技,以期达到和赶超世界先进水平。要制定规范,建立公平、公正、诚信、透明的创业和竞争规则,营造法治市场环境,建立社会诚信,以法治理念和法治方式促进和保障创新精神及创新成果。

第三,注重基础研究,支持交流合作,为创新主体搭建创新合作平台

除了总体研发经费投入偏低之外,我国对基础研究方面的重视程度不足,从表3-1可以看出,基础研究支出费用在R&D总体经费中的占比由2012年的4.84%上升到2016年的5.24%,而大部分发达国家基础研究经费占R&D经费的比例为15%~25%,2012年美国的比例为16.5%。2012年我国R&D经费的74%来自企业,而到2016年企业投入占到我国R&D经费的76.1%。但是我国企业对基础研究经费的贡献很少,2013年仅有8.61亿元的基础研究经费来自企业,占全部基础研究经费的比例仅为1.55%[①]。因此,在国家层面必须努力促进我国基础研究的发展,超前部署基础研究和前沿研究开发,抓住了基础研究,就是抓住了创新的制高点。

政府应该增加对基础研究的投入,还要出台对企业基础研究投入的相应引导激励政策,鼓励企业对基础研究进行投入。政府应加大对高校和科研院所基础研究的支持力度,超前部署前沿技术研究,集中力量组织重大科技攻关,增强科技持续创新能力,促进企业建立和完善技术研发中心,通过一系列信息传递政策信息,发展信息化平台,更好地发挥政府的支撑作用,从而有效促进企业与院校之间、企业与企业之间的信息交流与传递。同时也要强化企业之间的交流,进而建立技术创新、资源整合与技术共享机制,在产业集群内部展开既有技术资源整合,摒弃低效技术,发展节能高效科技。搭建企业创新联盟,实现产业集群企业之间的互动创新,取长补短,推动联盟企业共同进行技术研发,合理利用国家创新资源,实现创新资源对接,减少重复建设造成的浪费,为企业技术创新提供有力支撑。

第四,优化创新人才培养体制,健全产业技术人才培养机制

针对企业的调查访谈中反映出的一个普遍问题就是目前高校培养出来的人才存在同质化和高分低能问题,在一定程度上缺乏科学素养和学术诚信。如中兴通讯研发部门就表示:企业从高校招聘到的高层次毕业生基本不能立即投入到技术开发或者产品研发岗位中去,需要经过较长时间的再培训,才能发挥应有的作用。再培训除了研发技能知识方面的培训之外,主要是针对研发工作的市场化导向、科学素养、学术诚信等方面的培训。这可能是我国当前人才培养

---

① 张明喜.我国基础研究经费投入及问题分析[J].自然辩证法通讯,2016(2).

机制的缺陷所致,我国科技人力资源质量和效能还有待提高,结构不合理,区域分布不均衡,管理体制、机制不完善,培养与使用脱节。因此需要落实2016年3月中共中央发布的《关于深化人才发展体制机制改革的意见》,实现人才培养体制的改革。第一要突出经济社会发展需求导向,统筹产业发展和人才培养开发规划。第二要大力实施国家高层次人才特殊支持计划(国家"万人计划"等)。第三要建立产教融合、校企合作的技术技能人才培养模式。同时还需要建立由政府、企业、培训服务机构共组的产业技术人才培训支撑体系。由各级政府设立专门机构,对产业技术人才教育进行分工管理和监督,而企业应成为培训的主体之一和培训资金的主要来源。

第五,建立完善的企业技术创新服务平台。

面向企业的技术创新服务平台是以服务于企业科技创新和快速发展为目标的社会化公共服务平台,致力于服务企业科技创新、服务企业科技工作者,负责组织全社会科技工作者为企业自主创新提供专业性服务和科技支撑,开展与企业相关的技术创新、信息推广、学术交流、人才培养等活动,帮助企业实现良好的技术创新绩效和良好的经济效益。

建设面向企业的技术创新服务平台,首先需要搭建以知识创新为核心的信息共享平台,在共享平台上获取通用知识、基础技术和创新信息,可以有效帮助企业提升技术创新能力。

其次要完善中介服务机构的技术创新服务功能。中介服务平台包括信息咨询中心、创业服务中心、律师服务中心、资产评估中心、会计师事务所等,中介服务平台网络化能够帮助更多的企业获得相关支持。强化行业协会的作用,发挥行业协会的作用,可提高技术创新网络的合作密度。行业协会能够为各创新主体建立合作关系提供平台,发挥桥梁和纽带作用,促进网络内外部信息的交流和传递,可见行业协会能够直接促使网络中各节点建立联系。如定期举办各种创新研讨会、创新技术讲座等,宣传协同创新理念,以创新成功的案例激励产业集群内其他企业进行创新,有助于形成良好的创新文化氛围。

再次要加强技术创新基础平台建设。先要建立公共研发平台,提供公共技术服务。公共研发平台为企业,特别是中小企业节省研发成本的同时弥补了企业在研发资源、检验检测等方面存在的短板,并可形成相关信息的资源库。研发公共服务平台主要提供大型仪器设备设施、公共技术服务、技术创新相关数据库、技术创新所需要的重点实验室和工程技术中心等,这些设施资源将大大降低企业,特别是中小企业的研发成本,提升技术创新设施的使用效率。然后要建立完善的面向企业的生产性服务体系,生产性服务平台可提供金融资源、信息资源和物流资源等。

最后要构建协同创新服务平台。协同创新服务平台构建服务于企业的政产学研创新合作体系，针对企业（产业）、高校科研院所和政府部门在科技服务、协作共享、成果转化、集群评价等方面的需求，提供协同创新、协作共享、行业资讯、信息资源、智能检索、集群决策支持等服务。针对政产学研在相互沟通和协调中难免出现合作困难的情况，协同创新服务平台帮助企业、学校、科研院所和政府建立有机合作模式，使合作发挥最大的效力。协同创新服务平台现可提供如下服务功能：一是协同创新服务库，包括研发服务、检测服务、设计服务、技术转移服务、知识产权服务、创业服务、咨询服务、科技金融服务等；二是协同创新合作室，为平台用户提供创新合作虚拟空间，创建或加入相关合作室，合作研发项目，共享技术资料，通过视频或论坛在线讨论交流相关技术问题，实现优势互补；三是协作企业推荐，平台根据企业的协作需求及配套情况，自动将需求互补的企业推荐为合作伙伴；四是协同创新服务平台是科技创新与成果转化的一站式服务平台，可实现信息集散、创新引导、对接促进、定制服务等服务功能。协同创新平台可有效推进企业与外部创新资源的合作，促进企业技术创新能力的提升。

6.2.3　企业技术创新动态能力提升的创新网络主体协同

企业创新网络主体包括企业、高校和科研院所、用户、政府、中介组织、金融机构等。创新网络协同企业技术创新需要各主体承担相应的角色，发挥各自的积极作用。以企业为核心，以用户（客户）为技术创新主要创意源泉，发挥高校和科研院所的研用协同创新功能，由政府提供战略引导、政策保障、营造有利环境、构建协同创新基础平台，同时发挥中介机构的合作交流和桥梁作用搭建协同创新服务平台，可构建协同创新网络。

6.2.3.1　企业：协同创新网络的核心主体要素

企业是创新网络主体要素中最核心的主体要素，在创新过程中扮演着主要的角色，企业也是多元的，包括核心企业（生产商）、供应商、销售商、竞争者等主要应用创新成果的协作主体。从前述理论分析中可知，企业在创新网络中的中心度、关系质量是影响企业技术创新动态能力提升最重要的两个网络特征参数，作为创新网络核心主体要素，企业一要不断提升自身（核心企业生产商）在网络中的核心地位，即要重点培育、保护以关键企业为代表的核心节点，为创新网络的稳定运行提供保障，提升网络的鲁棒性。二是以企业为主的创新主体必须保持不断创新，努力挖掘自身潜力，有效利用自身及所在网络组织中的技术、知识、人才等资源，不断提高自身的技术创新能力，保持在合作创新中的主导地位。三是创新网络内的企业要积极与其他企业和组织进行技术交流与合作，如基于供应链的协同创新，将供应商、销售商等纳入企业产品创新流程中，实现高效技术创新。充分利用正式或非正式的合作关系，建立并有效利用企业人员间构成的社会网络关系，更快地获取更多的新知识和新技术。四是创新网络内有条件的企业（往往是核心企业）应进一步加强与国外拥有先进技术和知识的企业进行创新合作，帮助其他企业借助创新网络获取国外先进技术知识和信息，从而使本地创新网络或者产业的主体技术水平保持与世界同步甚至超前于世界平均水平。五是企业要强化政产学研用的联系，力求在产学研合作中保持主导地位，以企业需求来引导高校和科研院所的科学研究和技术开发，使高校和科研院所的知识创新服务于企业技术创新，有效扩展企业技术创新能力。

6.2.3.2 用户：技术创新创意主要源泉

企业技术创新能够有效提升企业核心竞争力，其最终目标是通过满足市场用户的需求来实现企业的盈利目标，市场用户是企业技术创新的出发点也是技术创新的最终目标。腾讯公司总裁马化腾曾经说过："企业创新不是为了创新而创新，也不是为完成KPI而创新，而是为了解决用户痛点"。"用户痛点"即用户不满意的地方，这是企业技术创新的出发点，也是技术创新创意的主要来源。大众参与创新模式较成功的应用是"领先用户创新平台"模式，在很多跨国公司的技术创新流程中，出现了一种由众多参与者（业务爱好者）在网络平台解决问题、由企业提供报酬的公众协作、大众参与的创新模式。领先用户创新平台利用互联网搭建了一个全球创意平台，用户采用自组织的方式进行自由创新，而企业则以较小的投入获得尽可能多的创意[1]。

6.2.3.3 高校和科研院所：强化研用协同创新

在我国国家创新体系中，高校是创新的重要力量，但是我国高校和科研机构的科研成果与企业需求脱节问题严重，科研成果转化率较低。我国高校和科研机构的科技成果转化率不到20%，专利实施率不到15%，而发达国家高达70%~80%，科研成果的经济贡献度也不高，能为企业产生经济效益的只占被转化成果的30%，而真正形成产业的不到3%。导致高校和科研院所的科研成果与企业脱节的主要原因有两点：一是研用对接机制失效。在高校和企业之间需要一部分中间人员对高校基础科研成果进行二次研发后转向企业，诸如行业协会等中介机构。二是企业的参与机制不健全。原因是大部分企业自身的研发实力有限，介入高校创新平台的能力有限。部分企业有能力与高校科研院所联合建立实验室、工程中心等参与合作研究，但是由于我国产学研体制机制、利益

---

[1] "领先用户创新平台"模式内容详见：马琳.中小企业利用全球创新网络的策略研究[J].商业时代，2011（4）.

分配机制不健全等问题，再加上高校与企业的理念、合作动机不一致，实质性的介入很难做到。

要解决高校和科研院所的科研成果与企业对接失效的问题，关键在于强化产学研协同创新，明确企业的市场导向主体地位，通过国家意志的引导和机制安排，促进企业、大学、研究机构发挥各自的能力优势，整合互补性资源，实现各方的优势互补，加速技术推广应用和产业化[①]。一是构建嵌入式研究型大学协同创新平台，即构建大学—产业—政府的协同创新平台，形成一个典型的协同创新网络，以大学为知识创新中心向外辐射，同时这个网络是嵌入企业立体创新网络中的。二是创建大学—企业—政府协同管理模式，发挥政府的适当作用。大学—企业—政府协同创新网络的发展主要依靠政府、大学和企业之间的合作。政府的作用在于与企业、大学协作并创新政策、整体规划与顶层设计、资源配置等，但不干涉企业和大学的具体事务与实际运作。三是构建有利于研用对接的协同机制，引导不同创新主体之间的有效合作。

6.2.3.4 政府：强化战略引导、政策保障和环境营造作用，构建协同创新基础平台

政府在协同创新网络中具有重要作用，可为协同创新网络构建协同创新基础平台。政府的作用首先是技术创新的战略引导，即基于国家意志和国家目标制定技术创新战略，包括环境辨识和问题搜寻。环境辨识是基于国家目标的需要，对国际国内环境进行认知和判断，通过环境分析和危机分析找到影响我国科技发展的危机点和竞争点，为国家科技发展制定战略方向，引导产业技术创新方向，为公共科技发展创造条件；问题搜寻是以科技战略方向为基础，通过对科技发展瓶颈问题的分析，以散点科技问题为半径建构起问题网络，在瓶颈问题与散点问题之间建立有效的连接机制，形成若干科技问题，而这些科技问题将会成为协同创新的出发点。

政府的作用还包括为企业技术创新、协同创新提供政策保障。在前面的分析中笔者已经对政府政策保障进行了较深入的分析，政府首先应通过宏观经济政策、产业政策等引导并激励企业适应当前的市场竞争环境，引导企业技术创新发展方向；其次要在财政、金融、税收、土地等配套政策方面，为企业提供技术创新的价值取向，引导和促进企业进行技术创新活动；再次要引导企业完善企业技术创新体系，出台具体的技术创新激励政策；最后应该大力推进产学研合作，加强政府在协同创新中的作用。

政府的作用还在于营造有利于企业技术创新的市场环境和有利于企业技术

---

① 李张珍.产学研协同创新中的研用对接机制探析——基于美国北卡三角协同创新网络发展实践的考察[J].高等工程教育研究，2016（1）.

创新的社会经济环境,引导企业将更多的资源投入技术创新中。政府应该把重点放在为企业技术创新发展创造更好的市场环境上,而不是放在激励政策上,因为政策的激励远不如市场需求、同行竞争和新技术对企业创新的推动作用大。因此,政府简政放权,深化改革,做好市场监管工作,为企业创造一个良好的市场环境比制定一些激励政策更为重要。具体措施包括:营造"大众创业、万众创新"的社会环境,以利于企业技术创新;构建有利于企业技术创新的法律保障体系;为创新主体搭建创新合作平台;优化创新人才培养体制,健全产业技术人才培养机制;建立完善的企业技术创新服务平台,包括搭建以知识创新为核心的信息共享平台、完善中介服务机构的技术创新服务功能、加强技术创新基础平台建设、构建协同创新服务平台等。

6.2.3.5 中介机构:协同创新服务平台

中介机构虽然是创新网络的辅助要素,但也起着至关重要的作用,在创新网络中充当着沟通的桥梁,为企业的技术创新提供咨询和中介服务。创新网络中的中介组织具体起着如下作用:创新网络中存在着结构性缺陷,中介组织可充当创新网络结构洞,来填补缺陷,增强创新网络成员之间的联系;通过中介机构可搭建创新网络创新成员主体之间的桥梁,促进知识流动和技术转移;中介机构可在一定程度上解决技术创新供需双方存在的信息不对称问题,克服双方在创新过程中的认知、管理、信息和文化等方面的障碍;中介机构还可以发挥其信息与控制优势,通过参与科技评估、技术规则和标准的制定等活动,规范与引导创新主体的创新行为,推动创新发展。

要发挥中介机构对技术创新至关重要的作用,应该建立健全中介机构组织,完善和强化中介机构的功能。具体来说可以通过以下措施来完善和强化中介机构的功能:第一,针对目前政府和中介机构职责分工不清的问题,政府机构应该简政放权,转变职能,把服务功能等从政府行政职能中剥离出来,由中介组织发挥作用。第二,发挥中介机构的服务功能。国家需要赋予中介机构法律地位,从立法和政策等方面扶持中介机构,发挥政府与中介机构的行政和市场机制双重互补作用,由行政机制为主向市场机制调节为主转变。同时政府还要在资金方面支持中介机构,从硬件和软件两个方面着手支持中介机构的发展。第三,努力帮助中介机构提高服务质量。我国的中介服务尚处于初级阶段,很多服务功能还不具备,而且整体服务水平不高,这些因素都是制约中介服务发展的重要因素。提升中介机构服务功能的具体措施有:一是中介服务人才的培养和培训,可以从政策上采取多种方式和途径建立中介人才的专门培训中心;二是建立从业标准和服务标准,严格中介机构的资格审查;三是定期考核,实行培训、考核、准入一体化等措施。四是充分发挥行业协会的作用,提高技术创新网络的合作密度，充分发挥行业协会的桥梁和纽带作用，促进网络内外部信息的交流和传递。

6.3 企业技术创新动态能力提升的企业内部协同策略

6.3.1 企业技术创新战略协同

企业在技术创新过程中，首先应该根据市场竞争环境和企业自身的技术能力来选择正确的技术创新战略与技术创新模式，这样才能有效推动企业竞争力的提高，这也是企业技术创新战略协同的要求，同时，企业技术创新战略和技术创新模式的选择也要求企业具有一定的创新战略决策能力。对于技术创新战略模式，傅家骥（1998）和银路（2004）从技术角度，将技术创新战略模式划分为"自主创新""合作创新""模仿创新"三种基本类型。吴贵生（2000）提出技术创新战略可以划分为"引进消化吸收战略""市场细分和成本最小化战略""模仿创新战略"。企业在选择技术创新战略的过程中这三种模式并不完全排斥，实际应用中可以将它们相互结合，以一种模式为主结合其他模式。其实这几种技术创新战略模式也反映了"引进消化吸收，模仿创新再到自主技术创新"的企业技术创新发展路径。

企业选择的技术创新战略模式，要与企业所处行业、市场竞争环境、企业战略和自身技术能力特征等相匹配。不同行业不同类型的企业应该选择与自身情况相适应的技术创新战略模式，这就要求企业具备技术创新战略决策能力。企业在选择技术创新战略模式时，要做到战略协同必须把握以下四点：一是以企业的总体战略目标为前提进行选择，如企业实行成本领先战略，则在选择技术创新战略模式时尽量采取模仿创新跟随战略，以降低成本，薄利多销，占领市场，扩大市场份额；如企业采取产品创新差异化战略，则应该采取自主创新与合作创新相结合的技术创新战略模式。二是企业在选择技术创新战略模式时要做到灵活性和适应性相结合。选择技术创新模式时可适当建立技术创新战略模式的备选方案，以适应环境的动态变化。三是企业选择的技术创新战略模式应该是切实可行的。技术创新战略模式是企业基于内外部竞争环境制订的切实可行的战略模式，与企业自身的各种技术、经济条件相匹配，与市场技术环境相匹配，切忌没有可行性分析的盲目蛮干。四是企业在选择技术创新战略模式时应该结合企业自身的行业特征和技术能力特点，以充分发挥企业自身的技术优势，在企业竞争和技术创新过程中做到"扬长避短"，同时在长期发展中要做到"扬长补短"。

企业在选择技术创新战略模式时,行业技术特性是一个重要的决定因素,不同的行业技术发展具有不同的技术生命周期阶段,按照新熊彼特学派提出的线性技术演进过程,技术生命周期可以划分为:先导技术→成长技术→成熟技术。高新技术行业的技术特征介于先导技术和成长技术之间;传统制造行业属于成熟技术范畴。对于技术设计与咨询行业,其技术特征与其所从事的行业技术特征有关,没法划定特定的技术阶段。本书针对不同企业的技术特性以及行业技术特征,建立如图6-3所示的企业技术创新战略模式选择矩阵,横坐标代表企业的技术创新能力,分为强、较强、一般、较差和差五种情况,纵坐标表示行业技术特征,从先导技术到成熟技术。在图6-3中,不同区域代表了不同的企业技术创新战略模式选择,如对应于A、B、C不同区域的企业采取的技术创新模式分别是:自主创新为主,合作创新为辅的创新战略模式;合作创新为主,其他创新模式为辅的创新模式;模仿创新为主,其他创新模式为辅的创新模式。

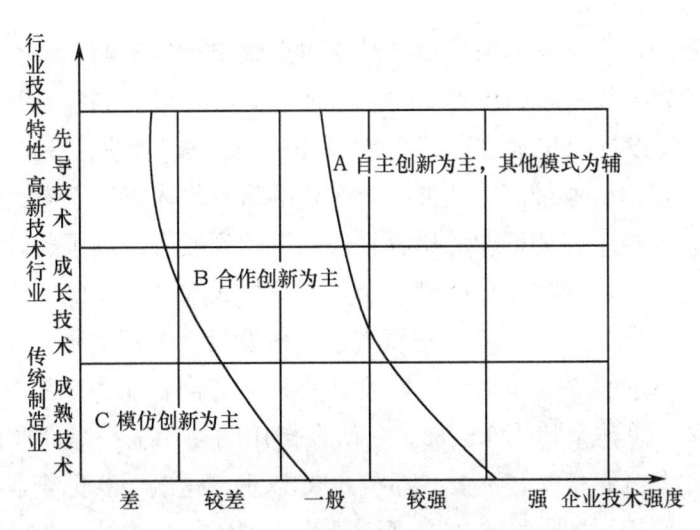

图6-3 企业行业技术特性与技术创新战略模式选择
资料来源:根据相关资料自行整理。

6.3.2 企业技术创新投入协同

企业对技术创新的投入构成了技术创新动态能力的基础,而企业技术创新就是在此基础上利用内外部知识整合创造新知识,获得创新产出,并将技术创新成果转化为企业价值创造的过程。因此,企业要提升技术创新动态能力就必须保证对技术创新活动的高投入。

6.3.2.1 促进企业研发投入，优化投入结构

无论是政府主管部门的统计数据还是抽样调查数据的统计结果，都表明我国企业在技术创新投入方面存在较大不足。一是研发投入及投入强度偏低；二是投入结构不均衡，基础研究投入太低，应用研究投入不足。从统计数据来看（见表3-3到表3-6），我国企业R&D经费占主营收入的比例由2004年的0.56%提升到2016年的0.94%，但到2016年，我国企业与世界主要发达国家企业在研发强度上仍然存在较大差距。统计数据分析也表明我国企业技术创新投入中的基础研究经费投入较少，我国企业对基础研究经费的贡献很小，2013年仅有8.61亿元基础研究经费来自企业，占全部基础研究经费的比例仅为1.55%。而2012年美国企业提供的基础研究经费为159.62亿美元，是我国企业投入的近115倍，占美国基础研究经费的21.33%，远比我国企业的占比高得多。另外，我国企业在2013年企业所承担的8837.7亿元R&D研究经费中，只有0.1%的经费用在基础研究上。对比看来，2012年美国企业基础研究经费占企业R&D总费用的4.62%[①]。

笔者所做的调查问卷的数据统计结果也反映出类似问题，调查问卷的数据统计表明企业研发投入占销售收入的比例总体是6.7%，高新技术行业这一比例为14.8%，研发设计及技术咨询行业是13.4%，传统制造业是3.7%，在研发投入比例上高新技术行业最高。从被调查企业的研发投入强度上看，高新技术产业和研发设计及技术咨询行业的研发投入强度达到或者超过了美国上市公司的研发投入平均水平，而我国传统制造企业研发投入水平则较低。调查问卷的数据统计结果（见表3-15）表明，被调查企业研发投入中基础研究投入的占比分别是：高新技术企业为2.58%，研发设计及技术咨询企业为2.94%，传统制造企业为0.17%，总体平均为1.58%。在研发费用的使用上都是新产品开发费用占比较大，三大行业相差不大，都在60%以上，这表明我国企业技术创新投入偏向于产品应用层次。结合本书理论研究和实证研究的结论，针对我国企业研发投入不足及投入结构不均衡的问题，笔者认为可以采取以下措施来解决。

第一，完善企业技术创新体系，建立研发投入的长效机制。

企业技术创新不是一蹴而就的事情，需要企业建立良好的技术创新体系，保持较高的研发投入。综观成功的高科技企业，如三星、华为、苹果等公司，其成功离不开持续的高研发投入。企业可以通过完善内部创新体系，从企业战略层面建立起企业技术创新的长效投入机制，完善企业管理制度等，自觉地将主要资金投入到企业研发工作中去，使企业保证持续的高研发投入，逐步走上

[①] 张明喜. 我国基础研究经费投入及问题分析[J]. 自然辩证法通讯，2016（2）.

自我开发、自我积累、自我发展的良性循环发展的道路。

第二，建立多层次、多渠道的企业研发投入机制。

对于很多企业，特别是中小企业来说，要保持持续的高研发投入是不大可能的，这时可以考虑在企业中建立社会化、多层次、多渠道的研发投入机制，使研发投入资金多元化，解决企业的研发资金问题。首先，要健全商业银行对企业研发贷款的风险补偿机制，积极引导商业银行开展针对企业研发提供的差别化和标准化服务。其次，可以先考虑筹建政策性银行扶持企业技术创新，可以成立政策性科技开发银行，再建立企业技术创新专项基金体系。最后，还可以考虑吸收社会资金，包括社会团体、非营利组织、企业捐赠和海外捐赠及投资等方面的资金作为企业研发资金。

第三，完善政府对企业研发投入的刺激政策。

政府的技术创新政策可以刺激企业提高对技术创新的投入。政府的直接补贴可以有效发挥刺激作用，但是政府长期的直接补贴将会导致成企业过度依赖政府补贴进而产生"寻租"现象，对企业的技术创新投入反倒不利。因此政府针对创新投入的刺激政策优于直接针对创新活动本身的投资或者补贴。政府针对企业技术创新投入的刺激政策主要可以包括三点：一是从财政和税收政策方面鼓励企业加大研发投入，如企业研发投入或技术开发费税前扣除；二是从多方面支持或鼓励企业建立研发机构，并给予相应的财政税收方面的扶持措施；三是多方面促进企业技术进步，对企业进行技术改进、技术引进、高新技术设备采购等采取减免关税或增值税等措施予以支持。

第四，优化研发投入结构。

我国企业研发投入增长迅速，2017年企业研发投入强度已经接近发达国家企业平均研发强度，但是从统计数据来看，现阶段中国企业研发投入整体偏向于试验发展，研发投入结构失衡问题变得越来越显著。2013年仅有8.61亿元基础研究经费来自企业，占全部基础研究经费的比例仅为1.55%。而已有的研究表明，企业研发投入结构不均衡会对企业技术创新产生显著影响，企业自身需要具备一些内在能力才能有效利用和依靠外部知识获取技术创新进步，内部能力是企业技术创新的基础，企业的基础研究对企业技术创新有显著的促进作用。我国企业基础研究投入不足的原因可能有两个：一是企业技术创新以市场为导向，市场竞争压力导致企业不能把资源投入到短期效益欠佳、风险较高的基础研究中，如笔者在对中兴通讯、长安汽车等企业的访谈中也证实了这一论点；二是基础研究具有较大公共性和溢出效应，研究成果极易被竞争对手模仿或者使用，而在目前知识产权专利保护还不全面的情况下，企业很难有积极性从事基础研究和应用研究。因此要解决企业研发投入结构不均衡的问题需要从以下三方面着手：一是健全知识产权保护方面的法律体系，解决企业进行基础研究、应用研究的后顾之忧；二是政府出台相关政策扶持企业进行基础研究，如支持由企业主导，产学研共同建立基础研究中心，建立产业共性技术开发平台等；三是从国家层面加大基础研究投入力度。

6.3.2.2 加强企业技术创新人才队伍建设，优化人力资本投入

从某种程度上来说，企业技术创新动态能力是由企业所拥有技术创新人才的数量和质量决定的。总体来看，目前我国拥有大量的企业技术创新人才，但是企业技术创新人才目前存在着结构失衡的问题，一般性技术创新人才数量庞大，高端技术创新人才较为稀缺，而我国企业技术创新人才创新动力不足也是制约企业技术创新能力发展的一大障碍。很多企业的技术创新投入是"重硬件轻软件"，在实验设备等方面投入较大，但缺少优秀创新人才。企业应该努力吸引科技型人才，建立完善的技术创新人才培养体系，有效激励技术创新人才，并创造一个有利于技术创新的良好企业文化和环境。

第一，不拘一格选用技术创新人才。

企业要根据技术创新人才的特点建立独立的培养、选拔、考核和激励机制，通过与高校联合，为高校学生提供实习和实训基地，选拔优秀高校毕业生进入企业，并对引进的优秀人才适当放宽政策限制。但从笔者调研企业的情况来看，很多企业在选拔人才的过程中仍然没有突破凭学历、凭资历的人才选拔老机制，但是现实生活中也有一些真正具备创新能力的人才往往不是传统教育体制培养出来的，比如三星公司早在20世纪80年代就开始不拘一格选拔创新人才，社会上的黑客、游戏高手等都是三星公司的关注对象，因为这些独特的人才具有独特的创造力，这也是三星公司能够保持领先创新能力的诀窍之一。因此，必须坚决破除那些不合时宜、束缚人才成长和发挥作用的做法。要用发展的眼光看问题，选拔出真正的创新人才。不拘一格地选用人才，关键是要建立新型的人才选拔机制，客观公平公正地对各类人才进行准确评价，区分学历与能力、专才与通才、一般人才与创新人才的区别，最大限度地选拔出各类合格的技术创新人才。

第二，健全企业技术创新人才培养体制机制，优化企业技术创新人才培养内外环境。

企业技术创新人才培养是一个系统性工程，企业首先要树立人才是第一资源，人力资本是第一资本的观点；其次要坚持人才培养与技术创新实践相结合，多种形式的技术创新人才培养模式与交流合作项目相结合；再次是培养技术创新人才要注重综合素质的培养，要提供相应的保障措施，确保在实践工作中培育人才，力求人才的全面协调发展；最后，技术创新人才的培养应该与人才评

价机制齐头并进，建立以能力和业绩作为人才评价的双重标准的人才评价机制。

企业还要营造创新环境，形成有利于创新型人才成长的氛围；搭建创新平台，为企业技术创新人才施展才华创造条件；引导和激励各类人才积极进行知识创新、技术创新，为创新型人才开展创新活动提供宽松的空间，使整个企业形成以崇尚科学为荣的良好风尚。

第三，完善企业技术创新人才激励机制。

在实地调研过程中，很多企业反映了技术创新动力不足，技术创新人员积极性不高，技术创新投入产出不理想等现象和问题。企业技术创新人才激励措施不到位是其主要原因之一。由于缺乏有效的技术创新激励措施，导致技术创新人员缺乏工作积极性和创造性，企业技术创新投入产出不理想。结合理论研究和实地调查访谈，笔者认为可从以下三方面着手完善我国企业技术创新人才激励机制，进而提升企业技术创新动态能力。

首先，提高企业技术创新人才激励机制的系统性。企业制订的激励措施不能是碎片化、片面化的，而应是系统化的，各激励措施应该是相互补充的有机构成系统。要提高激励措施的系统性就必须做到激励因人、因时而异；要做到物质激励与精神激励相结合；在制订激励措施时既要注意激励的正面效应，也要考虑到激励的负面作用；同时也需要在制订激励措施时将长中短期激励措施有效结合起来；在激励对象选择上，既要重视对高端技术创新人才的激励，也要重视对中低层技术创新人才的激励；在企业组织管理体系中要把激励机制与组织人事管理制度结合起来等。

其次，完善业绩评价体系，强化企业技术创新人才的薪酬激励措施。对当前中国技术创新人员来讲，物质激励手段仍然是最有效的激励措施。高薪酬福利激励措施必须建立在客观公正的业绩评价体系基础上，可以说，企业对技术创新人才的业绩评价是对其进行激励的基础。因此，为使激励机制有效地发挥作用，企业应完善现有的技术创新人才业绩考评体系，使考评内容科学而又准确地反映技术创新人才的业绩水平，并有效地与晋升职位、调整薪酬、变换岗位等结合起来[①]。

最后，对企业技术创新人才实行产权激励。在当前的企业经营环境下，企业的第一资源是人力资源，第一资本是人力资本，企业间的竞争是人才的竞争。为体现企业人才的重要性，充分发挥技术创新人员的积极性和主动性，企业还需要建立长期激励计划。针对技术创新人员的产权激励计划可有效防止企业人力资本所有者"代理问题"的产生，可有效提升人力资本所有者的使用效率。

---

① 贾海华.浅谈我国企业技术创新人才激励机制[J].科协论坛（下半月），2012（5）.

产权激励计划是一种应用最为广泛的长期激励计划，具体实现方式有员工持股计划、现股计划、期股计划、期权计划等，这些产权激励计划的特点是让企业人力资本所有者成为企业的所有者，以此对人力资本所有者进行长期激励。企业使用员工持股计划的目的就是满足人力资本所有者的精神需求和物质需求，以此调动他们的工作积极性，使他们在获得自身需要的同时，为企业创造更大的效益。

6.3.3 企业技术创新组织协同

6.3.3.1 企业文化与技术创新活动协同

企业文化对企业技术创新活动无疑有着深刻的影响和推动作用，因为良好的企业文化通过企业价值观、企业精神、行为准则等对企业技术创新产生引导、激励、凝聚、辐射等方面的作用。当然，成功的技术创新又能支持或推动企业文化的建设，使企业文化走向更加高远的平台，因此可以说，企业文化和技术创新是相互影响、相辅相成的。企业文化对技术创新的影响和推动作用首先体现在对企业技术创新主体的影响上，企业文化通过价值观、行为准则和道德规范对企业创新主体进行调整和改造，使创新主体形成共同的价值观和行为模式，从而最大限度地调动技术创新成员的创造性和积极性。其次，企业文化还会影响到技术创新方式和策略选择。企业文化中蕴含的经营理念和管理哲学会对企业技术创新活动产生影响。最后，企业文化还能增强组织凝聚力，激发组织活力，形成良好的技术创新氛围。企业技术创新活动往往由跨专业、跨职能的项目小组来完成，因此在技术创新活动中不可避免地会因为不同部门、不同类型的人员在观念、情感和意愿方面的差异而产生各种冲突，这会降低企业技术创新活动的运行效率。而企业文化能够在全体成员中形成共同的价值观、行为准则和企业经营理念，从而能够为企业营造一个良好的技术创新氛围。可见企业文化对技术创新活动具有深刻的影响作用，企业在技术创新过程中必须构建有利于企业技术创新的企业文化。

第一，构建与企业技术创新模式相适应的企业文化。

一般认为，企业文化与技术创新模式相匹配有利于企业技术创新，而企业文化和技术创新模式不匹配将会对技术创新活动产生阻碍作用。如张旭和陈倩倩（2014）通过实证分析探讨了企业文化的多种形式，如灵活文化、层级文化、团队文化、市场文化等对企业技术创新的影响，认为企业文化如表现为层级文化，则技术创新方式将倾向于模仿创新模式；企业文化如表现为市场文化，则技术创新方式将倾向于先导创新模式；企业文化如表现为灵活文化，则技术创新方式将倾向于先导创新模式。孙爱英、李垣和任峰（2004）研究表明创新型组织文化有利于企业进行突变创新，但是不利于企业进行渐进创新；支撑型组织文化有利于企业进行突变创新，也有利于企业进行渐进创新；官僚型组织文化有利于企业进行突变创新，不利于企业进行渐进创新。对于企业来讲，行业市场环境往往决定了企业的技术特性，从而决定了技术创新模式。如图6-3所示，高新技术行业企业的技术创新模式应该趋向于自主创新和合作创新为主，灵活的团队文化对于高新技术行业来讲就比较合适。而传统制造企业的技术创新模式趋向于合作创新和模仿创新为主的模式，因此层级化的市场文化就比较有利于传统制造行业的企业。

第二，建立以企业家创新精神为核心的企业文化。

约瑟夫·熊彼特曾指出企业家精神的核心是技术创新精神。一般来讲，企业家精神能够帮助企业家敏锐地感知市场的变化并抓住市场机会进行创新，果断决策且能够承担决策风险，有效配置资源并做出相应组织协调指挥，最后获得技术创新和商业成功。企业家精神对构建有利于企业技术创新的企业文化是至关重要的，是企业文化的核心或者灵魂。企业家精神可以在企业中不断营造一种创新氛围，并将创新思维作为主导企业的经营理念和主导企业经营行为的意识观念。总结成功企业的经验，不难发现成功企业背后都有企业家精神的支撑，如华为创始人任正非所倡导的"狼"性企业文化，体现了团队精神和进取精神，海尔创始人张瑞敏所倡导的"创新"企业文化，也是企业家精神的体现。企业家代表了企业文化的核心，通过他们的言传身教和身体力行，企业家精神可转化为企业全体员工普遍认同和遵循的企业文化。所以要构建有利于企业技术创新的企业文化，企业家创新精神的塑造和传播是必不可少的。

第三，塑造合作、开放和不断变革的有利于企业技术创新的企业文化

有利于技术创新的企业文化塑造，就是要通过企业文化的塑造有效激发员工的创造性，推动技术创新的发展。这就要求企业在经营管理活动中形成促进创新和变革的价值观和行为规范，以此指导人们的行为。企业价值观是由企业所倡导并经过长期积淀为全体员工普遍认同而形成的，企业价值观和行为规范影响着企业技术创新活动的价值取向和具体实施。有利于技术创新的价值观和行为规范具体包括强调团队精神、沟通与合作、支持冒险与变革并允许失败、知识信息共享、以人为本的理念等。不同行业、不同类型的企业具体设计塑造的企业文化特征应该与企业自身的特点相匹配，还要表现出企业自身鲜明的与众不同的个性。对于企业来讲，合作、开放的企业文化的塑造对于企业技术创新活动是最为关键的，因为企业技术创新是一个复杂的系统工程，现代技术创新需要在跨专业、跨职能协同下进行，创新成果的获得依靠团队力量而不是依靠个人，创新成果是团队合作的结果。因此，必须在企业内部塑造合作、开放

的企业文化氛围，培养团队合作精神，这有利于实现高效益的成功的技术创新。

6.3.3.2 企业组织结构与技术创新活动协同

企业技术创新要获得好的绩效，还需要与之匹配的组织结构设计。对于技术创新与组织结构相关性的研究，阿斯顿大学工业研究所和琼·伍德沃德的研究是比较有名的，在他们的研究基础上，众多学者进行了较广泛的拓展研究。现在学术界普遍认可企业技术创新与组织结构之间匹配，才能有效提升企业技术创新能力和达成高的创新绩效，也对技术创新与组织结构之间的这种紧密相关性达成了共识。一般认为，有利于技术创新的组织结构应该是在灵活性和结构化之间保持平衡，具体实施过程中的技术创新组织模式是多种多样的，企业在具体选择时要根据自身特点、行业技术特性、产品特性和市场状况进行合理设计。技术创新的组织模式不存在固定的统一模式，但是技术创新组织模式应该具有如下一些共同特征：首先，技术创新组织模式的设计需要具备柔性化和适应性相结合的特征。这是因为现代技术创新具有复杂化和网络化特点，必须与组织战略，与内外环境相匹配，因此技术创新组织模式需要具备柔性化与适应性特征，以适应组织战略和内外环境的动态变化。其次，技术创新组织模式的设计需要具备扁平化特征，扁平化组织结构特征是当前企业组织结构发展的一大趋势，扁平化组织结构有利于信息在企业内部传递，且传递信息的速度和准确度都高于传统组织结构。扁平化组织结构广泛授权给基层创新人员，能使创新人员的主动性和积极性得到有效发挥，同时这种组织结构还能有效激励创新人员的创新热情，有助于充分发挥创新人员的才华。扁平化组织结构管理层次较少，避免了组织机构复杂重叠，有利于企业技术创新决策制订，提高了技术创新效率。最后，技术创新组织模式还需要具备合作化与开放性特点。合作化与开放性的特点要求企业技术创新组织边界模糊化，边界应该具有可穿透性，不仅在企业内部具有可穿透性，而且与企业外部环境之间也具有可穿透性。合作化的技术创新组织模式有利于企业在技术创新过程中与外部创新网络成员进行广泛合作，从而提升创新绩效。

通过以上分析可知，有利于企业技术创新的技术创新组织模式的具体功能可以概括为：能够有效缩短创新周期并快速进行创新；具有开展高频度、持续性技术创新的能力；具备技术整合组合创新和有效拓宽技术领域的能力等。有利于企业技术创新的技术创新组织模式不可能是一个完备统一的模式，有正式的组织模式，也有非正式的组织模式；可以是常设的职能部门，也可以是临时的项目小组。下面对一些常见的技术创新组织模式进行分析探讨，以便于企业根据自身特点及内外环境进行合理选择。

第一，内企业。随着发展规模的扩大，企业管理必然会更加制度化和规范化，这将在一定程度上抑制创新人才创新能力的发挥。内企业是组织结构的一种创新，允许具有创新能力和企业家精神的员工在一定时间内离开本岗位，成立相对独立的科技创新小企业，在关系上隶属于大企业，但在具体经营管理上相当于子公司，比事业部有更大的独立性。内企业可以在一定程度上利用公司现有资源条件进行创新，进行创新的收益和风险和都在本公司内，内企业中由于没有规范化制度等管理约束，创新人员的创新能力和企业家精神可以得到充分发挥。内企业可以根据外部市场自主决策、自主开发。内企业是结构简单，具有很强灵活性的创新组织形式，可以有效激发创新人员的创新意识和创新热情，这种技术创新组织模式能够有效处理创新的自由运作和企业制度约束之间的矛盾。

第二，新事业发展部。企业在发展过程中需要不断进行技术创新，开发新产品，会进入很多不确定的创新领域，这些不确定的重大创新往往意味着巨大的收益，也伴随着巨大的风险。将这一创新任务放到传统部门或者事业部进行，就有可能使这个部门或者事业部的财务收益受到影响，也会扰乱它们正常的运营秩序，因而这些高度不确定的重大创新项目往往会在传统部门或事业部受到排斥。同时高度不确定的重大创新在协作关系价值体系和管理模式上都会与现有体系发生冲突，因此需要专门针对这一创新活动重新进行组织体系设计。新事业发展部又称为风险事业部，即为应对高度不确定重大创新项目而设立，为开创事业而设立的组织结构。在企业内部，风险事业部是永久性的、独立于现存运行体系之外的分权组织，拥有很大的决策权，不隶属于现有任何部门或事业部，接受企业最高主管领导，是企业进入新的技术领域和产业领域的重要方式之一。

第三，技术中心和产品开发部。技术中心和产品开发部都是企业从事关键技术和新一代产品研究开发工作的专门机构，技术中心侧重于关键技术的解决，而产品开发部侧重于新产品开发工作。一般中小企业更多成立产品开发部，而大型企业更多成立技术中心。企业技术中心更多从企业长期发展着眼，解决企业重大关键项目的自主研发或引进问题。产品开发部主要从事成熟技术的局部、渐进改进，负责产品设计流程工作。现代企业技术创新的特点决定了技术中心和产品开发部一般采用项目小组的矩阵制组织结构形式，由跨专业、跨职能的技术人员共同组成项目小组，共同进行技术开发和产品研发工作。在项目实施过程中，技术中心或产品开发部需要定期对项目完成情况进行评估并及时反馈控制，同时技术中心或产品开发部与企业其他技术部门和职能部门要保持良好的沟通和配合。

第四，项目小组。企业技术创新具有高度的灵活性和不确定性，技术创新过程中还会出现跨专业、跨职能的信息交流，因此成立矩阵制的项目小组就是一个很好的应对措施。项目小组的人员和资源一般都是临时从其他职能部门中抽取的人，项目小组是为完成某一项技术创新项目而临时成立的一种创新组织，具有明确的创新目标和任务。企业向项目小组成员共同确定项目小组工作目标，共同参与项目决策，共同完成创新过程。项目小组是一种开放性的灵活组织，在进行技术创新的同时，又可以维持原有业务流程。项目小组这种组织结构形式可以充分发挥创新人员的创新潜力，提高企业创新效率。

第五，虚拟联盟组织。

为弥补当前技术创新中单一企业知识信息存量和创新能力的不足，并分散技术创新风险，现代企业广泛采用虚拟联盟的形式进行技术创新活动。虚拟联盟的具体形式有很多，如技术联盟、研发联盟、创新联盟、动态联盟等。虚拟联盟更多的是靠对行业法规的塑造、对知识产权的控制以及对产品或技术标准的掌握和控制实现的，虚拟联盟通过这些"软约束"协调联盟各方的技术创新活动。虚拟联盟具有强大的生命力，可以进行多方面优势资源整合，提高资源和资金的利用效率，提高对市场机遇反应的敏捷程度，降低风险，但联盟中的成员要互相信任，密切合作，充分利用现代沟通网络进行信息交换。

6.3.3.3　企业技术创新活动的职能和人员协同

当前技术创新需要企业内部不同职能和不同专业的人员共同协作，而只有不同职能、不同专业的人员之间充分沟通和合作，才能获得最佳的协同效果。首先企业技术创新过程中需要多个职能部门参与到企业的研发活动中，如新产品创意的获取需要市场部门的参与支持；新产品开发试制涉及新的零部件开发与采购，这些工作需要供应商与采购部门协同解决；新产品开发试制量产需要生产部门参与支持等。已有的研究也表明了类似的观点，如 Norton 通过建立比较评价模型，对比分析了日本和美国化工企业的研发流程，研究表明企业技术开发部门与市场部门之间存在较强的协同作用。Koberg、Levien 和 Harman（2004）通过五分法测量企业内部各职能部门间的协作性，研究表明对于企业渐进性创新和突破性创新来讲，企业职能部门之间的协同机制都具有较强的促进作用。

与此同时，在企业技术创新过程中，不同专业成员的协同性是不同职能协同的基础，人员之间的协同是技术创新成功不可或缺的。技术创新研发人员和采购人员、生产制造人员以及市场人员等不同专业人员间的协同会大大增加技术创新成功率。部分研究表明阻碍人员协同性的主要原因是不同人员之间的差异，如 Wheelwright 和 Clark（2002）通过对技术创新企业进行实证研究，发现在企业技术创新过程中职能部门间不能有效协同的主要原因是各部门人员具有不同的专业教育背景和不同的行为价值取向，研究还发现即使在同一部门内部，不同员工之间的差异也会对技术创新的人员协同性造成影响。但是也有研究表明高度差异化的创新人员组成可以促成高创新绩效，而创新成员之间的低度差异化，可能会造成同质化工作竞争，而不利于技术创新。如 Lawrenee 和 Lorsch（2006）通过对化工企业进行调查研究，发现高技术创新绩效企业部门人员之间的差异化较大而且协同性较好，而差异化不足则会造成同质化人员在类似工作上竞争，这样是不利于协同的。因此对于企业技术创新人员协同，不应该从创新人员差异化来解决协同机制问题，而应该更多地依靠企业管理制度、企业文化建设、创新流程革新来保证人员的协同性。

▶ 6.4 企业技术创新动态能力提升的企业与创新网络协同策略

6.4.1 企业与创新网络协同创新的组织模式

创新网络是由多个企业及相关组织（包括大学、科研院所、政府、中介机构和金融机构等）组成的，其目的在于激发或促进创新，企业、高校和科研院所是直接创新主体要素，政府、中介机构、金融机构等是间接创新主体要素。企业基于创新网络的协同创新组织模式是创新网络中各行为主体协作形成的技术创新组织模式。企业与创新网络各主体之间的协同创新组织模式是多种多样的。学界对于协同创新组织模式的研究较多集中在产学研协同创新模式的研究上，对于协同创新组织模式的划分可以从主体作用、合作方式、合作紧密程度等进行。结合前面的研究，本书从合作紧密程度视角将企业与创新网络的协同创新组织模式划分为从松散网络结构、密切合作的网络结构和全面协同的创新网络组织结构。图 6-4 显示的是核心企业与其他创新网络主体之间的连接。一般核心企业在水平方向与垂直方向的连接是趋于密切合作的连接，在垂直方向上，核心企业与供应商和客户建立基于供应链的研发平台，将供应

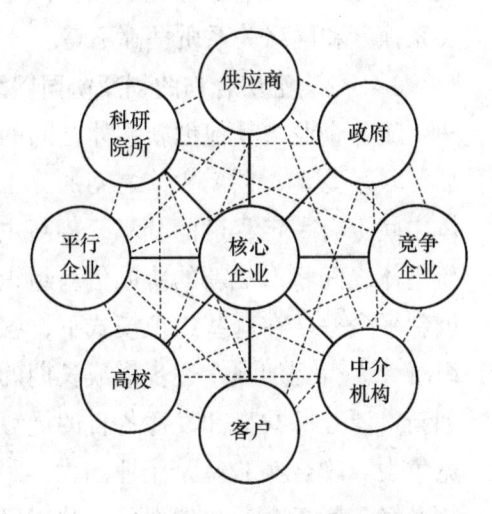

图 6-4 以企业为中心的技术创新网络结构

商与客户纳入企业协同创新网络中。在水平方向上，核心企业与竞争者或者与产品市场上平行企业之间可以展开深度研发合作，以实现优势互补，分散技术创新风险。而在对角方向上，核心企业与其他类型组织之间的连接一般是趋于松散的合作网络结构，主要是企业与大学、研究院所、政府以及中介机构等组织之间的联系。表6-1展现了各种协同创新组织模式的内涵、主导者、合作紧密程度以及对企业创新绩效影响和创新网络特征等的分析比较结果，但要注意的是企业与创新网络的创新合作和创新协同并不仅是一种模式或者一个网络，而是多种模式和多个子网络构成的，企业要根据自身条件和外部市场环境选择合适的协同创新组织模式。

6.4.1.1 松散的创新协同网络组织模式

在松散的创新协同网络组织模式下，参与协同创新的各创新主体人员之间联系不紧密，相互影响较小，协作关系较弱，各创新主体主要按照自己原来的工作模式进行创新合作，创新资源也是处于分散状态，创新协同程度较弱。传统的协同程度较低的创新协同模式主要有技术/专利转让、创新孵化器、联合开发、大学科技园等。技术/专利转让和联合开发创新协同组织模式的协同程度较低，创新主体间的联系不够紧密，主体间的信任程度有限，一般是针对某一科研项目或研发项目而进行的短期合作。虽然这些模式操作简单方便，短期效益较明显，但是创新合作仅限于某一科研项目，合作处于初级阶段，创新资源的共享性较差，创新协同程度低。创业孵化器和大学科技园等创新协同组织模式协同程度也较低，侧重于科研成果的产业化应用，为大学或科研机构等的研究成果或者科研项目提供产业化环境，并为创新型中小科技企业的发展提供助力。从企业的角度来看，这几种创新协同组织模式对于企业创新绩效的实际促进都是有限的。在这些创新协同组织模式的网络特征中，网络中心度、网络关系强度和网络关系质量都不高。

6.4.1.2 密切合作的创新协同网络组织模式

随着企业与其他创新主体之间的合作越来越频繁，主体之间的熟悉程度增加，联系更多，创新主体之间的分工合作体系逐渐建立起来，创新资源在各主体之间也有一定程度的分享，创新主体之间的协同创新程度有所提高，这时创新主体之间将形成新的协同创新组织模式，主要有联合实验室、政产学研协同创新平台等。在这些组织模式下，各创新主体参与创新协同组织的认同感和组织凝聚力得到加强，逐步形成长期的紧密的创新协同模式，并以此为基础实现创新资源互补共享和发挥各自的优势，提升创新协同组织和各创新主体的核心竞争力。联合实验室是企业与大学科研院所联合开发、技术/专利转让等模式的升级，属于企业与外部单位共建研发基地实体，注重研发协同与资源互补共

6.4 企业技术创新动态能力提升的企业与创新网络协同策略

表 6-1 基于创新网络的协同创新组织模式与创新网络结构特征

协同创新组织模式	协同创新组织模式内涵	主导者	合作紧密程度	对创新绩效影响	网络特征 中心度	网络特征 关系质量	网络特征 关系强度
技术/专利转让	企业与合作方以契约方式对非专利技术、专利权等无形资产进行使用权转让	企业或高校科研机构	低，松散结构	较低	低	低	低
创新孵化器	政府或大企业为新创科技小企业提供支持，降低创业风险成本，实现科技成果转化的模式	企业或政府	低，松散结构	低	↓	↓	↓
大学科技园	以高校为核心，政产学研结合建立的促进高校和科研机构创新成果产业化的协同创新模式	高校	较低，松散结构	较低	↓	↓	↓
联合开发	产学研合作形式，产学研双方以共同出资、共担风险、共享收益的方式进行比较紧密的合作	企业或高校科研机构	较低，松散结构	中等	↓	↓	↓
联合实验室	政产学研联合建立相关实验室以开展研发工作，实现资源优势互补，创新能力提升	企业或者高校	中等，合作较密切	中等	↓	↓	↓
高校协同创新平台/中心	为实现重大科技创新，由高校牵头，企业、科研院所及政府协同开展大跨度整合模式	高校	中等，合作较密切	中等	↓	↓	↓
协同创新联盟/平台	政府引导企业、高校和科研机构紧密合作，成为主体间共同交流的桥梁，实现网络型协同创新组织关系的跨组织集成	政府	较高，密切合作	较高	↓	↓	↓
产业技术创新平台	包括产业技术研究院和产业技术联盟，由政产学研结合形成的资源互补、协同开发的创新合作组织	企业或政府	高，全面协同	高	↓	↓	↓
基于供应链的创新协同	基于企业供应链或者企业之间的紧密创新合作，企业之间形成创新战略联盟	企业	高，全面协同	高	高	高	高

资料来源：根据相关资料自行整理。

享，协同程度有更大的提高，对企业创新绩效提升作用较大。现代企业更倾向于参与一些协同程度更高的新型协同创新组织模式，如战略联盟/创新平台组织模式，包括以高校或科研机构为主导的协同创新中心/平台，以及以政府为主导的协同创新联盟/平台。这些模式为政产学研各方提供了协调沟通、协同创新的平台，打破了各方要素资源流动的壁垒，是政产学研协同创新的主要实现模式。从企业的角度来看，这些创新协同组织模式的网络特征，如网络中心度、网络关系强度和网络关系质量相比技术/专利转让、创新孵化器、联合开发等协同创新组织模式都有所提高。

6.4.1.3 以企业为主导全面协同的协同创新组织模式

在以企业为主导全面协同的协同创新组织模式下，企业之间往往具有较强的利益和目标一致性，具有较强的战略协同，创新人员相互渗透且分工与合作灵活有序，或者组建联合研究机构，对企业创新绩效的推动作用较大，而且创新成果对创新主体的业绩往往具有非常大的影响，协同创新程度非常高。这类创新协同组织模式包括以企业为主导的产业技术创新联盟或产业技术研究院，以及基于供应链建立的技术创新战略联盟。在这些组织模式下，各创新合作主体形成了一个协同创新网络组织的有机体，创新组织的影响力已经超越了原先各参与主体在该领域的影响力。产业技术研究院和产业技术战略联盟是由企业、大学、科研机构或其他组织机构联合起来形成的具有战略意义的产业创新组织形式。基于供应链建立的技术创新战略联盟是建立在战略高度协同基础上的联盟，企业的零部件供应商以及经销商往往与企业具有高度一致的目标和利益诉求，因此对于企业来讲，基于供应链的产业技术创新联盟往往协同程度最高，技术创新联盟中的创新组织成员能够有效实现利益共享和合作共赢，合作深度和效率都是最高的，创新人员之间的分工与合作灵活有序，既有创新人员相互渗透紧密合作，也有跨组织边界的一体化创新合作，是企业可以真正实现全面协同的协同创新组织模式。从企业的角度来看，这些创新协同组织模式的网络特征，如网络中心度、网络关系强度和网络关系质量相比联合实验室、政产学研协同创新平台等协同创新组织模式都有所提高。

6.4.2 基于企业创新网络的协同创新治理机制

现代企业技术创新是充分利用和整合企业内部创新知识资源和创新网络知识资源的过程，现代企业应具备创建、维持、协调和整合创新网络的能力，这也体现了企业从重视传统的技术创新能力发展转变为重视技术创新动态能力。同时，企业协同创新网络进行技术创新需要企业和外部各主体之间的创新活动在一定规律和体系下运作，形成有序的状态，首先，各主体的目标应具有较强的一致性，在利用资源方面能够具有相互协调的效果；其次，在分享知识和市场行为方面都要具有较为一致的协同性。关于创新网络的治理研究，王昌林和蒲勇健（2005）研究认为合作创新的治理机制包括信任机制、声誉机制、协商机制等。汪国银和刘芳（2007）研究认为创新网络治理机制应该包括激励机制、约束机制和整合机制三种。魏旭（2008）研究认为创新网络治理机制的核心是

6.4 企业技术创新动态能力提升的企业与创新网络协同策略

信任机制,另外人际关系和制度两个方面也是创新网络治理需要关注的。韩周、秦远建和王荟祥(2016)研究认为协同创新网络的治理应该着重于创新主体之间的关系治理,强化不同组织之间的沟通和管理,并为协同创新网络的治理提供科学高效的制度环境。本书在参照前人研究成果的基础上,构建了企业协同创新网络治理机制的框架模型,如图 6-5 所示,认为企业协同创新网络治理机制包括信任机制、声誉机制、协商机制、制度机制和权力机制。其中制度机制属于正式机制,信任机制、声誉机制、协商机制和权力机制属于非正式机制。

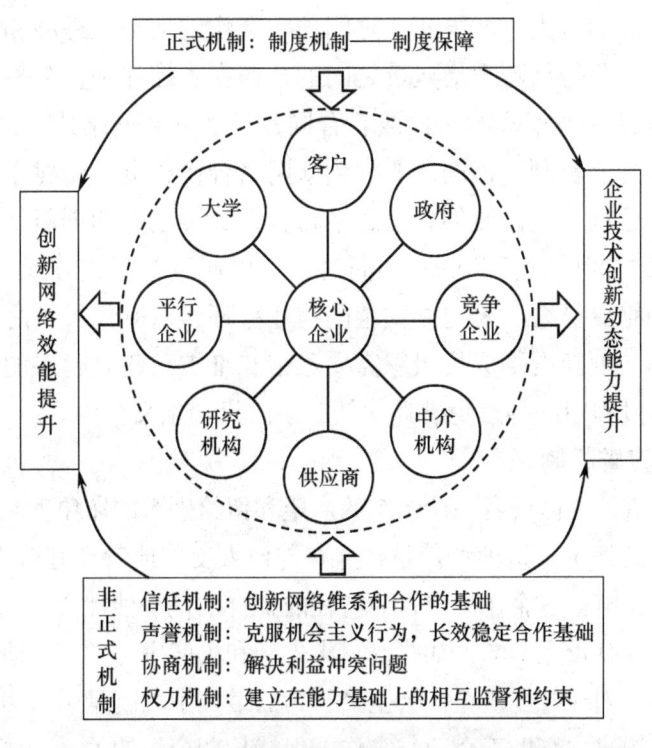

图 6-5 基于创新网络的协同创新治理机制

6.4.2.1 信任机制

企业创新网络成员关系的维持具有高度的不确定性,创新网络成员之间并不总是存在创新协同关系。企业基于创新网络的创新合作关系的确立和维持要以彼此间的信任和承诺作为"润滑油"。但在现实运作中,参与企业或者组织间的信任和承诺很难达成,这也是创新合作关系难以维系的一个重要原因。另外,基于创新网络的创新合作更多地体现为一种不完全契约,有关知识产权与利益分配的事项不能被完全界定,所以容易产生机会主义行为,机会主义行为会导致成员间信任瓦解、合作创新绩效难以获取。

创新网络成员之间的信任不应该是脆弱性信任,即由于偶然性交易产生的信任,而应该是一种长效持久性信任,也即基于长期交易产生的成员间信任。这样持久性的信任机制才能够减少创新网络组织的不确定性和复杂性,降低企业间的交易成本,预防机会主义和道德风险。同时,持久性的信任机制也能够促进创新网络成员间的知识共享,这对于提升创新网络协同创新效能和企业技术创新动态能力至关重要。创新网络成员间信任机制的建立要从以下几方面着手:首先要创建创新网络成员之间长期合作的环境,如创建促进创新网络成员间长期合作需要具备的稳定的经济环境、规范的经济秩序和经济政策。只有稳定的宏观环境和完善的市场机制,才能使创新网络成员对未来收益具有较大信心,从而减少短期行为,增强相互之间长期合作的信心,提高相互之间的信任程度。其次,企业与创新网络成员之间的合作在责任和利益分配上尽可能公平合理,最好签订一个正式的协议或者合同,保证创新网络成员之间相互平等,明确每个成员的权责利。再次,要在创新网络合作成员之间建立高效和多样化的沟通渠道,通过建立区域创新信息平台整合成员之间的创新知识和信息,强化各合作成员之间的信任和联系,同时也可以通过非正式方式实现交流沟通。最后,创新网络成员之间要建立完善的信任循环,以避免成员之间良好的信任机制遭到破坏。创新网络成员组织需要珍惜和维护已建立起来的信任,创新网络成员在合作过程中必须避免破坏信任关系的机会主义行为。

6.4.2.2 声誉机制

从广义上讲,个体或者一个组织的声望和留给别人的印象就是声誉,声誉来自他人对主体的评价,这种评价是建立在与他人交往或者良好合作的基础上的。对于企业来讲,声誉是企业历史行为特征的集合,是一种社会记忆。声誉机制对创新网络成员具有较大影响,如张磊、朱先奇和史彦虎(2017)研究认为在信息不对称条件下,创新合作避免机会主义行为的最佳手段就是引入声誉机制,并且认为声誉机制的建立有助于企业与合作方保持长期合作的关系。创新网络非正式契约合作形式的约束机制主要是来自其成员或企业的声誉,合作双方对自身声誉的维护可提高合作的稳定性,克服创新网络成员的机会主义行为。创新网络成员的声誉将在创新网络成员间充分传播,如果声誉不好那么这些成员将会被摒弃。因而声誉机制会影响成员的行为选择,从而提升创新网络整体效能。创新网络声誉机制具有如下两个特点:一是声誉机制是建立在长期的良好合作基础上的,二是声誉机制是在长期合作、反复博弈过程中产生的。徐芮和王涛(2018)认为创新网络声誉机制的作用对企业来讲主要体现在以下四方面:一是增加合作机会。企业在创新网络中具有良好声誉,易于被其他成员信任并寻求合作,这将增加企业的合作机会。二是减少信息搜寻成本。企业可依托声誉机制衡量潜在合作对象,选择合适的合作伙伴,减少由于信息不对称带来的额外成本。三是增加谈判资本。企业拥有良好的声誉，将在合作过程中具有较大的合作选择自主权，在合作谈判过程中将拥有更多的谈判资本。四是约束企业成员行为。声誉机制的建立可以为企业带来额外的收益，但声誉也是脆弱的，声誉有时可在很短的时间内被毁坏，一旦企业或者其成员做出任何有损企业声誉的行为，企业声誉都会受到严重影响。因此，企业声誉机制便成为企业成员的"软约束"。

企业声誉是企业宝贵的无形资产，但其建立需要企业长期经营，并付出巨大的成本。创新网络声誉机制的建立和发挥作用可以通过以下三种措施来实现：一是声誉传播机制的建立。在企业创新网络中需要建立有关成员声誉的隐形数据库，通过对创新网络成员的创新合作行为的监控，可以对各个成员做出客观公平的评价，形成成员声誉。对企业机会主义违约行为贴上不合作的标签，以观察和监督企业的行为，同时也可以通过成员之间相互举荐，使具有不良声誉的成员丧失合作可能。二是声誉交易机制的建立。创新网络通过建立客观公正的声誉传播和评价机制，使得创新网络内成员可以通过声誉选择合作伙伴，获得长期合作的收益。三是声誉制裁机制的建立。也就是在创新网络治理中形成一种对机会主义行为和违约行为实施严厉惩罚的机制，使创新网络中的机会主义者不敢贸然以牺牲长期利益为代价破坏合作关系。通过提高机会主义行为的成本，成员的不合作行为所带来的损失远远高于收益，这将极大地有利于创新网络声誉机制发挥作用。

6.4.2.3 协商机制

企业在协同创新网络中进行技术创新，各合作方难免会产生各种各样的冲突和争议。不同于单一企业内部的冲突，创新网络合作各方的冲突和争议代表着不同的利益主体，因此无法用行政手段强制解决，而应主要采取协商的方式予以解决。如果能够在基于创新网络的创新合作中，通过签订公平完整的契约条款来解决合作方的各种冲突和争议则是最有效的，但是基于创新网络的创新合作往往具有不完全契约的性质，即便签署了相关合作协议也多半是不完整的，因此协商机制的建立对于企业协同创新网络治理来说就是有效和必要的。建立企业创新网络的协商机制需要遵循三个原则：第一是平等公平原则，第二是风险和收益对等原则，第三是协同原则。平等公平原则是协商的前提，只有建立在各利益主体平等和公平的基础上，协商机制才能发挥其作用，平等公平原则是指各利益主体地位平等，利益分配公平。地位平等是指创新网络中各利益主体无论实力规模大小，在协商过程中都享有平等的话语权；利益分配公平不是平均分配，而是根据实际贡献对各利益主体进行利益分配。协商机制要遵循风险和收益对等原则，技术创新具有高风险，协商机制应根据各利益主体承担风险的大小进行利益分配，保证利益的公平性，利益主体投入越多，承担的风险也越高，分配利益应该越多。协商机制还应该遵循协同原则，创新网络合作参与方通常包括企业、大学、研究机构、中介机构和政府部门等利益主体，冲突和利益分配不可能由其中的一方或者少数主体决定，而应该是共同协商的结果。

从协商机制遵循的原则出发，企业协同创新网络技术创新过程中要建立协商机制需要从以下三方面着手：一是建立利益分配机制，二是建立风险分担机制，三是建立信息沟通机制。首先，利益分配机制是对企业协同创新网络技术创新的各种影响因素及利益分配中的各种因素进行综合考虑、协商完成的。其次，技术创新从产品创意到量产投入市场每个环节都存在很大的风险，包括技术风险和市场风险，而基于创新网络协同的技术创新活动参与主体众多，如果没有一个合理的风险分担机制，合作创新就不可能成功。风险分担应尽可能与利益分配相匹配，对技术创新每个环节的风险进行精确的分析，确定对应承担主体，同时各个阶段的收益分配应该与各个阶段的风险承担相对应，应尽可能公平，出现争议时采取共同协商的形式来解决。最后，避免创新过程中的冲突和争议的最好方法就是完善创新信息在各利益主体之间的交流和沟通。建立信息沟通机制首先需要提高信息沟通渠道的全面性、有效性和及时性，可以采取合作各方专业技术人员相互流动和沟通、各级管理人员定期交流与互动管理信息以及高层管理者不定期的交流与会晤等方式。通过这些方法与渠道建立全面及时的信息沟通交流渠道，可使各参与主体和谐共处，提升相互间的信任关系。构建信息沟通机制还要完善合作主体间的信息共享机制，创新主体之间共享的信息应该是有用的、高质量的，而不是无用的、落后的，共享的信息要能够对各个合作主体产生正面的积极效用。同时信息共享要有一定的度，即各合作主体对创新协同程度有一定的判断，信息共享既不能是表面信息和表面合作，也要避免泄露创新主体的核心技术或者核心信息内容，把握好共享信息的程度也是保证合作主体相互间信任的手段。

6.4.2.4 权力机制

从社会网络理论出发，对于创新网络这种非正式治理机制的建立，创新网络中成员的选择不仅是基于组织利益的理性选择，也受到成员之间的信任和成员权力的影响。相比信任机制、声誉机制和协商机制等柔性治理机制，权力机制具有一定的强制性，是事后的惩戒机制，创新网络成员自身是无法选择和控制的。在单一科层组织中，权力是影响他人的能力，包括制度权力和个人权力。在创新网络组织中，权力内涵已经超越组织边界的限制，是创新网络持续有效运行的保证，属于非正式的治理机制。创新网络成员的权力来自成员自身的实力、声誉以及知识能力等因素。一般来说，处于网络主导地位的核心企业具有较高的权力，因为处于创新网络中心的核心企业一般是自身实力和知识能力较强的企业，可以通过自身的实力和知识专有权影响创新网络其他成员，并进行相应的协调、组织、监督和约束。通过权力机制对成员的机会主义行为或违约行为进行强制性的惩罚，这样在一定程度上可以保障创新网络稳定高效地运行。创新网络成员如果做出了败德或违约等有损创新合作成员公共利益的行为，权威企业或者核心成员可以利用权力影响或号召其他网络成员联合起来对不合作行为或违约成员进行制裁和惩罚。

6.4.2.5 制度机制

基于企业创新网络的协同创新治理机制，既包括非正式的治理机制，如信任机制、声誉机制、协商机制和权力机制等，也需要正式的制度机制来保障创新网络的正常运行。已有的研究也表明创新网络治理可以分为正式治理和非正式治理这两种方式，如周泯非和魏江（2010）研究指出，集群网络的治理可以分为契约治理和网络治理，网络治理是一种非正式治理机制，包括信任机制、声誉机制以及联合制裁机制等，通过非正式的治理机制可以有效约束各网络成员的行为，减少机会主义行为。而契约治理是正式治理机制，契约治理通过合理设计规章制度来促进契约履行，并减少缔约成本。易秋平和刘友金（2011）通过研究认为集群网络的治理可以分为契约关系治理和弹性治理，契约关系治理是一种正式的治理机制，而弹性治理则是非正式的治理机制。从内容上来说，创新网络治理的制度机制包括两个方面：一是由政府、行业协会等制定的各种相关规章制度，如法律法规、产业政策、行业规则及标准等对创新网络所有成员都具有刚性的规章制度；二是包括创新网络成员之间签订的各种契约（如合作协议等），这些契约的签订将约束各参与方的行为，强化各方的信任和合作。不管是规章制度还是各种契约都能够增强创新网络成员行为的可预见性，对创新网络成员的利益形成有效的保障，并有效减少机会主义行为，促进各成员之间的信任和合作。

建立创新网络制度治理机制首先要在法律制度方面努力，政府主管部门要不断完善创新网络及产业创新领域所涉及的法律政策和制度，使基于创新网络的创新合作有法可依，并加大执法力度。其次，创新网络成员之间签订契约或合作协议时，内容应尽可能详细、明确，在参与方相互沟通的基础上尽可能相互了解，以避免创新合作后期可能产生的不必要麻烦。再次，在创新合作过程中应尽可能制定合作创新的规章制度，以明确参与方的权责利，并对各方行为进行明确的界定和要求。在创新合作的规章制度中还需要明确合作程序，使各参与方有计划地进行自己的合作活动，以减少创新合作过程中的协调工作。最后要尽可能引入第三方进行监督管理，第三方应该与创新合作各方不存在利益关联，可以是政府相关部门也可以是行业协会等。第三方监管将对创新合作参与各方的行为进行规范和监督，以保障相关规章制度的执行，对违反规定的行为进行强制约束或者联合制裁，对参与各方起到震慑作用。

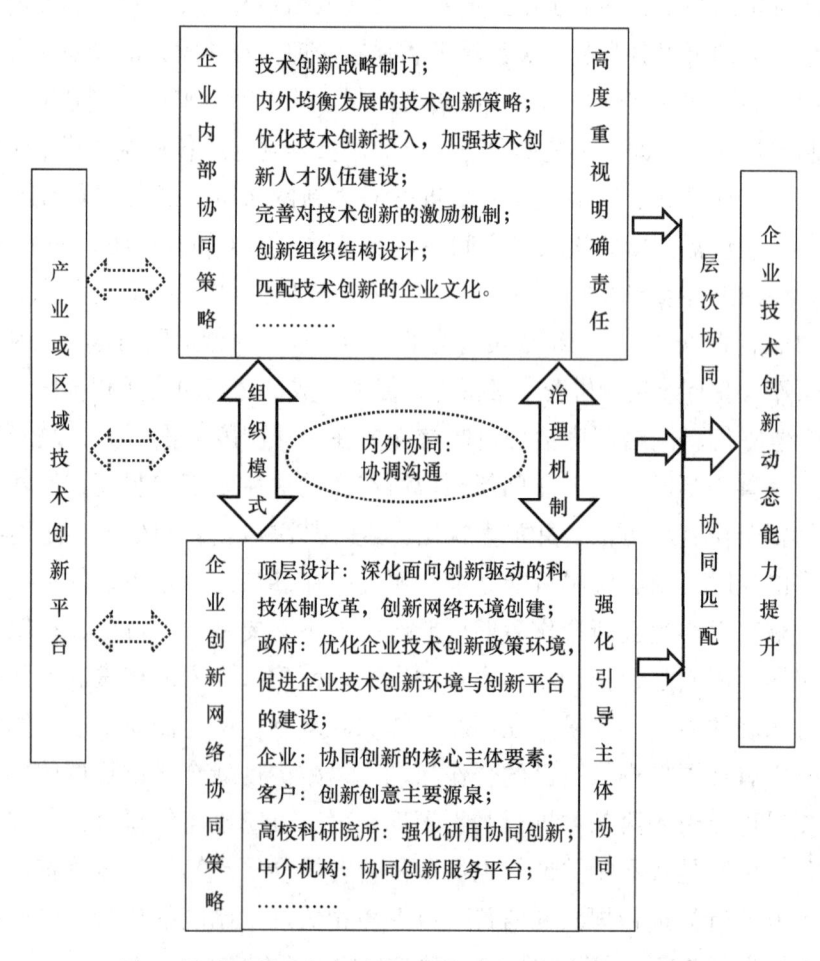

▶ 6.5 企业技术创新动态能力提升策略的协同实施

本书所提出的技术创新动态能力提升的全面协同系统化策略共分为三个层次：外部创新网络协同策略、企业内部协同策略以及内外协同策略。技术创新动态能力提升的全面协同策略的关键是三个层次在具体实践中协同起来，实现叠加效应。只有各个责任主体在企业技术创新过程中保持行动协同性，才能有效提升企业技术创新动态能力与技术创新绩效。综上所述，企业技术创新动态能力提升的关键在于企业内部、创新网络以及企业与创新网络保持技术协同创新，如何实现技术协同创新是本策略实施的重点和关键。图6-6是企业技术创新动态能力提升策略的协同实施框架。

实施技术创新动态能力全面协同策略，具体要从以下三方面着手。

首先，企业要高度重视技术创新动态能力建设，并根据自身行业特性、技

图6-6 企业技术创新动态能力提升策略的协同实施框架

术创新环境制订技术创新战略，选择适应企业技术创新内外环境的技术创新内外均衡型发展策略。也就是说，企业技术创新战略制订、技术创新发展模式选择必须适应企业的行业特性等技术创新内外环境。企业在具体提升措施中，还需要明确各活动主体的责任，强化不同部门、不同职能之间的协调沟通，使企业中的各部门、各职能围绕技术创新活动协同起来。具体的策略措施包括优化技术创新投入、加强技术创新人才队伍建设、完善对技术创新的激励机制、根据自身行业特点和技术创新环境进行组织结构设计、构建与企业技术创新模式相适应的企业文化等。

其次，强化对创新网络行为主体的引导，激发各行为主体的积极作用，强化创新网络协同作用。通过深化面向创新驱动的科技体制改革，构建有利于企业技术创新动态能力提升的创新网络环境，发挥市场在科技资源配置中的决定性作用，强化企业创新主体地位，引导各行为主体发挥积极作用。各级政府主管部门要建立企业技术创新发展的政策保障体系，进一步改善企业技术创新政策环境，促进企业技术创新平台的建设。企业是协同创新网络中的核心主体要素，要引导提升关键企业在创新网络中的地位和作用，企业也要不断加强自身的技术创新能力建设。客户是企业技术创新环节中的重要环节，是企业技术创新的出发点也是技术创新的最终目标，因此在协同创新网络中，应引导客户积极参与技术创新，成为技术创新创意的主要源泉。要引导高校和科研院所积极参与企业协同创新，让其科研成果与企业有效对接，强化产学研协同创新，明确企业的市场导向和主体地位，通过国家意志的引导和机制安排，促进企业、大学、研究机构发挥各自的能力优势，整合互补性资源，实现各方的优势互补，加速技术推广应用和产业化。要发挥中介机构在协同创新网络中的沟通和桥梁作用，以填补创新网络的结构性缺陷。引导企业创新网络各行为主体围绕企业技术协同创新，进而有效推进企业技术创新活动，提升企业技术创新动态能力。

最后，强化企业与创新网络之间的沟通协调，做到内外协同。内外协同需要从创新网络协同创新组织模式和创新网络协同创新治理机制入手，积极发挥产业或区域技术创新平台的作用，使企业与创新网络多个层次进行协同创新，有效推进企业技术创新动态能力的提升。松散的协同创新网络组织模式、密切合作的协同创新网络组织模式和以企业为主导全面协同的创新协同网络组织模式等都有各自的优缺点，企业要根据自身条件和外部市场环境选择合适的创新协同组织模式。同时还要强化企业协同创新网络治理机制的建设，以使企业协同创新网络中的企业和外部各主体之间的创新活动在一定规律和体系下运作。通过治理机制使各主体目标协同一致，资源利用协同一致，技术知识分享和市场行为协同一致。

6.6 研究小结

企业技术创新动态能力的提升是创新网络与企业技术创新动态能力相互影响、相互驱动、协同演进的结果，企业创新网络的演化发展影响着企业技术创新动态能力的发展，影响着企业技术创新动态能力的发展速度和轨迹，并推动着企业技术创新动态能力内涵构成的更新。因此本章从协同创新理论入手，在前述章节研究结论的基础上，基于创新网络与企业技术创新动态能力协同演进路径，提出技术创新动态能力提升的全面协同系统化策略，全面协同策略分为三个层次。

第一层次是外部创新网络协同策略。首先需要构建有利于企业技术创新动态能力提升的宏观环境，其次需要构建有利于企业技术创新动态能力提升的创新网络环境，最后需要建立以企业为核心的协同创新网络。第二层次是企业技术创新动态能力提升的企业内部协同策略。在企业总体战略的指引下，企业创新战略、创新投入、企业文化、组织结构、职能、人员等要素相互协同进行技术创新活动，以使企业获得创新能力和创新绩效的持续提升。保持较高的研发投入和人力资本投入是企业技术创新动态能力提升的基础，企业创新战略、企业文化、组织结构、职能、人员等要素与技术创新活动协同，则是企业技术创新动态能力提升的催化剂。全面协同策略的第三层次是企业技术创新动态能力提升的内外协同策略。创新网络与企业要全面协同起来，首先要选择合适的基于创新网络的协同创新组织模式，其次要建立企业创新网络的协调治理机制。全面协同策略的三个层次也将具体影响到技术创新动态能力三要素，并且通过三要素的相互作用、相互协同实现技术创新动态能力的提升。

7 本书的结论及建议

▶ 7.1 本书的主要结论

通过系统研究，本书得出以下四个方面的主要结论。

7.1.1 提出了企业技术创新动态能力内涵和构成的全新阐释，并通过实证检验其内涵构成的合理性

本书在广泛参考文献研究的基础上，从大量文献和访谈资料中总结出企业技术创新动态能力有关概念，界定了其内涵，并对其内涵构成进行理论假设，在构建技术创新动态能力测量模型的基础上采用验证性因子分析法对其进行实证检验。首先本书在广泛参考文献研究的基础上对企业技术创新能力内涵及构成的演进进行深入分析，并对当前企业技术创新能力存在的不足进行深入探讨，再结合实地访谈调研和问卷调查得到的相关信息和数据，提出了企业技术创新动态能力内涵界定。本书认为：企业技术创新动态能力是一种多维度的综合能力，是企业对内外知识和资源进行有效整合和利用，以及企业在创新内外环境交互作用下进行适应性重构、不断演进的能力，具有明确的流程或者管理支持其演进，其发挥作用的过程是改变组织现有知识资源结构的过程。这一界定从单一维度到复合维度，从静态到动态演变，体现出企业技术创新能力研究内涵的演变同企业创新内外环境的变化密切相关。

本书在提出技术创新动态能力内涵的基础上，进一步提出了技术创新动态能力内涵构成的相关理论假设，即技术创新动态能力由三要素构成：网络能力、动态能力和原创能力。笔者在梳理文献研究的基础上，从大量文献和访谈资料中总结出企业技术创新动态能力有关概念，以此构建企业技术创新动态能力的测量模型。根据技术创新动态能力调查问卷的数据，利用 SPSS 23.0 软件

进行小样本探索性因子分析（EFA），根据理论及探索性因子分析（EFA）结果构建一阶三因子验证性因子分析模型（CFA），利用 AMOS 22.0 软件绘制一阶三因子模型及二阶模型的路径图，构建有关企业技术创新动态能力构念的结构方程模型，通过大样本验证性因子分析，探究了技术创新动态能力的构成维度及其与各维度的关系，结论显示技术创新动态能力与各维度之间的路径系数均高于 0.8，说明技术创新动态能力是由网络能力、动态能力和原创能力三个要素构成，其体系构建正确合理。模型分析的结论也表明三个维度之间具有高度的相关性，动态能力维度是技术创新动态能力中最重要的维度，是技术创新能力向技术创新动态能力转化的关键。这说明当前企业技术创新成功的关键在于对内外创新环境的适应性调整，以及不断整合技术创新内外部资源，及时更新现有知识，实现技术创新各方面的协同。

7.1.2 确立了创新网络对企业技术创新动态能力的影响作用路径

通过梳理国内外相关文献，归纳总结有关创新网络结构特征等对企业技术创新能力的影响方向和程度，本书以 412 家企业为样本，在对技术创新动态能力进行理论构建，及对创新网络对技术创新动态能力三维度的影响作用进行理论分析的基础上，通过建立创新网络—技术创新动态能力—创新绩效的影响作用路径结构方程模型，利用 AMOS 22.0 软件绘制创新网络对技术创新动态能力影响作用的模型路径图，实证分析验证了技术创新动态能力构成三维度之间的路径关系及其演化路径，证明了创新投入、网络构建利用、内外资源整合的顺序依赖关系。实证结果也表明：创新网络中心性和关系质量是影响技术创新动态能力的关键因素，企业创新投入和对创新成果的转化能力是企业发展技术创新动态能力的重要基础。

本书在广泛参考文献研究的基础上，从创新网络结构视角和关系视角分析了创新网络对技术创新动态能力的影响。笔者从网络结构视角入手，主要通过考察网络中心性、网络规模、网络异质性来探讨创新网络结构的变动是否会对企业技术创新知识和资源的搜寻整合以及创新投入产出等产生影响；从网络关系视角入手，主要通过考察网络关系强度和网络关系质量来探讨创新网络关系的变动是否会对企业技术创新知识和资源的搜寻整合以及创新投入产出等产生影响。笔者利用文献研究方法，在构建创新网络特征、技术创新动态能力和企业创新绩效测量模型的基础上，建立了创新网络—技术创新动态能力—创新绩效的影响作用路径结构方程模型且做出了相关研究假设，并利用 AMOS 22.0 软件绘制了创新网络对技术创新动态能力影响作用的模型路径图，最后利用 412 家企业的样本数据，对模型进行了验证分析。模型分析结果表明，在网络结构特征对创新动态能力的影响上，创新网络中心性的影响最为显著。这表明要促进外部创新资源的整合和利用，提升企业创新动态能力，维持企业自身在创新网络中的中心性是比网络规模和异质性都重要的因素，这一结论也证明了结构洞和信息桥的主要作用。在创新网络中处于中心位置，掌握较多的结构洞有利于外部创新资源的整合和利用，进而可提升企业创新动态能力。模型分析也验证了强关系特征在企业创新动态能力提升中的显著影响，分析结果表明在提升企业创新动态能力上，关系质量是比关系强度更重要的因素。最后，技术创新动态能力三维度之间的路径关系在模型中得到验证和支持，证明了理论预设中创新投入→网络构建利用→内外资源整合的顺序依赖关系成立。

对不同行业板块的模型分析表明，对于不同行业的企业（如高新技术行业企业和传统制造行业企业）来讲，以上结论总体上是适用的。但创新网络特征（如网络规模、网络异质性、关系强度2等）对技术创新动态能力不同维度的具体影响效应是有差异的，具体表现为：对高新技术行业企业而言，网络规模和网络异质性对企业技术创新动态能力提升的影响作用有限；但对传统制造行业企业而言，网络规模和网络异质性可能在某种程度上不利于企业提升技术创新动态能力。对于传统制造行业而言，关系强度1对于企业技术创新动态能力提升的作用相对有限；而关系强度2对于高新技术企业和传统制造企业提升技术创新动态能力的作用更为有限，也即与相关机构的联系对提升企业技术创新动态能力的影响作用有限。

7.1.3 深入分析了创新网络与技术创新动态能力协同演进的过程，对企业技术创新动态能力提升路径进行了科学阐释

企业技术创新的本质是知识创新，创新网络与技术创新动态能力的协同演进是知识不断集成与融合的过程。本书第4章从静态角度分析了创新网络对技术创新动态能力的影响作用方向与路径，在此基础上，笔者从创新网络动态演化的角度分析了企业技术创新动态能力的提升演进，以及创新网络与技术创新动态能力协同演进对企业创新绩效的影响。通过建立基于知识流动的企业技术创新动态能力与创新网络交互作用系统动力学模型，对企业技术创新动态能力、创新网络以及创新绩效之间的动态演化规律进行仿真分析，模型分析深入刻画了创新网络与技术创新动态能力协同演进的动态过程，揭示了企业技术创新动态能力的时空演变规律和特征，对企业技术创新动态能力提升路径做出了系统、科学、动态的全面阐释。

通过理论分析，本书认为企业技术创新过程是内外知识交互作用的过程，而在知识创造和外部知识内化过程中起关键作用的是技术创新动态能力三要素，

三大要素的逻辑驱动以及内部知识和创新网络的交互作用实现了技术创新动态能力的重构与不断演进。系统动力学模型分析表明，企业技术创新动态能力的提升发展不仅要依靠企业自身良好的投入策略和完善的管理平台，也需要外部良好的创新网络平台以及企业对内外环境的协调适配。其中企业自身对技术创新的发展期望及对技术创新的投入因素最为重要。模型分析也表明企业创新网络的发展演化受到企业内外部多种因素的共同影响，对创新网络演化影响较大的有创新战略、创新决策和产业政策平台三个外生变量，其次是企业管理平台，自适应学习能力对企业创新网络的演化发展影响相对较小。对于提高企业技术创新动态能力和创新绩效来讲，技术创新投入存在边际效益递减现象，也就是单纯依靠技术创新投入不一定能有效提升技术创新动态能力和企业创新绩效。企业必须具备整合内外技术知识和对内外技术创新环境进行适应性调整的能力，这样才能发挥各种创新资源的效能，提升创新绩效。企业采取均衡性技术创新决策可以取得更好的创新绩效，也就是说，企业对内外技术知识资源和内外能力采取协调发展的策略，企业才能在提升技术创新动态能力和创新绩效方面取得较好结果。

模型仿真分析的结果也表明，企业技术创新动态能力和企业技术创新绩效的提升很大程度上取决于技术创新动态能力与创新网络协同演进的过程，其具体作用路径为：技术创新动态能力→创新网络构建与协调（创新投入）→创新网络→外部知识内化→内外知识整合与创造→创新绩效→技术创新动态能力，这也反映出企业技术创新动态能力与创新网络相互驱动的逻辑关系。企业要取得高的创新绩效，不仅要有较高的技术创新动态能力和完善的创新网络平台，更关键的是要通过两者之间的逻辑驱动关系来促进创新绩效的提升。这也表明企业技术创新动态能力的形成与提升是创新网络与企业技术创新动态能力协同演进的结果，企业创新网络的演化发展推动着企业技术创新动态能力的发展，影响着企业技术创新动态能力发展的速度和轨迹，并推动着企业技术创新动态能力内涵构成的更新。同时，企业技术创新动态能力也能够有效促进企业创新网络的发展，推动企业创新网络的升级演化。

7.1.4 提出了基于创新网络与技术创新动态能力协同演进的企业技术创新动态能力提升的全面协同策略

通过理论和实证研究，本书认为企业技术创新动态能力与创新网络之间的协同演进驱动着企业技术创新动态能力不断提升演化，可以说企业技术创新动态能力的提升是企业创新网络与企业技术创新动态能力相互影响、相互驱动、协同演进的结果。因此本书提出企业技术创新动态能力的提升有赖于企业与创新网络全面协同的策略设计，策略内容分为创新网络协同策略、企业内部协同策略以及企业与创新网络协同策略三部分。企业技术创新动态能力提升是企业内部协同和外部协同以及内外部因素相互协同等全面协同的结果。

创新网络协同首先需要为企业技术创新动态能力提升营造良好的外部环境，包括深化面向创新驱动的科技体制改革，发挥市场在科技资源配置中的决定性作用，强化企业的创新主体地位，推进企业技术创新引导政策的落实，完善企业技术创新体系并出台具体的技术创新激励政策，大力推进产学研合作，加强政府在协同创新中的作用，以及大力促进企业外部技术创新平台的建设等内容。创新网络协同还包括创新网络各成员主体的协同，明确创新网络各主体在企业技术创新过程中的角色定位，确立企业在创新网络的核心主体地位；促进客户参与创新，使其成为技术创新创意的源泉；强化高校和科研院所研用协同创新；促进政府职能转变，强化政府的战略引导、政策保障和环境营造作用；加强中介机构的协同创新服务平台功能等。

企业内部协同策略是指技术创新动态能力提升需要企业各个方面协同匹配，包括企业（创新）战略、企业文化、组织结构、职能、人员、技术创新要素等因素的协同。企业要具备创新战略决策能力，要根据企业战略和行业内外环境选择合适的技术创新模式和技术创新战略，并在企业技术创新战略的引领下实现企业技术创新各要素的全面协同。首先，促进企业的研发投入，建立多层次、多渠道的企业研发投入机制，完善政府对企业研发投入的刺激政策，优化研发投入结构。其次，加强企业技术创新人才队伍建设，加大企业创新人力资本投入，健全企业技术创新人才培养体制机制，优化企业技术创新人才培养内外环境，完善企业技术创新人才激励机制。再次，企业文化与技术创新活动协同。要构建与企业技术创新模式相适应的企业文化，建立以企业家创新精神为核心的企业文化，塑造合作、开放和不断变革的有利于企业技术创新的企业文化，并创建学习型组织。最后，企业还要做到组织结构与技术创新活动协同，使企业不同职能、不同专业的人员围绕企业技术创新活动协同起来。

企业与创新网络协同包括企业与创新网络的组织协同和治理协同。从合作紧密程度划分，协同创新组织模式可以分为松散网络结构、密切合作的网络结构和全面协同的创新网络组织结构三种。每种网络结构都有若干种不同的组织模式，这些协同创新组织模式的内涵、主导者、合作紧密程度、对企业创新绩效的影响以及创新网络特征都具有较大差异，企业要根据自身条件和外部市场环境选择合适的协同创新组织模式。但要注意的是，企业与创新网络的创新协同并不仅是一种模式或者一个网络，而是多种模式和多个子网络构成的。企业与创新网络协同还需要构建创新网络治理机制，企业与创新网络协同治理机制包括信任机制、声誉机制、协商机制、制度机制和权力机制，其中制度机制属于正式机制，信任机制、声誉机制、协商机制和权力机制属于非正式机制。

▶ 7.2 本书的特色与创新之处

7.2.1 静态视角和动态视角相结合的研究特色

本书围绕企业技术创新动态能力的形成与提升这一中心主题，从创新网络对企业技术创新动态能力影响作用路径的静态研究视角，以及创新网络与技术创新动态能力协同演进的动态演化视角，揭示了企业技术创新动态能力的时空演变规律和特征，对企业技术创新动态能力提升路径做出了系统、科学、动态、全面的阐释。静态视角和动态视角相结合的研究方法有效弥补了单一视角研究存在的缺陷，使研究结论更具说服力。

7.2.2 提出的企业技术创新动态能力提升策略更具系统性

本书基于企业创新网络与企业技术创新动态能力协同演进提出的企业技术创新动态能力提升策略更具系统性。技术创新动态能力提升全面协同策略分为创新网络协同策略、企业内部协同策略以及企业与创新网络协同策略三个组成部分，企业技术创新动态能力提升是企业内部协同和外部协同以及内外部因素相互协同等全面协同的结果。传统企业技术创新能力提升策略主要从企业内部因素进行分析，而全面协同提升策略明确了企业技术创新动态能力的提升不只是企业内部努力的结果，而是企业内外部因素全面协同的结果。

7.2.3 研究内容和方法上的创新

本书的创新点主要表现在以下三个方面：一是将停留在概念探讨阶段的企业技术创新动态能力研究深化为具有理论架构、构成要素和测度体系的构念，为未来的研究奠定了基础。本书在广泛参考文献研究的基础上，结合实地访谈调研和问卷调查得到的相关信息和数据，重新提出了企业技术创新动态能力的系统性内涵界定，对其内涵构成进行了理论假设，并通过实证检验假设的正确性，即技术创新动态能力由三要素构成：网络能力、动态能力和原创能力。二是构建了创新网络—技术创新动态能力—创新绩效的影响作用路径结构方程模型。通过对412份企业调查问卷数据的分析，验证了技术创新动态能力构成三维度之间的路径关系及其演化路径，也证明了创新投入、网络构建利用、内外资源整合的顺序依赖关系。实证结果表明：创新网络中心性和关系质量是影响技术创新动态能力的关键因素，创新投入和创新成果转化能力是企业提升技术创新动态能力的重要基础。三是通过动态演化视角深入刻画企业技术创新动态能力提升路径。通过构建基于知识流动的企业技术创新动态能力与创新网络交互作用系统动力学模型，深入刻画了创新网络与技术创新动态能力协同演进的过程，揭示了企业技术创新动态能力的时空演变规律和特征，对企业技术创新动态能力提升路径做出了系统、科学、动态、全面的阐释。

▶ 7.3 本书的局限与进一步研究展望

从 2014 年底开始收集研究相关资料开始，本项目研究已历时五年多。整个研究围绕企业技术创新动态能力的形成与提升这一中心主题，从企业技术创新能力的演进分析角度提出企业技术创新动态能力的内涵界定，并对其内涵构成进行假设验证分析，在分析创新网络对企业技术创新动态能力的影响作用路径和创新网络与技术创新动态能力协同演进的动态演化的基础上，揭示了企业技术创新动态能力的时空演变规律和特征，并由此提出企业技术创新动态能力提升全面协同策略。笔者在这些工作的基础上开展了本书的写作，但是项目研究和写作的过程中还存在一些不足之处，需要补充和改进，这也是需要进一步研究的主要方向。

7.3.1 样本选择的范围和数量有待于进一步扩大

首先，受限于时间、成本、数据的可获得性等因素，样本被调查企业主要集中于我国东部和中西部少数中心城市，包括东部沿海地区的深圳、上海、南京、广州、北京、天津、苏州等中心城市，中西部地区的重庆、成都、武汉、西安、昆明、南昌等中心城市，未能对我国经济发展相对落后的城市和地区进行调查，这在一定程度上限制了研究结果的普遍意义。其次，样本调查行业主要集中于高新技术行业和传统制造业，高新技术行业中主要集中于计算机、通信和其他电子设备制造业以及软件和信息技术服务业，而传统制造行业企业分布则较分散，包括汽车摩托车制造行业、生物医药、家电、材料、服装家居行业等，样本的代表性和说服力也受到一定限制。最后，通过随机抽样方式获取的样本企业的问卷回收率较低，而较多的问卷是通过自委托行业协会、政府主管机构等收回的，一定程度上降低了样本的随机程度。因此在未来的研究中，需要进一步扩大样本的选择范围，完善抽样技术，以增强研究结论的说服力和普遍性。

7.3.2 创新网络与技术创新动态能力协同演进的动态研究中存在不足

现有的研究揭示了企业技术创新对外部创新网络的能动作用，以及外部创新网络对企业技术创新的影响作用，本书利用系统动力学仿真技术对创新网络与企业技术创新动态能力的协同演进进行动态演化分析，揭示了企业技术创新动态能力的时空演变规律和特征。但是在动态分析过程中存在以下两点不足：一是仿真分析对创新网络与企业技术创新动态能力交互作用、相互促进的动态过程进行了深入刻画，但对创新网络演化的深入分析和对技术创新动态能力演进过程的深入刻画还存在不足，由于对创新网络演化和技术创新动态能力演进的微观机理分析不足，可能导致对两者协同演进过程的分析结论说服力有限；二是在创新网络与企业技术创新动态能力协同演进的系统动力学模型仿真分析中，受能力、时间、成本等多种因素的制约，仿真分析的数据主要建立在大量的假设基础上，虽然相关数据假设是在调查研究和理论分析基础上进行的，但也使研究的说服力受到限制。未来可以考虑收集时间维度上的纵向数据，进行纵向的时间序列分析，进而对动态演化过程进行深入分析。

7.3.3 企业技术创新动态能力提升策略有待细化和验证

通过理论分析和实证研究，本书提出了基于企业与创新网络全面协同的企业技术创新动态能力提升策略设计。但是受限于时间、能力、成本等因素，所提出的企业技术创新动态能力提升策略更多地体现为一种提升策略思路或策略框架，而对具体的企业技术创新动态能力提升措施较少涉及。另外，在理论分析和实证研究基础上提出的基于企业与创新网络全面协同的技术创新动态能力提升策略实际效果如何，还需要较长时间的实际应用才能发现，需要通过实践才能验证所提出策略的正确性。因此，未来的研究可以对企业技术创新动态能力提升的一些具体方面，如创新网络环境的建设、创新网络主体协同、企业创新战略与创新投入协同、企业文化与技术创新协同、企业与创新网络协同机制等进行更深入的研究，并分专题提出更为详细的实施策略和解决方案。

附录

▶ **附录1：调查问卷**

企业创新网络与技术创新动态能力调查问卷

尊敬的女士/先生：

您好！我们正在进行一项有关企业创新网络与技术创新动态能力的学术研究，目的是探索在当前竞争加剧和高度动荡的市场环境下企业技术创新能力的发展演化规律，为我国企业技术创新的实践运作和健康发展提供建议与指导。本问卷由了解企业技术创新运作的企业中高层填写完成，所有题项的选择均无对错之分。请根据您所在公司的实际情况，选择您认为最贴切的答案。您所提供的信息对本研究的结论非常重要，请您放心并尽可能客观地回答，切勿遗漏任何一题。如果您是在纸质问卷上回答，请在您选择的数字上划"√"；如果您填写的是电子版问卷，只需要改变您所选择答案序号的颜色。

非常感谢您对本研究的热心支持和真诚帮助！如果您需要，请留下电子邮箱，本研究成果的电子版将提供给您参考。您的 E-mail：_____

企业技术创新动态能力课题组

第一部分　企业基本资料

1. 企业名称：_____　企业所在地：_____
   企业创立年份：_____，企业员工总数：_____，研发部门的员工人数：_____
   企业2014年销售总收入：_____，研发费用：_____；资产总额：_____

2. 企业所有制形式为：
   ①国有独资　　　　②国有控股　　　　③国有参股　　　　④民营
   ⑤中外合资　　　　⑥外资　　　　　　⑦其他

3. 贵公司所属行业领域为：
   ①计算机、通信和其他电子设备制造业　②汽车摩托车　　　③材料
   ④生物医药　　　　⑤家电　　　　　　⑥服装家居等
   ⑦软件和信息技术服务业　　　　　　　⑧研发设计及技术咨询
   ⑨其他

4. 企业2014年研发经费使用情况：
   ①新产品开发，占比_____%　　　②技术引进，占比_____%
   ③技术改造费用，占比_____%　　④基础研究，占比_____%
   ⑤其他_____，占比_____%

5. 2014年，企业新产品销售收入_____万元，新产品销售利润_____万元，技术转让收入_____万元。

6. 企业2014年技术开发项目有_____个，开发新产品_____个，市场化新产品_____个，获得专利授权_____件，其中发明专利授权数为_____件，发明专利申请数为_____件。

7. 在技术创新过程中，贵公司与其他企业之间的技术创新合作形式主要有
   ①合资企业和合作研究　　　　　②联合研发合同
   ③技术交流协议　　　　　　　　④技术投资
   ⑤授权　　　　　　　　　　　　⑥研发外包、生产共享和供应商网络
   ⑦研究协会　　　　　　　　　　⑧政府资助联合研究项目
   ⑨科技交流用的数据库和价值链　⑩其他形式

8. 在技术创新过程中，贵公司与科研院校及中介机构之间的创新合作形式主要有
   ①企业向科研院校购买技术或专利　②与科研院校合作协议研发
   ③与科研院校合资　　　　　　　　④培训咨询合作
   ⑤技术咨询和转让　　　　　　　　⑥利用政府或行业协会搭建的创新网络平台
   ⑦法律服务　　　　　　　　　　　⑧其他

第二部分　创 新 网 络

请根据本公司创新合作的实际情况，对下列题项进行判定。题项后的数字表示您对该说法的同意程度，请选择一个数字。请注意：企业创新网络是由创新企业、供应商、政府的、高校及科研院所、其他相关企业、用户、中介和金融机构等多种主体构成的，以协同创新为目的的企业网络。

一、创新网络中心性

题 项	非常不符合	比较不符合	一般	比较符合	非常符合
（1）当需要技术建议或支持时，合作企业非常希望本企业能提供知识、信息和技术	1	2	3	4	5
（2）我们企业在行业具有较高的知名度	1	2	3	4	5
（3）我们在创新网络关系中占据主导地位	1	2	3	4	5
（4）其他企业或组织之间经常通过我们企业介绍认识	1	2	3	4	5
（5）行业内很多企业曾尝试与我们建立知识/技术交流和合作	1	2	3	4	5

二、创新网络规模

在过去两年的技术创新过程中，贵企业能够交流合作的合作伙伴数量

项目	合作伙伴数量	备注	说明
贵企业的主要用户			
贵企业的主要供应商			
贵企业的主要竞争对手			请在"合作伙伴数量"栏填上具体数字，没有相应类型合作伙伴可以填"0"。
贵企业有关的其他企业			
相关科研院校			
相关中介组织			
相关政府机构			
风险投资等相关金融机构			

三、创新网络的关系强度

在过去两年的技术创新过程中，贵企业与合作伙伴的合作交流的频率

项目	交往频率	备注	说明
贵企业的主要用户			
贵企业的主要供应商			请在"交往频率"栏填上"没有交往""每年一两次""每季度一两次""每月一两次""每周一两次"
贵企业的主要竞争对手			
贵企业有关的其他企业			
相关科研院校			
相关中介组织			
相关政府机构			
风险投资等相关金融机构			

四、创新网络的关系质量

题项	非常不符合	比较不符合	一般	比较符合	非常符合
（1）在与创新合作伙伴的交往中，双方都尽量避免提及严重损害对方利益的要求	1	2	3	4	5
（2）在与创新合作伙伴的交往中，双方都信守诺言	1	2	3	4	5
（3）如果企业有新的合作业务，首先会考虑现有的合作伙伴	1	2	3	4	5
（4）对创新合作伙伴的能力（实力）有信心	1	2	3	4	5
（5）我们相信合作伙伴提供的知识/技术是正确和有价值的	1	2	3	4	5

五、创新网络能力

题项	非常不符合	比较不符合	一般	比较符合	非常符合
（1）我们非常看重与其他企业或单位的创新合作关系	1	2	3	4	5
（2）我们善于发现创新合作机会	1	2	3	4	5
（3）我们清晰地知道参与网络关系的目标、准则及所处的位置	1	2	3	4	5
（4）我们会主动与潜在合作伙伴建立合作关系	1	2	3	4	5

续表

题 项	非常不符合	比较不符合	一般	比较符合	非常符合
（5）我们有能力对合作伙伴的行为施加显著影响	1	2	3	4	5
（6）我们比其他同行企业拥有更多类型的合作伙伴，比如供应商、合作创新伙伴、政府部门和大学等	1	2	3	4	5
（7）我们能够适时地与合作伙伴终止合作关系	1	2	3	4	5

第三部分　技术创新动态能力

请根据本公司技术创新活动的实际情况，对下列题项进行判定。题项后的数字表示您对该说法的同意程度，请选择一个数字。

题 项	非常不符合	比较不符合	一般	比较符合	非常符合
（1）我们能够迅速感知并搜寻市场、行业、客户需求和技术变化的信息	1	2	3	4	5
（2）我们能够准确评估外部知识的价值并快速获取先进技术/知识	1	2	3	4	5
（3）我们善于将外部知识转化为对企业有价值的知识	1	2	3	4	5
（4）企业能根据自身需要对外部获取的知识进行改造	1	2	3	4	5
（5）企业能根据外部获取的知识更新已有知识	1	2	3	4	5
（6）我们能够基于新知识提出研发流程或产品改进的建议	1	2	3	4	5
（7）我们能够根据企业自身资源知识的变化对研发内容和流程进行适应性调整	1	2	3	4	5
（8）我们能够根据企业外部市场竞争和需求状况的变化对研发内容和流程进行适应性调整	1	2	3	4	5
（9）我们有充足的技术人员进行新产品的研发	1	2	3	4	5

续表

题 项	非常不符合	比较不符合	一般	比较符合	非常符合
（10）我们的研发人员专业素养高且开发能力强	1	2	3	4	5
（11）与同行相比，企业有较高的研发投入/销售收入比例	1	2	3	4	5
（12）我们企业具备较为先进的产品生产和研发设备	1	2	3	4	5
（13）内部研究开发是产品开发过程中的主要技术知识来源	1	2	3	4	5
（14）我们拥有快速的跨部门传递机制，可以实现各部门的技术知识共享	1	2	3	4	5

第四部分 技术创新绩效

请根据本公司技术创新活动成果的实际情况，对下列题项进行判定。题项后的数字表示您对该说法的同意程度，请选择一个数字。

题 项	非常不符合	比较不符合	一般	比较符合	非常符合
（1）企业的新产品/新服务的创新和改进有很好的市场反应	1	2	3	4	5
（2）与同行相比，我们的产品/服务的创新成功率更高	1	2	3	4	5
（3）新产品的推出达到了预期的市场占有率	1	2	3	4	5
（4）我们的新产品/新服务的技术含量很高	1	2	3	4	5
（5）与同行相比，我们有更多的专利、技术文档，专利申请数量不断增加	1	2	3	4	5
（6）与同行相比，我们开发新产品/新服务的投入产出效率更高	1	2	3	4	5
（7）新产品开发很好地满足了企业发展战略的需要	1	2	3	4	5
（8）企业工艺创新能够提高企业的生产效率	1	2	3	4	5

第五部分

您认为贵公司在从模仿创新到自主创新的实现过程中,技术创新能力提升的最大障碍因素是:＿＿＿＿＿＿＿＿＿＿＿＿＿＿＿＿＿＿＿＿＿＿

与领先同行企业相比,贵公司技术创新能力不足主要体现在:＿＿＿＿＿＿

为发展自主创新能力,您认为最需要得到(政府)的支持是:＿＿＿＿＿

问卷已全部回答完毕。再次感谢您的支持!

▶附录2:企业、行业协会和政府主管部门的访谈提纲

一、企业访谈提纲

1. 企业基本情况

请先简要介绍一下企业情况,如果以下问题没有涉及,可以提问。

(1)企业所有制、主要业务及构成。
(2)企业财务状况:营业收入,利润情况。
(3)企业人员构成结构、企业组织结构。
(4)企业技术创新的基本情况如何,都有哪些方面的创新?
(5)企业技术创新的发展历史、动机和预期。

2. 企业技术创新投入

(1)贵公司对技术创新的重视程度如何,在公司战略中的体现如何?
(2)从事技术创新工作的人员主要有哪些,研发部门(技术部门)的人员素质情况、人员具备承担创新任务的能力水平怎样?培训机制、科技人员奖励机制与同行相比如何?
(3)内部员工之间、部门之间的沟通和技术知识信息交流程度如何?
(4)在研发过程中,其他部门参与情况如何?
(5)在研发过程中,其他组织参与情况如何?供应商、客户等是否参与?
(6)企业研发投入、研发投入占总销售额的比例与同行相比如何?
(7)技术引进支出占销售额百分比与同行相比如何?
(8)设备自动化水平和生产制造水平如何,与同行相比如何?
(9)企业获得新知识和信息的来源渠道有哪些?比如公开信息、发表论文、供应商、客户、同行、行业协会等。

（10）新产品创意来源情况如何，比如科研院所、供应商、客户、同行、行业协会等？

3. 企业构建／参加创新网络与技术创新合作情况

（1）建立面向合作的创新网络是否是贵公司战略的一部分？贵公司是否认为外部知识是推动技术创新发展的关键因素之一？

（2）贵公司在技术创新过程中是否会选择外部组织作为自己的合作研发伙伴，或者与公司外的个人或者组织进行各种知识交流？

（3）企业合作创新的主要形式、对象有哪些？贵公司围绕技术创新获得外部知识的渠道主要有哪些？

（4）当初是什么因素使得贵公司建立或进入基于合作的创新网络？这些因素到今天有没有改变？

（5）您的合作伙伴与您进行创新合作的原因是什么，或者说您的哪些能力帮助您实现了与对方的协作和知识交流？

（6）贵公司是如何选择创新合作伙伴的？请具体举例。

（7）贵公司是如何管理和处理与这些合作伙伴之间的关系的？

（8）与合作伙伴的关系平均保持时间是多久，为什么？

（9）在与合作伙伴进行合作的过程中，都有哪些障碍甚至冲突，贵公司又是如何处理的？

（10）有无国外的合作伙伴？与国内合作伙伴相比，选择标准、合作学习过程有无不同？

（11）能否以一个合作伙伴为例，详细介绍合作的建立、合作的过程？

（12）这个创新合作的战略目标是什么？目前已达到这一目标了吗？为什么？

（13）贵公司为这个合作投入了什么资源？合作伙伴投入了什么资源？

（14）企业内外哪些因素影响或决定了创新合作的有效与成功？

4. 创新合作提升企业创新能力

（1）在与创新合作伙伴合作的过程中，您认为需要具备哪些能力，贵公司具备吗，还欠缺什么能力或者资源？

（2）通过创新合作，企业的技术创新能力有无提升？请举例说明。

（3）与不同的合作伙伴进行创新合作的过程中，哪些合作伙伴对创新能力的促进作用大？

（4）创新能力的提升主要是通过什么方式实现的，如知识交流、模仿、学习、技术咨询等形式？

（5）创新合作对贵公司创新能力提升的作用主要体现在什么方面？比如获得新知识，更高效的创新流程，获得创新思路和方向，人员水平素质提升等，请举例说明。

5. **企业技术创新转化和产出**

（1）从技术创新成果来看，自主创新和合作创新在贵公司的大概比重情况如何？

（2）贵公司获得专利的情况与同行相比如何？

（3）近两三年贵公司开发的新产品数量与同行相比如何？

（4）贵公司产品技术含量如何，与同行相比如何？

（5）企业技术自身能够提供的情况如何（大部分需要外部支持，还是自给）？

6. **在访谈和问卷中需要反映出的问题**

（1）贵公司在技术创新的发展过程中是否遇到过一些困难，具体困难有哪些？

（2）您认为制约技术创新的主要因素有哪些，其中最重要的是什么？

（3）合作创新遇到的最大困难是什么？

二、行业协会访谈提纲

1. **总体情况**

（1）某地区行业总体情况

（2）行业技术创新与合作创新发展现状（企业研发投入与产出、各行业技术创新的情况、研发人员规模、申请专利、新产品开发情况、产学研合作情况、企业合作创新等）

（3）行业技术创新及技术创新能力的发展规划与策略

（4）目前行业是否已经建立了具有一定特色的区域创新网络，其主要构成单位有哪些

（5）行业企业合作创新的主要形式、对象有哪些

（6）行业企业技术创新能力的发展状况

2. **政策**

（1）国家支持行业技术创新与合作创新的相关支持政策

（2）当地政府支持行业企业技术创新与合作创新的相关政策

（3）当地政府关于企业创新成果转化与知识产权保护的法律保障

（4）当地政府鼓励企业技术创新投入方面的政策

3. **宏观环境**

（1）行业企业技术创新的外部硬件条件（基础设施建设）

（2）行业企业技术创新支撑的软件条件：人才引进与培养、资金状况（融资、投资、信贷、投融资市场健全与否）、技术市场

4. **成就与不足**

（1）目前国内在行业企业技术创新与合作创新方面做得较好的城市有哪

些？它们的优势在哪里

（2）相比它们，本地行业企业在开展技术创新与合作创新过程中的优势是什么，劣势是什么（成本、人才、产学研结合、知识聚集等）

（3）目前本地行业企业技术创新能力提升的最大障碍是什么（企业经营情况限制、企业缺乏战略眼光、缺乏技术创新动力等）

三、地方政府主管部门访谈提纲

1. 总体情况

（1）当地企业技术创新与合作创新发展历史

（2）当地企业技术创新与合作创新发展现状（企业研发投入与产出、各行业技术创新的情况、研发人员规模、申请专利、新产品开发情况、产学研合作情况、企业合作创新等）

（3）当地对于支撑行业企业技术创新及技术创新能力的发展规划与策略

（4）目前当地是否已经建立了具有一定特色的区域创新网络，其主要构成单位有哪些

（5）当地企业合作创新的主要形式、对象有哪些

（6）当地企业技术创新能力的发展状况

2. 政策

（1）国家支持企业技术创新与合作创新的相关支持政策

（2）当地支持企业技术创新与合作创新的相关政策

（3）当地关于企业创新成果转化与知识产权保护的法律保障

（4）当地鼓励企业技术创新投入方面的政策

3. 宏观环境

（1）当地企业技术创新的外部硬件条件（基础设施建设）

（2）当地企业技术创新支撑的软件条件：人才引进与培养、资金状况（融资、投资、信贷、投融资市场健全与否、技术市场）

4. 成就与不足

（1）您认为目前国内在支持企业技术创新与合作创新做得较好的城市有哪些？它们的优势在哪里

（2）相比它们，当地企业在开展技术创新与合作创新过程中的优势是什么，劣势是什么（成本、人才、产学研结合、知识聚集等）

（3）目前当地企业技术创新能力提升的最大障碍是什么（企业经营情况限制、企业缺乏战略眼光、缺乏技术创新动力等）

参考文献

[1] ISAKSEN S, TIDD J. Meeting the Innovation Challenge: Leadership for Transformation and Growth [M]. Hoboken: John wiley & Sons, 2006.

[2] 陈劲. 永续发展——企业技术创新透析 [M]. 北京: 科学出版社, 2001.

[3] 傅家骥. 技术创新学 [M]. 北京: 清华大学出版社, 1998.

[4] 周培栋, 连漪, 田巧莉. 西方技术创新理论发展综述 [J]. 商场现代化, 2007 (16).

[5] 李贞. 企业知识网络能力对技术创新绩效的影响研究 [D]. 济南: 山东大学博士学位论文, 2011.

[6] MOWERY D, ROSENBERG N. The Influence of Market Demand upon Innovation: A Critical Review of Some Recent Empirical Studies [J]. Research Policy, 1979, 8 (2).

[7] CHESBROUGH H W. Open Innovation: The new Imperative for Creating and Profiting from Technology [M]. Boston: Harvard Business School Press, 2003.

[8] 陈劲, 郑刚, 许庆瑞. 21世纪的全面创新管理和开放式创新——第5届技术管理与技术创新国际研讨会综述 [J]. 国际学术动态, 2008 (1).

[9] LALL S. Technological Capabilities and Industrialization [J]. World Development, 1992, 20 (2).

[10] WESTPHAL L E, RHEE Y W, PURSELL G. Sources of Technological Capability in South Area [M]//Technological Capability in the Third World, Edited by M. Fransman and K. King, 1984.

[11] BATTERINK M H, WUBBEN E F M, KLERKX L, et al. Orchestrating Innovation Networks: The Case of Innovation Brokers in The Agri-food Sector [J]. Entrepreneurship and Regional Development, 2010, 22 (1).

[12] FORSMAN H. Innovation Capacity and Innovation Development in Small Enterprises, A Comparison between The Manufacturing and Service Sectors [J]. Research Policy, 2011, 40 (5).

[13] 许庆瑞. 研究、发展与技术创新管理 [M]. 北京: 高等教育出版社, 2000.

[14] 温瑞珺, 龚建立, 王黎娜. 企业自主创新能力评价研究 [J]. 集团经济研究, 2005 (15).

[15] 银路. 技术创新管理 [M]. 北京: 机械工业出版社, 2004.

[16] 魏江, 寒午. 企业技术创新能力的界定及其与核心能力的关联 [J]. 科研管理, 1998 (6).

[17] 王安宇, 陈皓. 浅析企业核心能力之核心——以奇瑞提高创新能力过程为例 [J]. 科学学与

科学技术管理，2007（S1）.

[18] 杨静，刘瑞霞，胡丹.跨组织知识共享对技术创新能力影响研究——基于吸收能力的视角[J].科技管理研究，2013（2）.

[19] LICHTENTHALER U, LICHTENTHALER E. A Capability-based Framework for Open Innovation: Complementing Absorptive Capacity[J].Journal of Management Studies，2009，46（8）.

[20] NIETO M, QUEVEDO P. Absorptive Capacity, Technological Opportunity, Knowledge Spillovers, and Innovative Effort[J].Technovation，2005，25（10）.

[21] ZAHRA S A, GEORGE G. Absorptive Capacity: A Reviews Reconceptualization and Extension[J].Academy of Management Reviews，2002，17（2）.

[22] MOTOHASHI K, YUAN Y. Productivity Impact of Technology Spillover from Multinationals to Local Firms: Comparing China's Automobile and Electronics Industries[J].Research Policy，2010，39（6）.

[23] 许庆瑞，吴志岩，陈力田.转型经济中企业自主创新能力演化路径及驱动因素分析——海尔集团1984—2013年的纵向案例研究[J].管理世界，2013（4）.

[24] VERGANTI R. Leveraging on Systemic Learning to Manage the Early Phases of Product Innovation Projects[J].R&D Management，1997，27（4）.

[25] 王敏，陈继祥.基于企业动态能力的二元性创新研究[J].科技进步与对策，2008（9）.

[26] 陈力田.企业技术创新能力对环境适应性重构的实证研究——基于376家高技术企业的证据[J].科研管理，2015（8）.

[27] 杨菲，安立仁，史贝贝，等.知识积累与双元创新能力动态反馈关系研究[J].管理学报，2017（11）.

[28] JØRGENSEN F, ULHØI J P. Enhancing Innovation Capacity in SMEs through Early Network Relationships[J].Creativity and Innovation Management，2010，19（4）.

[29] 陈力田，赵晓庆，魏致善.企业创新能力的内涵及其演变：一个系统化的文献综述[J].科技进步与对策，2012（14）.

[30] 徐宁，徐向艺.控制权激励双重性与技术创新动态能力——基于高科技上市公司面板数据的实证分析[J].中国工业经济，2012（10）.

[31] 徐宁，徐鹏，吴创.技术创新动态能力建构及其价值创造效应——来自中小上市公司的经验证据[J].科学学与科学技术管理，2014（8）.

[32] 金晓丽，仇武超.基于创新效率的我国高技术产业创新动态能力分析[J].经济论坛，2013（10）.

[33] TEECE D J. Explicating Dynamic Capabilities: The Nature and Microfoundations of(Sustainable) Enterprise Performance[J]. Strategic Management Journal，2007，28（13）.

[34] 黄俊，李传昭，张旭梅.动态能力与自主创新能力关联性研究[J].科学学与科学技术管理，2007（12）.

[35] 黄俊，李传昭.动态能力与自主创新能力关系的实证研究[J].商业经济与管理，2008（1）.

[36] 陈力田.环境动态性、战略协调柔性和企业产品创新能力关系的实证研究[J].科学学与科学技术管理，2012（6）.

[37] ELLONEN H K, WIKSTROM P, JANTUNEN A. Linking Dynamic-Capability Portfolios and In-

novation Outcomes［J］.Technovation，2009，29（11）.

［38］林萍.企业资源、动态能力对创新作用的实证研究［J］.科研管理，2012（10）.

［39］方建国.基于动态能力观的企业技术创新能力研究——以我国高新技术产业上市公司为例［J］.科技进步与对策，2010（16）.

［40］苏敬勤，刘静.复杂产品系统创新的动态能力构建——基于探索性案例研究［J］.研究与发展管理，2014（1）.

［41］刘晓平，綦良群.基于动态能力的装备制造企业创新能力发展机理研究［J］.科技与管理，2013（4）.

［42］CARMEN C，ANA BEATRIZ H，RAMON V. The Relationship between Top Management Teams and Innovation Capacity in Companies［J］.Journal Management Development，2005，24（8）.

［43］杨冬冬.高新企业技术创新动态能力提升研究［J］.科学管理研究，2015（5）.

［44］熊胜绪，崔海龙，杜俊义.企业技术创新动态能力理论探析［J］.中南财经政法大学学报，2016（3）.

［45］刘涛，程广华.企业技术创新动态能力建构及其价值创造［J］.安庆师范大学学报（自然科学版），2017（1）.

［46］WALTER A，AUER M，RITTER T. The Impact of Network Capabilities and Entrepreneurial Orientation on University Spin-off Performance［J］.Journal of Business Venturing，2006，21(4).

［47］WALTER A，RITTER T，HANS G G. Value-Creation in Buyer-Seller Relationships：Theoretical Considerations and Empirical Results from a Supplier's Perspective［J］. Industrial Marketing Management，2001，30(4).

［48］PITTAWAY L，ROBERTSON M，Munir K，et al. Networking and Innovation：A Systematic Review of the Evidence［J］. International Journal of Management Reviews，2004，5（3-4）.

［49］MÖLLER K，SVAHN S. Role of Knowledge in Value Creation in Business Nets［J］. Journal of Management Studies，2006，43（5）.

［50］何建洪.创新型企业的形成路径：基于技术能力和创新战略作用的实证分析［J］.中国软科学，2012（4）.

［51］王海花，谢富纪.企业外部知识网络能力的结构测量——基于结构洞理论的研究［J］.中国工业经济，2012（7）.

［52］宋晶，陈菊红，孙永磊.网络能力与合作创新绩效的关系研究——文化异质性的作用［J］.管理评论，2015（2）.

［53］TEECE D J，PISANO G，SHUEN A. Dynamic Capabilities and Strategic Management［J］. Strategic Management Journal，1997，18（7）.

［54］O'REILLY C A，TUSHMAN M. Ambidexterity as a Dynamic Capability：Resolving the Innovator's Dilemma［J］.Research in Organizational Behavior，2008，28（1）.

［55］DRNEVICH P L，KRIAUCIUNAS A P. Clarifying the Conditions and Limits of the Contributions of Ordinary and Dynamic Capabilities to Relative Firm Performance［J］. Strategic Management Journal，2011，32（3）.

［56］辛晴.动态能力的测度与功效：知识观视角的实证研究［J］.中国科技论坛，2011（8）.

［57］赵艳萍，周密，罗建强，等.虚拟化企业动态能力的构成与测度［J］.软科学，2014（1）.

［58］ROGERS D M. The Challenge of Fifth Generation R&D［J］.Research Technology Management，1996，39（4）.

［59］BURGELMAN R A，MAIDIQUE M A，WHEELWRIGHT S C. Strategic Management of Technology and Innovation［M］.NewYork：McGraw-Hill，2004.

［60］柳卸林.企业技术创新管理［M］.北京：科学技术文献出版社，1997.

［61］孙晓峰，陈泽聪.福建省企业技术创新能力评价［J］.统计与决策，2005（5x）.

［62］HAKANSSON H. Industrial Technological Development：A Network Approach［M］.London：Croom Helm，1987.

［63］刘兰剑，司春林.创新网络17年研究文献述评［J］.研究与发展管理，2009（4）.

［64］黄洁.集群企业成长中的网络演化：机制与路径研究［D］.杭州：浙江大学博士学位论文，2006.

［65］GULATI R. Alliances and Networks［J］.Strategic Management Journal. 1998，19（4）.

［66］Brown B，Butler J E. Networks and Entrepreneurial Development：The Shadow of Borders［J］.Entrepreneurship & Regional Development，1993（5）.

［67］BURT S. Corporate Profits and Cooptation：Network of Market Constraints and Directorate Ties in the American Economy［M］.New York：Academic Press，1983.

［68］LUNDWALL B A. Innovation as an Interactive Process，From User-Producer Interaction to the National System of Innovation［Z］.Technical Change and Economic Theory，1988.

［69］FREEMAN C. Networks of Innovators：A Synthesis of Research Issues［J］.Research Policy 1991，20（5）.

［70］ARNDT O，STERMBERG R. Do Manufacturing Firm Profit from Intraregional Innovation Linkages? An Empirical Based Answer［J］.European Planning Studies，2000，8（4）.

［71］JONES O，CONWAY S，STEWARD F. Social Interaction and Organizational Change：Aston Perspectives on Innovation Networks［M］.London：Imperial College Press，2001.

［72］KOSCHATZKY K，KULICKE M，ZENKER A. Innovation Networks［M］.Karlsruhe：Physica Verlag Heidelberg，2001.

［73］PYKA A. Innovation Networks in Economics：From the Incentive-Based to the Knowledge-Based Approach［J］.European Journal of Innovation Management，2002，5（3）.

［74］ROBYN L K，KEITH D H. Building Constructive Innovation Networks：Role of Relationship Management［J］.Journal of Construction Engineering & management，2007，133（5）.

［75］王大洲.企业创新网络：进化与治理［M］.北京：知识产权出版社，2006.

［76］吴贵生，李纪珍，孙议政.技术创新网络和技术外包［J］.科研管理，2000（4）.

［77］沈必扬，池仁勇.企业创新网络：企业技术创新研究的一个新范式［J］.科研管理，2005（3）.

［78］程铭，李纪珍.创新网络在技术创新中的作用［J］.科学学与科学技术管理，2001（8）.

［79］张玉赋，汪长柳.区域网络化产业技术创新系统研究［M］.南京：东南大学出版社，2017.

［80］王灏.光电子产业创新网络的构建与演化研究［M］.北京：经济科学出版社，2015.

［81］崔晓露.高新区创新网络与区域创新［M］.上海：上海人民出版社，2017.

［82］奥利弗·威廉姆森.市场与层级制［M］.蔡晓月，孟俭，译.上海：上海财经大学出版社，

2011.

[83] LARSSON R.The Handshake between Invisible and Visible Hands［J］．International Studies of Management and Organization，1993，23（1）．

[84] 今井贤一，伊丹敬之，小池和男．内部组织的经济学［M］．金洪云，译．上海：生活·读书·新知三联书店，2004．

[85] DAS T K, TENG B S. Risk Types and Inter-Firm Alliance Structures［J］．Journal of Management Studies，1996，33（6）．

[86] 蔡简建，陈珊．高新技术企业合作创新的交易费用［J］．科技经济市场，2009（5）．

[87] 郝迎潮，万迪昉．企业创新网络理论基础的系统分析［J］．经济问题，2008（11）．

[88] KOSTOPOULOS K C, BOZIONELOS N. Team Exploratory and Exploitative Learning：Psychological Safety, Task Conflict, and Team Performance［J］．Group & Organization Management，2011，36（3）．

[89] 王益锋，王晓萌．网络能力、资源获取与技术创新绩效——基于科技型小微企业的实证研究［J］．科技管理研究，2016（6）．

[90] 肖冬平，彭雪红．组织知识网络结构特征、关系质量与创新能力关系的实证研究［J］．图书情报工作，2011（18）．

[91] 胡斌，李黄鑫，李含伟．企业技术创新网络与自主创新能力互动机制［J］．中国科技论坛，2015（4）．

[92] 范钧，郭立强，聂津君．网络能力、组织隐性知识获取与突破性创新绩效［J］．科研管理，2014（1）．

[93] MALECKI E J. Connecting Local Entrepreneurial Ecosystems to Global Innovation Networks：Open Innovation, Double Networks and Knowledge Integration［J］.International Journal of Entrepreneurship and Innovation Management，2011，14（1）．

[94] 郭立新．企业动态能力系统演化的状态变量与影响因素［J］．科学学与科学技术管理，2008（6）．

[95] 詹勇飞，和金生．知识整合方式与企业创新能力关系研究［J］．科技管理研究，2009（8）．

[96] 张可军．基于知识离散性的团队知识整合阶段及其影响因素分析［J］．图书情报工作，2011（6）．

[97] 孙晓宇，陈伟．基于 GRA 的 R&D 联盟知识整合影响因素研究［J］．哈尔滨工业大学学报（社会科学版），2012（5）．

[98] 李玥，刘希宋，喻登科．科技成果转化的知识整合模式及策略［J］．中国科技论坛，2010（4）．

[99] 周雪光．组织社会学十讲［M］．北京：社会科学文献出版社，2003．

[100] BURT R S. Structural Holes：The Social of Competition［M］．Cambridge：Harvard University Press, 1992.

[101] GRANOVETTER M. Economic Action and Social Structure：The Problem of Embeddedness［J］．American Journal of Sociology，1985，91（3）．

[102] 石乘齐，党兴华．创新网络演化研究前沿综述［J］．商业经济研究，2015（35）．

[103] 张晟剑，胡仁杰．企业技术创新合作网络中心度分析［J］．科技管理研究，2013（11）．

[104] 沈必扬，陈炜．网络中心度、吸纳能力与中小企业创新绩效［J］．科技管理研究，2007（3）．

[105] HAMIDREZA. Effect of Collaboration Network Structure on Knowledge and Innovation Produc-

tivity：The Case of Biotechnology in Canada［D］.Department of Mechanical and Industrial Engineering，2011.

［106］MCFADYEN M A，SEMADENI M，CANNELLA JR A A. Value of Strong Ties to Disconnected Others：Examining Knowledge Creation in Biomedicine［J］.Organization Science，2008，20（3）.

［107］JOHANNISSON B，RAMIRREZ-PASILLAS M. Networking for Entrepreneurship：Building a Topography Model of Human，Social and Cultural Capital［C］. Presented on Babson College Entrepreneurship Research Conference，Jonkoping，Sweden，2001.

［108］何亚琼，秦沛，苏竣.网络关系对中小企业创新能力影响研究［J］.管理科学，2005（6）.

［109］于淼.网络关系与创新绩效：动态能力的中介作用［J］.东北财经大学学报，2014（3）.

［110］任胜钢，胡春燕，王龙伟.我国区域创新网络结构特征对区域创新能力影响的实证研究［J］.系统工程，2011（2）.

［111］林少疆，徐彬，陈佳莹.企业创新网络结构嵌入性对协同创新能力影响的实证研究——共生行为的中介作用［J］.软科学，2016（6）.

［112］郑向杰.战略联盟网络结构对企业创新能力的影响及其比较分析［J］.软科学，2016（5）.

［113］向永胜，古家军.网络结构嵌入、吸收能力与集群企业双元创新能力——基于内外整合视角的实证［J］.企业经济，2017（4）.

［114］AHUJA G. Collaboration Networks，Structural Holes and Innovation：A Longitudinal Study［J］. Administrative Science Quarterly，2000，45（3）.

［115］BURT R S. Structure Holes：The Social of Competition［M］. Cambridge. MA：Harvard University Press，2002.

［116］龚玉环，卜琳华，孟庆伟.复杂网络结构视角下中关村产业集群创新能力分析［J］.科学学与科学技术管理，2009（5）.

［117］范群林，邵云飞，唐小我，等.创新网络结构嵌入性与群内企业创新能力关系研究——以四川德阳装备制造业集群为例［J］.研究与发展管理，2011（6）.

［118］黄昱方，柯希正.社会网络结构空洞嵌入对创新能力的影响研究［J］.现代情报，2013（9）.

［119］罗鄂湘，韩丹丹.合作网络结构洞对企业技术创新能力的影响研究——以我国集成电路产业为例［J］.工业技术经济，2018（3）.

［120］JOOS P，ZHDANOV A. Earnings and Equity Valuation in the Biotech Industry：Theory and Evidence［J］.Financial Management，2008，37（3）.

［121］何庆丰，陈武，王学军.直接人力资本投入、R&D投入与创新绩效的关——基于我国科技活动面板数据的实证研究［J］.技术经济，2009（4）.

［122］谭蓉娟.珠三角装备制造业自主创新模式与创新绩效影响因素实证研究［J］.科技管理研究，2011（22）.

［123］胡凤玲，张敏.人力资本异质性与企业创新绩效——调节效应与中介效应分析［J］.财贸研究，2014（6）.

［124］尤万里，侯仁勇，孙骞.智力资本、创新能力与创新绩效：基于中小企业的实证研究［J］.科技创业月刊，2017（1）.

［125］周驷华，汪素南.组织变革、知识源、技术创新能力与创新绩效的关系［J］.现代管理科

学，2016（7）.

[126] 张志华，陈向东.企业学习方式、创新能力与创新绩效关系的实证研究［J］.系统工程学报，2016（5）.

[127] 金永生，季桓永，许冠南.内向型创新、企业网络能力与创新绩效——网络外溢的调节作用［J］.经济与管理研究，2016（8）.

[128] 简兆权，陈键宏，郑雪云.网络能力，关系学习对服务创新绩效的影响研究［J］.管理工程学报，2014（3）.

[129] WEI Z, YI Y, YUAN C. Bottom-Up Learning, Organizational Formalization, and Ambidextrous Innovation［J］. Journal of Organizational Change Management, 2011, 24（3）.

[130] 马柯航.虚拟整合网络能力对创新绩效的作用机制研究——知识资源获取的中介作用［J］.科研管理，2015（8）.

[131] JOHN E E, PAVLOU P A. Technology-Based New Product Development Partnerships［J］. Decision Sciences, 2006, 37（2）.

[132] 苏敬勤，刘静.复杂产品系统中动态能力与创新绩效关系研究［J］.科研管理，2013（10）.

[133] 江积海，蔡春花.企业动态能力对创新绩效的作用机理——中国南车动车组2005—2011年纵向案例研究［J］.中国科技论坛，2014（4）.

[134] 付丙海，谢富纪，韩雨卿，等.动态能力一定会带来创新绩效吗？——不确定环境下的多层次分析［J］.科学学与科学技术管理，2016（12）.

[135] 吴航.动态能力的维度划分及对创新绩效的影响——对Teece经典定义的思考［J］.管理评论，2016（3）.

[136] 谢治春，赵兴庐.模仿者动态能力、产业环境与自主创新绩效［J］.管理学报，2017（6）.

[137] 杜俊义，熊胜绪，王霞.中小企业动态能力对创新绩效的影响——基于环境动态性的调节效应［J］.科技管理研究，2017（1）.

[138] LIAO J J, KICKUL J R, MA H. Organizational Dynamic Capability and Innovation: An Empirical Examination of Internet Firms［J］. Journal of Small Business Management, 2009, 47（3）.

[139] 马文甲，高良谋.开放度与创新绩效的关系研究——动态能力的调节作用［J］.科研管理，2016（2）.

[140] 黄海艳，武蓓.交互记忆系统、动态能力与创新绩效关系研究［J］.科研管理，2016（4）.

[141] 彭本红，武柏宇.跨界搜索、动态能力与开放式服务创新绩效［J］.中国科技论坛，2017（1）.

[142] BOSCHMA R A, ANNE L J, WAL T. Knowledge Networks and Innovative Performance in an Industrial District: The Case of a Footwear District in the South of Italy［J］. Industry and Innovation, 2007, 14（2）.

[143] GILSING V, NOOTEBOOM B, VANHAVERBEKE W, et al. Network Embeddedness and the Exploration of Novel Technologies: Technological Distance, betweenness Centrality and Density［J］. Research Policy, 2008, 37（10）.

[144] 潘宏亮，杨晨.吸收能力、关系网络对创新绩效和竞争优势的影响关系研究［J］.图书馆理论与实践，2010（8）.

[145] 刘学元，丁雯婧，赵先德.企业创新网络中关系强度、吸收能力与创新绩效的关系研究［J］.

南开管理评论,2016(1).
[146] 徐维祥,江为赛,刘程军.协同创新网络、知识管理能力与企业创新绩效——来自创新集群的分析[J].浙江工业大学学报(社会科学版),2016(1).
[147] 祝木伟,巩新宇.创新网络特征与企业创新绩效关系探讨[J].商业经济研究,2017(7).
[148] JULIEN P A, ANDRIAMBELOSON E, RAMANUALAHY C. Networks, Weak Signals and Technological Innovations among SMEs in the Land-Based Transportation Equipment Sector[J]. Entrepreneurship & Regional Development, 2004, 16(4).
[149] TSAI K H. Collaborative Networks and Product Innovation Performance: Toward a Contingency Perspective[J]. Research Policy, 2009, 38(5).
[150] 钱锡红,杨永福,徐万里.企业网络位置、吸收能力与创新绩效——一个交互效应模型[J].管理世界,2010(5).
[151] 王琦.建筑业创新网络:吸收能力视角[J].管理工程学报,2014(2).
[152] NEVIS E C, DIBELLA A J, GOULD J M. Understanding Organizations as Learning Systems[J]. Sloan Management Review, 1995, 36(2).
[153] HOVORKA D S, LARSEN K R. Enabling Agile Adoption Practices through Network Organizations[J]. European Journal of Information Systems, 2006, 15(7).
[154] 解学梅,左蕾蕾.企业协同创新网络特征与创新绩效:基于知识吸收能力的中介效应研究[J].南开管理评论,2013(3).
[155] 施放,朱吉铭.创新网络、组织学习对创新绩效的影响研究——基于浙江省高新技术企业[J].华东经济管理,2015(10).
[156] 艾志红.创新网络中网络结构、吸收能力与创新绩效的关系研究[J].科技管理研究,2017(2).
[157] 苏敬勤.核心技术创新与管理创新的适配演化[J].管理科学,2010(1).
[158] 王昌林.企业技术创新动态能力三要素[J].企业管理,2017(5).
[159] 陈新桥,骆品亮.企业创新投入产出关系及其实证研究——基于完全竞争市场结构下的分析[J].产业经济研究,2005(5).
[160] 欧阳秋珍,陈昭.创新网络结构对我国高技术产业创新绩效的影响与区域差异——基于省级动态面板模型SYS-GMM方法的实证研究[J].财经理论研究,2016(1).
[161] 胡珑瑛,张自立.基于创新能力增长的技术创新联盟稳定性研究[J].研究与发展管理,2007(2).
[162] 张裕稳,吴洁,李鹏,等.创新能力视角下基于双边匹配的产学研合作伙伴选择[J].江苏科技大学学报(自然科学版),2015(5).
[163] 汤勇力,曹兴洋,胡欣悦,等.企业多元化产学研知识互动的影响因素——基于广东省制造企业的实证研究[J].科技管理研究,2018(6).
[164] ROSE-ANDERSSEN C, ALLEN P M, TSINOPOULOS C. Innovation in Manufacturing as an Evolutionary Complex System[J]. Technovation, 2005, 25(10).
[165] TÖDTLING F, KAUFMANN P. Do Different Types of Innovation Rely on Specific Kinds of Knowledge Interactions?[J]. Technovation, 2009, 29(1).
[166] BRATKOVIC T, RUZZIER B. Strategic Utilization of Entrepreneur's Resource-Based Social

Capital and Small Firm Growth [J]. Journal of Management and Organization, 2009, 15(4).

[167] 蔡猷花, 陈国宏, 刘虹, 等. 产业集群创新网络与知识整合交互影响模型及仿真分析[C]. 第十五届中国管理科学学术年会论文集, 2013.

[168] 党兴华, 孙永磊, 宋晶. 不同信任情景下双元创新对网络惯例的影响[J]. 管理科学, 2013(4).

[169] 陈旭升, 王欣, 吴雪梅. 协同视角下高技术产业创新网络知识整合研究[J]. 图书馆建设, 2014(8).

[170] 任宗强, 陈力田, 郑刚, 等. 创新网络中技术整合的协同及动态竞争优势[J]. 科学学与科学技术管理, 2013(4).

[171] COHEN W M, LEVINTHAL D A. Absorptive Capacity: A New Perspective on Learning and Innovation [J]. Administrative Science Quarterly, 1990, 35(1).

[172] POSTREL S. Islands of Shared Knowledge: Specialization and Mutual Understanding in Problem-Solving Teams [J]. Organization Science, 2002, 13(3).

[173] SZULANSKI G. Exploring Internal Stickiness: Impediments to the Transfer of Best Practice within the Firm [J]. Strategic Management Journal, 1996, 17(Winter).

[174] POWELL W W, KOPUT K W, SMITH-DOERR L. Interorganizational Collaboration and the Locus of Innovation: Networks of Learning in Biotechnology [J]. Administrative Science Quarterly, 1996, 41(1).

[175] TSAI W. Knowledge Transfer in Intraorganizational Networks: Effects of Network Position and Absorptive Capacity on Business Unit Innovation and Performance [J]. Academy of Management Journal, 2001, 44(5).

[176] ZAHEER A, BELL G G. Benefiting from Network Position: Firm Capabilities, Structural Holes, and Performance [J]. Strategic Management Journal, 2005, 26(9).

[177] 李守伟, 朱瑶. 合作创新网络结构特征对企业创新绩效的影响研究——以新能源汽车产业为例[J]. 工业技术经济, 2016(11).

[178] BATJARGAL B. Software Entrepreneurship: Knowledge Networks and Performance of Software Ventures in China and Russia [R]. Working Papers, William Davidson Institute, University of Michigan Business School, 2005.

[179] LANDRY R, AMARA N, LAMARI M. Does Social Capital Determine Innovation? To What Extent? [J]. Technological Forecasting and Social Change, 2002, 69(7).

[180] LAWSON B, SAMSON D. Developing Innovation Capability in Organizations: A Dynamic Capabilities Approach [J]. International Journal of Innovation Management, 2001, 5(3).

[181] BECKMAN C M, HAUNSCHILD P R. Network Learning: The Effects of Partners' Heterogeneity of Experience on Corporate Acquisitions [J]. Administrative Science, 2002, 47(1).

[182] FREEL M, DE JONG J P J. Market Novelty, Competence-Seeking and Innovation Networking [J]. Technovation, 2009, 29(12).

[183] LEE C, LEE K, PENNINGS J M. Internal Capabilities, External Networks, and Performance: a Study on Technology-Based Ventures [J]. Strategic Management Journal, 2001, 22(6-7).

[184] 蒋春燕. 企业外部关系对内部创新活动的影响机制[J]. 经济管理, 2008(5).

参考文献

[185] MICHAILOVA S, HUSTED K. Knowledge-Sharing Hostility in Russian Firms [J].California Management Review, 2003, 45（3）.

[186] GRANOVETTER M. The Strength of Weak Ties [J].American Journal of Sociology, 1973, 78（6）.

[187] HANSEN M T. The Search-Transfer Problem：The Role of Weak Ties in Sharing Knowledge Across Organization Subunits [J].Administrative Science Quarterly, 1999, 44（1）.

[188] LEVIN Z D, CROSS R. The Strength of Weak Ties You Can Trust：The Mediating Role of Trust in Effective Knowledge Transfer [J].Management Science, 2004, 50（11）.

[189] 王长峰.知识属性、网络特征与企业创新绩效：基于吸收能力的视角 [D].济南：山东大学博士学位论文，2009.

[190] 鲁芳，曹孜.区域创新网络结构特征对企业创新能力的实证研究 [J].统计与决策，2010（21）.

[191] ROST K. The Strength of Strong Ties in the Creation of Innovation [J].Research Policy, 2011, 40（4）.

[192] 施放，王静波，蒋天颖.企业社会网络关系嵌入对技术创新能力影响的实证研究——基于不同技术创新阶段的视角 [J].浙江社会科学，2014（1）.

[193] 陈如芳，徐卫星.企业网络关系嵌入、吸收能力与技术创新绩效的关系——一个交互效应模型 [J].特区经济，2016（10）.

[194] 陶秋燕，李锐，王永贵.创新网络中不同主体关系强度配置与创新绩效关系——基于QCA的实证分析 [J].科技管理研究，2016（9）.

[195] UZZI B. The Sources and Consequences of Embeddedness for the Economic Performance of Organizations：The Network Effect [J].American Sociological Review, 1996, 61（4）.

[196] GUPTA A K, GOVINDARAJAN V. Knowledge Flows and the Structure of Control within Multinational Corporations [J].Academy of Management Review, 1991, 16（4）.

[197] 张荣祥，伍满桂.网络动态能力、创新网络质量及其创新绩效关系研究 [J].兰州大学学报（社会科学版），2009（2）.

[198] 吴晓波，陈颖.基于吸收能力的研发模式选择的实证研究 [J].科学学研究，2010（11）.

[199] 李玲.技术创新网络中企业间依赖、企业开放度对合作绩效的影响 [J].南开管理评论，2011, 14（4）.

[200] MAKKONEN H, POHJOLA M, OLKKONEN R, et al. Dynamic Capabilities and Firm Performance in a Financial Crisis [J].Journal of Business Research, 2014, 67（1）.

[201] 邬爱其.集群企业网络化成长机制研究——对浙江省三个产业集群的实证研究 [D].杭州：浙江大学博士学位论文，2004.

[202] 辛晴.知识网络如何影响企业创新：动态能力视角的实证研究 [M].北京：经济科学出版社，2014.

[203] 任胜钢，吴娟，王龙伟.网络嵌入结构对企业创新行为影响的实证研究 [J].管理工程学报，2011（4）.

[204] ZHENG Y F, LIU J, GEORGE G. The Dynamic Impact of Innovative Capability and Inter-Firm Network on Firm Valuation：A Longitudinal Study of Biotechnology Start-ups [J].Journal of

Business Venturing, 2010, 25（6）.

［205］潘松挺, 蔡宁. 企业创新网络中关系强度的测量研究［J］. 中国软科学, 2010（5）.

［206］CANER T. Geographical Clusters, Alliance Network Structure and Innovation in the US Biopharmaceutical Industry［D］.Unpublished Doctoral Dissertation Paper of University of Pittsburgh, 2007.

［207］WALTER A, MULLER T A, HELFERT G, et al. Functions of Industrial Supplier Relationships and Their Impact on Relationship Quality［J］.Industrial Marketing Management, 2003, 32（2）.

［208］单红梅. 企业技术创新绩效的综合模糊评价及其应用［J］. 科研管理, 2002（6）.

［209］HAGEDOORN J, CLOODT M. Measuring Innovative Performance：Is There an Advantage in Using Multiple Indicators?［J］.Research Policy, 2003, 32（8）.

［210］陈钰芬. 开放式创新的机理与动态模式研究［D］. 杭州：浙江大学博士学位论文, 2007.

［211］侯杰泰, 温忠麟, 成子娟. 结构方程模型及其应用［M］. 北京：教育科学出版社, 2004.

［212］吴明隆. 结构方程模型——AMOS 的操作与应用［M］. 重庆：重庆大学出版社, 2009.

［213］荣泰生. AMOS 与研究方法［M］.2 版. 重庆：重庆大学出版社, 2009.

［214］周灿, 曾刚, 辛晓睿, 等. 中国电子信息产业创新网络演化——基于 SAO 模型的实证［J］. 经济地理, 2018（4）.

［215］张路蓬, 薛澜, 周源, 等. 战略性新兴产业创新网络的演化机理分析——基于中国 2000—2015 年新能源汽车产业的实证［J］. 科学学研究, 2018（6）.

［216］GAY B, DOUSSET B. Innovation and Network Structural Dynamics：Study of the Alliance Network of a Major Sector of the Biotechnology Industry［J］. Research Policy, 2005, 34（10）.

［217］FLEMING L, FRENKEN K. The Evolution of Inventor Networks in the Silicon Valley and Boston Regions［J］. Advances in Complex Systems, 2007, 10（1）.

［218］JOHANNES G. Economic Geography and the Evolution of Networks［J］.Journal of Economic Geography, 2007, 7（5）.

［219］BOSCHMA R A, FRENKEN K. The Spatial Evolution of Innovation Networks：A Proximity Perspective［M］. Cheltenham：Edward Elgar, 2010.

［220］COWAN R, JONARD N, ZIMMERMANN J B. Bilateral Collaboration and the Emergence of Innovation Networks［J］. Management Science, 2007, 53（7）.

［221］BROEKEL T, BOSCHMA R. Knowledge Networks in the Dutch Aviation Industry：The Proximity Paradox［J］. Journal of Economic Geography, 2012, 12（2）.

［222］BROEKEL T, HARTOG M. Explaining the Structure of Inter-Organizational Networks Using Exponential Random Graph Models［J］.Industry and Innovation, 2013, 20（3）.

［223］TER WAL A L J. Cluster Emergence and Network Evolution：A Longitudinal Analysis of the Inventor Network in Sophia-Antipolis［J］. Regional Studies, 2013, 47（5）.

［224］TURKINA E, ASSCHE A V, KALI R. Structure and Evolution of Global Cluster Networks：Evidence from the Aerospace Industry［J］. Journal of Economic Geography, 2016, 16（6）.

［225］BALLAND P A, BELSO-MARTINEZ J A, MORRISON A. The Dynamics of Technical and Business Networks in Industrial Clusters：Embeddedness, Status or Proximity?［J］. Economic Geography, 2016, 92（1）.

参考文献

［226］易将能,孟卫东,杨秀苔.区域创新网络演化的阶段性研究［J］.科研管理,2005（5）.

［227］李丹丹,汪涛,周辉.基于不同时空尺度的知识溢出网络结构特征研究［J］.地理科学,2013（10）.

［228］余雷,胡汉辉,吉敏.战略性新兴产业集群网络发展阶段与实现路径研究［J］.科技进步与对策,2013（8）.

［229］余凌,郭岿.产学研合作创新网络演进及创新能力培养研究［J］.企业技术开发,2014（11）.

［230］吕国庆,曾刚,马双,等.产业集群创新网络的演化分析——以东营市石油装备制造业为例［J］.科学学研究,2014（9）.

［231］刘国巍.产学研合作创新网络时空演化模型及实证研究——基于广西2000—2013年的专利数据分析［J］.科学学与科学技术管理,2015（4）.

［232］郑胜华,池仁勇.核心企业合作能力、创新网络与产业协同演化机理研究［J］.科研管理,2017（6）.

［233］刘国巍,张停停.创新网络空间格局形成机理及演化分析——基于多元邻近的Agent仿真［J］.科技进步与对策,2018（10）.

［234］高霞,陈凯华.合作创新网络结构演化特征的复杂网络分析［J］.科研管理,2015（6）.

［235］阮平南,王文丽,刘晓燕.技术创新网络多维邻近性演化研究——基于IBM专利合作网络数据［J］.科技进步与对策,2018（8）.

［236］孙玉涛,刘凤朝.基于哈肯模型的跨国技术流动网络演化机制——以航空航天领域为例［J］.科研管理,2014（1）.

［237］李煜华,王月明,胡瑶瑛.基于结构方程模型的战略性新兴产业技术创新影响因素分析［J］.科研管理,2015（8）.

［238］陈红喜,侯召兰,曹刚.协同创新提升创新能力的作用机理与实证分析［J］.求索,2015（10）.

［239］潘宏亮.环境规制与协同创新耦合作用下高新技术企业的创新能力演化［J］.中国科技论坛,2017（5）.

［240］常西银,孙遇春.协同创新能力与知识扩散的交互影响分析及对策研究——基于企业网络关系嵌入的视角［J］.上海经济研究,2018（5）.

［241］王其藩.系统动力学［M］.北京:清华大学出版社,1994.

［242］王其藩,赵永昌,杨炳奕.中国大城市科技、经济、社会协调发展问题的研究［J］.系统工程理论与实践,1991（1）.

［243］GOLD S. System-Dynamics-Based Modeling of Business Simulation Algorithms［J］.Simulation & Gaming, 2005, 36（2）.

［244］CASADO E. Expanding Business Intelligence Power with System Dynamics［M］. Hershey, PA: Idea Group Publishing, 2004.

［245］林葱.基于系统动力学的企业现金流预测研究［J］.华东经济管理,2011（8）.

［246］李柏洲,苏屹.大型企业原始创新系统动力学模型的构建研究［J］.科学学与科学技术管理,2009（12）.

［247］刘凤朝,冯婷婷.国家创新能力形成的系统动力学模型及应用［J］.科研管理,2011（8）.

[248] 陈力田,许庆瑞,吴志岩.战略构想、创新搜寻与技术创新能力演化——基于系统动力学的理论建模与仿真研究[J].系统工程理论与实践,2014(7).

[249] 张军,许庆瑞.企业知识积累与创新能力演化间动态关系研究——基于系统动力学仿真方法[J].科学学与科学技术管理,2015(1).

[250] 董媛媛,张寒松,赵刚.基于系统动力学的企业原始创新能力系统研究[J].中国科技论坛,2009(10).

[251] 陈朝晖,陈梅.汽车产业技术创新能力的系统动力学分析:以柳州汽车产业为例[J].科技管理研究,2012(11).

[252] 何园,张峥.基于战略地图与系统动力学的技术创新能力模拟[J].系统管理学报,2016(1).

[253] 李煜华,荣爽,胡兴宾.基于系统动力学的汽车产业技术创新能力影响因素研究[J].工业技术经济,2017(2).

[254] 周青,陈畴镛,毛崇峰.技术联盟与自主创新能力协调发展的系统动力学分析[J].中国地质大学学报(社会科学版),2009(2).

[255] 李盛竹,马建龙.国家科技创新能力影响因素的系统动力学仿真——基于2006—2014年度中国相关数据的实证[J].科技管理研究,2016(13).

[256] 杨洪涛,左舒文.基于系统动力学的创新投入与区域创新能力关系研究——来自天津的实证[J].科技管理研究,2017(3).

[257] 王进富,张耀汀.基于系统动力学的科技创新政策对区域创新能力影响机理研究[J].科技管理研究,2018(8).

[258] 吴传荣,曾德明,陈英武.高技术企业技术创新网络的系统动力学建模与仿真[J].系统工程理论与实践,2010(4).

[259] 李恒毅.基于系统动力学模型的创新网络技术扩散模拟仿真研究[J].系统工程,2014(3).

[260] 焦媛媛,米捷,胡琴.基于系统动力学的物联网创新网络发展[J].中国科技论坛,2015(10).

[261] 蔡坚,杜兰英.企业创新网络知识流动运行机理研究——基于系统动力学的视角[J].技术经济与管理研究,2015(10).

[262] GRANT R M. Toward a Knowledge-Based Theory of the Firm [J]. Strategic Management Journal, 1996, 17 (S2).

[263] FLEMING L. Recombinant Uncertainty in Technological Search [J]. Management Science, 2001, 47 (1).

[264] 贾卫峰,楼旭明,党兴华.技术创新网络内节点间知识流动适应性规则研究——CAS理论视角[J].科技进步与对策,2017(18).

[265] 魏奇锋,顾新.基于知识流动的产学研协同创新过程研究[J].科技进步与对策,2013(15).

[266] NO H J, AN Y, PARK Y. A Structured Approach to Explore Knowledge Flows Through Technology-Based Business Methods by Integrating Patent Citation Analysis and Text Mining [J]. Technological Forecasting & Social Change, 2015 (97).

[267] 赵炎,冯薇雨,郑向杰.联盟网络中派系与知识流动的耦合对企业创新能力的影响[J].科研管理,2016(3).

[268] 阮平南,顾春柳.技术创新合作网络知识流动的微观作用路径分析——以我国生物医药领域为例[J].科技进步与对策,2017(17).

[269] 余以胜, 赵浚吟, 陈必坤, 等. 区域创新体系中创新主体的知识流动研究[J]. 情报理论与实践, 2014(7).

[270] DYER J H, NOBEOKA K. Creating and Managing a High-Performance Knowledge-Sharing Network: The Toyota Case[J]. Strategic Management Journal, 2000, 21(3).

[271] 朱贻文, 曾刚, 曹贤忠, 等. 不同空间视角下创新网络与知识流动研究进展[J]. 世界地理研究, 2017(4).

[272] ZANDER S, TRANG S, KOLBE L M. Drivers of Network Governance: A Multi Theoretic Perspective with Insights from Case Studies in the German Wood Industry[J]. Journal of Cleaner Production, 2016(110).

[273] 安小风, 张旭梅, 张慧涛. 供应链知识流模型及知识流动影响因素研究[J]. 科技管理研究, 2009(1).

[274] 曹兴, 徐焕均, 刘芳. 企业内部知识流动行为及其影响因素研究[J]. 财经理论与实践, 2009(4).

[275] 张宝生, 王晓红. 虚拟科技创新团队知识流动意愿影响因素实证研究——基于知识网络分析框架[J]. 研究与发展管理, 2012(2).

[276] 徐玫, 朱卫未, 淦贵生. 产学研协同创新知识流动效率的影响因素研究[J]. 中国集体经济, 2017(35).

[277] LANE P J, KOKA B R, PATHAK S. The Reification of Absorptive Capacity: A Critical Review and Rejuvenation of the Construct[J]. Academy of Management Review Archive, 2006, 31(4).

[278] 常静. 创新网络中知识转移的影响因素[J]. 现代企业, 2013(8).

[279] 吴楠, 赵嵩正, 张小娣. 企业创新网络中外部知识获取对双元性创新的影响研究[J]. 情报理论与实践, 2015(5).

[280] 余维新, 顾新, 彭双. 企业创新网络: 演化、风险及关系治理[J]. 科技进步与对策, 2016(8).

[281] 吴贵生. 技术创新管理[M]. 北京: 清华大学出版社, 2000.

[282] COWAN R, JONARD N, ZIMMERMANN J B. Bilateral Collaboration and the Emergence of Innovation Networks[J]. Management Science, 2007, 53(7).

[283] AOKI MASAHI KO, HARAYAMA YUKO. Industry-University Cooperation to Take on Herefrom[J]. Research Institute of Economy, Trade and Industry, 2002(4).

[284] 朱凌, 许庆瑞, 王方瑞. 从研发—营销的整合到技术创新——市场创新的协同[J]. 科研管理, 2006(5).

[285] 徐莉, 杨晨露. 产学研协同创新的组织模式及运行机制研究[J]. 科技广场, 2012(11).

[286] 周正, 尹玲娜, 蔡兵. 我国产学研协同创新动力机制研究[J]. 软科学, 2013(7).

[287] 疏腊林, 危怀安, 聂卓, 等. 创新2.0视角下协同创新的主体研究[J]. 科技与经济, 2014(1).

[288] 涂振洲, 顾新. 基于知识流动的产学研协同创新过程研究[J]. 科学学研究, 2013(9).

[289] 陈劲. 协同创新与国家科研能力建设[J]. 科学学研究, 2011(12).

[290] 侯普光. 基于协同创新与国家创新体系建设研究[J]. 科学管理研究, 2013(2).

[291] 崔松虎, 刘莎莎. 京津冀高技术产业协同创新效应研究[J]. 统计与决策, 2016(16).

[292] 刘军, 王佳玮, 程中华. 产业聚集对协同创新效率影响的实证分析[J]. 中国软科学, 2017(6).

[293] 韦文求, 林雄, 盘思桃, 等. 地区产业集群协同创新网络模式与机制——基于广东专业镇的典型案例分析[J]. 科技管理研究, 2018(5).

[294] 李兆友. 论技术创新主体间的协同[J]. 系统辩证学学报, 2000(2).

[295] CLARK W. Organizational Innovation Adoption: Amufti-Level Framework of Determinants and Opportunities for Future Research[J]. Journal of Business Research, 2002, 55(2).

[296] DAMANPOUR F. Organizational Complexity and Innovation: Developing and Testing Multiple Contingency Models[J]. Management Science, 2006, 42(5).

[297] 彭纪生, 吴林海. 论技术协同创新模式及建构[J]. 研究与发展管理, 2000(5).

[298] 辛冲, 冯英俊. 企业组织与技术的协同创新研究[J]. 研究与发展管理, 2011(1).

[299] 谢雨呜, 邵云飞. 后发企业技术发展与其协同创新模式的演化[J]. 研究与发展管理, 2013(6).

[300] KOBERG M, LEVIEN T, HARMAN. Interpretative Barriers to Successful Product Innovation in Large Firms[J]. Journal of Product Innovation Management, 2004, 3(2).

[301] 陈劲, 王方瑞. 再论企业技术和市场的协同创新——基于协同学序参量概念的创新管理理论研究[J]. 大连理工大学学报(社会科学版), 2005(2).

[302] 郑刚, 陈晓骅. 企业技术与市场要素协同创新研究——基于浙江大华技术股份有限公司的案例分析[J]. 科技进步与对策, 2015(15).

[303] 楼高翔, 曾赛星, 郑忠良. 集成创新的范式演变: 从个体创新到供应链技术创新协同[J]. 科技管理研究, 2008(3).

[304] KAYANO F, CHIHIRO W. Japanese and US Perspectives on the National Innovation Ecosystem[J]. Technology in Society, 2008, 30(1).

[305] SHINN T, LAMY E. Paths of Commercial Knowledge: Forms and Consequences of University-Enterprise Synergy in Scientist-Sponsored Firms[J]. Research Policy, 2006, 35(10).

[306] 张波. 中小企业协同创新模式研究[J]. 科技管理研究, 2010(2).

[307] 范群林, 邵云飞, 尹守军. 企业内外部协同创新网络形成机制——基于中国东方汽轮机有限公司的案例研究[J]. 科学学研究, 2014(10).

[308] 潘郁, 陆书星, 潘芳. 大数据环境下产学研协同创新网络生态系统架构[J]. 科技进步与对策, 2014(8).

[309] 韩周, 秦远建, 王苓祥. 中国企业协同创新网络治理研究[J]. 科学管理研究, 2016(1).

[310] 王海军, 冯军政. 生态型产学研用协同创新网络构建与机制研究——模块化视角[J]. 软科学, 2017(9).

[311] 赵修渝, 皮俊锋. 重庆市产业集群技术创新能力提升策略研究[J]. 科技管理研究, 2009(8).

[312] 姜卫韬. 中小企业自主创新能力提升策略研究——基于企业家社会资本的视角[J]. 中国工业经济, 2012(6).

[313] 刘小丹, 陈志军, 徐示波. 基于产业集群提升科技型中小企业协同创新能力问题与对策[J]. 科学与管理, 2015(2).

[314] 周翔宇, 张阳, 唐震. 欧洲企业网络协同创新机制及对提升我国中小企业创新能力的启示[J]

经济体制改革, 2016(4).

[315] 金仲, 宋青瑾, 郭琼, 等. 辽宁高端装备制造业技术创新能力提升策略研究[J]. 沈阳工业大学学报(社会科学版), 2013(4).

[316] MANSFIELD E. Basic Research and Productivity Increase in Manufacturing[J]. American Economic Review, 1980, 70(5).

[317] LINK A N. Basic Research and Productivity Increase in Manufacturing: Some Additional Evidence[J]. American Economicreview, 1981, 71(5).

[318] 王海, 肖兴志, 尹俊雅. 如何缓解中国企业研发投入结构失衡?[J]. 产业经济研究, 2016(5).

[319] 张旭, 陈倩倩. 企业文化与技术创新方式的关系研究[J]. 技术经济与管理研究, 2014(1).

[320] 孙爱英, 李垣, 任峰. 组织文化与技术创新方式的关系研究[J]. 科学学研究, 2004(4).

[321] 王昌林, 蒲勇健. 企业技术联盟治理机制[J]. 重庆大学学报(自然科学版), 2005(2).

[322] 汪国银, 刘芳. 产业集群治理: 动因、结构与机制[J]. 经济问题, 2007(6).

[323] 魏旭. 集群式创新网络的治理机制分析[J]. 广东技术师范学院学报, 2008(11).

[324] 张磊, 朱先奇, 史彦虎. 科技型中小企业信任协调机制博弈分析——基于协同创新视角[J]. 企业经济, 2017(8).

[325] 徐芮, 王涛. 企业创新网络中非正式治理的途径与作用研究[J]. 决策咨询, 2018(3).

[326] 周泯非, 魏江. 产业集群治理模式及其演化过程研究田[J]. 科学学研究, 2010(1).

[327] 易秋平, 刘友金. 产业集群治理研究: 现状与契约经济学新视角[J]. 湖湘论坛, 2011(5).

[328] WHEELWRIGHT S C, CLARK K B. Organizational Innovation Adoption: Amufti-level Framework of Determinants and Opportunities for Future Research[J]. Journal of Business Research, 2002, 55(2).

[329] LAWRENEE P R, LORSCH J W. Organizational Complexity and Innovation: Developing and Testing Multiple Contingency Models[J]. Management Science, 2006, 42(5).